"智慧职教"服务指南

"智慧职教"（www.icve.com.cn）是由高等教育出版社建设和运营的职业教育数字教学资源共建共享平台和在线课程教学服务平台，与教材配套课程相关的部分包括资源库平台、职教云平台和App等。用户通过平台注册，登录即可使用该平台。

● 资源库平台：为学习者提供本教材配套课程及资源的浏览服务。

登录"智慧职教"平台，在首页搜索框中搜索"商业银行综合柜台业务"，找到对应作者主持的课程，加入课程参加学习，即可浏览课程资源。

● 职教云平台：帮助任课教师对本教材配套课程进行引用、修改，再发布为个性化课程（SPOC）。

1. 登录职教云平台，在首页单击"新增课程"按钮，根据提示设置要构建的个性化课程的基本信息。

2. 进入课程编辑页面设置教学班级后，在"教学管理"的"教学设计"中"导入"教材配套课程，可根据教学需要进行修改，再发布为个性化课程。

● App：帮助任课教师和学生基于新构建的个性化课程开展线上线下混合式、智能化教与学。

1. 在应用市场搜索"智慧职教icve"App，下载安装。

2. 登录App，任课教师指导学生加入个性化课程，并利用App提供的各类功能，开展课前、课中、课后的教学互动，构建智慧课堂。

"智慧职教"使用帮助及常见问题解答请访问help.icve.com.cn。

第三版前言 «««««

　　本教材由浙江省万人计划教学名师、国家金融管理高水平专业群项目建设负责人、金融服务与管理专业国家教学标准修订专家组长董瑞丽教授主编，由银行业务专家深度参与、共同编写，是首批职业教育国家在线精品课程、国家级精品资源共享课的配套教材，也是国家职业教育金融专业教学资源库升级改进配套教材。

　　本教材按照"柜员岗位基本职业能力培养—各项业务规范处理与综合训练"的逻辑主线编写，将银行柜员基本职业能力训练、个人存款业务处理、个人贷款业务处理、个人结算业务处理、个人代理业务处理、个人外汇业务处理、电子银行业务处理、银行网点突发事件应急处理八个业务项目集于一体，架构清晰、衔接有序、知识逻辑合理，能全面覆盖商业银行综合柜台业务处理的理论知识与操作规程。

　　新版教材主要在结构体例与业务内容两方面上做了修订：一是统一修改为"项目—任务"结构，并在体例上做了简化调整；二是针对金融行业管理制度规范和具体业务操作规程的变化对相关项目内容进行了补充、更新、完善，依据银行现行管理制度规范对银行业务印章分类标准、重要单证作废处理等内容做了更新调整，对个人银行账户分类管理、养老储蓄等知识内容做了更新，补充了储蓄国债、基金、代理保险业务等相关规定和注意事项。同时还新增了个人住房商业性贷款微课、个人征信案例等配套数字资源，体现实务类教材内容的针对性、时效性。

　　第三版教材的主要特色体现为以下几点：

　　一是牢牢把握教材建设的政治方向和价值导向，深入贯彻党的二十大精神，深刻领悟习近平新时代中国特色社会主义思想的世界观和方法论，深刻领悟"以中国式现代化全面推进中华民族伟大复兴"的使命任务，深刻领悟"两个确立"的决定性意义，不断增强"四个意识"，坚定"四个自信"，做到"两个维护"，确保把党的教育方针全面体现到课程教材中，培养造就更多有理想、敢担当、能吃苦、肯奋斗的新时代好青年，为党育人，为国育才。

　　二是坚持立德树人根本任务，全面落实课程思政建设要求。本教材在每个项目前增加了素养目标，列明与本课程、岗位尤其是本项目内容贴合的职业精神、职业素养、职业判断能力、职业道德等内容，凸显了每项业务学习中的价值引领与育人导向；每个项目新增了"德技并修与工匠精神"案例栏目，多环节、多角度地将银行业务岗位职业操守养成与课程思政育人导向有机融合，旨在引导学生树立正确的价值观，形成良好的专业价值认同、职业精神与职业素养，培养学生的职业核心能力。新版教材将价值塑造、知识传授和能力培养融为一体，致力于培养爱岗敬业、精技笃行的优秀银行柜员。

三是以职业化为中心，以信息化为特色，紧扣银行柜员职业岗位能力需求与业务变化，对所有涉及的业务案例时间背景全部做了更新调整，并根据银行的具体操作规范对部分业务处理流程的内容做了补充。本教材中全套的银行柜面业务凭证和印章均采用双色印刷，清晰展示柜员岗位业务工作过程与专业凭证处理流程，辅之以"动动脑与动动手"的学习延展，实现知识和技能的有效迁移，进一步提升学生职业岗位操作与实践问题解决能力。新版教材将相关知识链接中涉及银行柜面业务数字化、智能化发展现状的内容进行整合更新，创设了新栏目"智慧银行新视界"。本教材依托国家职业教育金融专业教学资源库和国家在线精品课程开放平台，更新补充了微课、视频、动画、案例等数字化教学资源，并以二维码的方式嵌入纸质教材，强化了教材、课堂、教学资源三者的融合，助力线上线下混合式教学模式改革。

浙江金融职业学院董瑞丽负责统筹本次教材修订工作，具体负责修订项目四、六、八；浙江金融职业学院韩国红负责修订项目一、三，浙江金融职业学院朱维巍负责修订项目五、七，韩国红、朱维巍共同修订项目二。

本次修订也是继续落实产教融合的成果，本教材的编写得到了中国农业银行浙江省分行、中国建设银行杭州钱江支行、温州银行、浙江稠州商业银行、浙商银行、中国银行杭州分行、萧山农商银行等金融行业企业单位与业务专家的大力支持与协助，在此深表感谢！

由于编者水平有限，书中难免存在疏漏和不足之处，敬祈广大专家和读者批评指正。

编　者

2024年7月

第一版前言 《《《《《

作为市场经济中金融体系的主体，银行在一国的经济运行中发挥着越来越重要的作用。随着我国经济的高速发展，特别是加入世界贸易组织后金融体制改革的不断深化，现代银行业得到前所未有的快速发展。在此背景下，银行从业人员尤其是具有综合能力素质的高技能应用型人才的培养，已成为我国银行业健康发展的必要条件。

随着职业教育改革的逐步深入和社会对职业教育认可度的逐步提高，职业教育呈现迅速发展的态势。目前，高等职业教育院校普遍使用按照 2000 年国家颁布的教学大纲编写的教材，强调学科知识体系的完整性，有大量的理论性知识和公式的应用，这不适应目前高职学生的认知水平，不利于高职学生的职业能力的培养。作为金融类专业的核心课程，十分有必要从培养学生职业专业能力、社会能力、方法能力、学习能力出发，以服务专业、服务后续课程、服务应用、服务市场为宗旨（四有原则：有理论、有案例、有分析、有应用），降低现有知识的理论深度，加强实践技能的训练，按理论与实践教、学、做一体化的模式来组织编写系列专业核心教材。本书是"十二五"职业教育国家规划教材，也是国家职业教育金融专业教学资源库配套教材，还是国家级精品资源共享课立项项目配套教材。本书根据现代商业银行理论，并结合高职高专教育的特点，积极探索基于工作过程知识导向的职业教育项目课程开发与实践，以设计完成的项目活动为基础，通过情景模拟、情景再现、案例分析等多种形式展现教学内容，对所要完成的任务与业务过程以流程图的形式加以展示，所涉及的业务凭证配以大量的图示，深入浅出，图文并茂，直观形象，在内容上具有较强的实用性和可操作性。本书的编写特点与特色体现为以下几个方面：

一、编写目标强化职业特色

1. 教材编写符合职业教育规律和高端技能型人才成长规律，依据国家职业教育金融专业教学资源库建设子项目"商业银行综合柜台业务"教学大纲的要求编写，落实高等职业教育为经济社会发展培养高素质技能型专门人才的目标。

2. 依据易学、够用、实用的原则，设计组织课程教学内容，突出高等职业教育的特点，在内容设计、组织安排上和教学过程设计活动中充分体现高等职业教育院校学生的素质特点。

3. 坚持以就业为导向，重视实践教学，以提高学生综合素质和实践技能为根本出发点，培养学生对岗位的适应能力。

4. 充分利用各种教学媒体和教学资源，以设计完成的业务活动为基础，通过多媒体演示、情景模拟、角色体验、角色互换、情景再现、案例分析等多种形式，深入浅出，图文并茂，展现教学内容。

5. 在内容上具有实用性和可操作性，同时注重与时俱进，把银行业务处理过程中的新知识、新规定、新技术、新方法融入教材中，使教材更贴近银行业务的发展变化和实际需要。

二、编写思路突出创新特色

1. 内容突出实用性。依据熟练银行柜台业务操作的技术技能型金融应用型人才培养定位，以银行综合柜员岗位作为人才培养的前提，依据商业银行一线柜台个人业务处理工作规范，针对所涉及的具体业务领域和学习内容，把课程的学习目标定位于以工作过程导向来搭建一系列的工作活动场景，构建系列学习内容与业务活动。在设计组织具体内容时注重学生在学习情境中的知识积累和能力沉淀，在基本的知识铺垫基础上，把复杂、抽象的操作原理和操作过程孕育在内容相连、层次递进、过程细分的系列学习活动中，辅之以适度的知识链接拓展，形成理论够用、实践强化的职业教育改革特色。

2. 业务强化实效性。随着银行业务的发展变化与不断地推陈出新，及时将银行柜面业务处理过程中的新知识、新规定、新技术、新方法融入教材中，使教材更贴近银行业务的发展变化和实际需要，是职业教育的人才培养需求所致。在编写教材过程中，翻阅了大量的新业务制度规范，所有的操作样例全部用最新的数据版本，并对银行一些未来的新业务发展动向做了前瞻性介绍，在关注时效性的同时注重体现银行业务的延伸与拓展。

3. 素材呈现多样性。教材积极探索基于工作过程知识导向的职业教育项目课程开发与实践，以设计完成的项目活动为基础，通过情景模拟、情景再现、案例分析等多种形式展现教学内容，对所要完成的任务与业务过程以流程图的形式加以展示，所涉及的业务凭证配以大量的图示，深入浅出，图文并茂，直观形象，同时在案例、动画、视频、习题自测、实训操作、业务资料等方面与资源库的素材进行了对接，扩充了来源，丰富了内涵。

4. 教改体现及时性。在教材的体例设计上，贯彻理论实践一体化的教学思想，将"活动"贯穿于教学的始终，通过活动来培养学生的技能。每一个业务内容都是一个相对独立的银行业务领域，根据具体业务类型细分为若干工作任务，在一定教学目标的指引下，通过不同的项目活动及活动练习来搭建学习过程，融教、学、做为一体，真正反映实际业务岗位工作与社会实践的需要，简单、易学、实用。

三、编写风格呈现多元特色

1. 直观形象的业务内容展示。结构清晰，条理分明，图文并茂，趣味性强，有助于培养学生的专业课程学习兴趣。

2. 简洁明了的工作过程导引。在简单的架构中呈现业务处理的逻辑结构，充分体现银行实务类课程的学习特色，注重学生职业能力的培养。

3. 丰富多样的教学资源支撑。依托于金融专业教学资源库的资源平台，基本型教学资源与特色型教学资源共存，有助于满足学生个性化的学习需求。

本书包括银行柜员基本职业能力训练、个人存款业务处理、个人贷款业务处理、个人结算业务处理、个人代理业务处理、个人外汇业务处理、电子银行业务处理、银行柜面突发事件应急处理、金融综合技能训练九方面业务内容。本教材业务内容一、三由韩国红组织编写，业务内容五、七由朱维巍组织编写，业务内容二由韩国红、朱维巍共同组织编写，业务内容四、六、八、九由董瑞丽组织编写，董瑞丽任主编，负责全书统撰。本书可以作为高等职业院校财经类专业的教学专用教材，也可供银行在职人员岗位培训与业务学习使用。

本书的编写得到了金融专业教学资源库"商业银行综合柜台业务"课程建设团队的大力支持，广州番禺职业技术学院、山西省财政税务专科学校、北京财贸职业学院、辽宁金融职业学院、山西金融职业学院、成都职业技术学院、江苏财经职业技术学院、宁波城市职业技术学院、山东经贸职业学院等院校参与建设的教师为本书的编写提供了大量资料素材，高等教育出版社黄燕、刘方媛等编辑对本书的编写提供了建议和意见，在此一并表示感谢！

金融业务创新不断，金融从业人员岗位职业能力要求不断提升，基于工作过程的职业教育课程教学改革永远处于不断的探索与进取之中，书中存在的疏漏在所难免，敬请广大金融行业的专家、教育学者指正。

编者

二〇一四年五月

目录

項目一

银行柜员基本职业能力训练

【学习目标】

素养目标

- 通过银行柜员管理制度规定的学习，引导学生严格遵守银行柜员岗位管理制度规范，培养学生从事金融工作的职业操守
- 通过银行柜员服务规范和书写规范的学习，培养学生秉持服务为本的职业理念，践行社会主义核心价值观，培养职业认同感和归属感
- 通过银行重要单证及印章的管理与使用规定的学习，培养学生爱岗敬业、切实履行岗位职责的银行柜员基本职业素养

知识目标

- 了解商业银行柜台岗位设置与授权管理制度
- 熟悉银行重要单证及印章的管理与使用规定
- 掌握银行柜员服务礼仪和服务语言规范、银行账表凭证书写规范、银行柜面日初和日终操作处理规范

能力目标

- 能够在日常工作实践中遵守银行柜员管理制度规定
- 能够规范使用和保管重要单证及印章
- 能够运用规范的银行服务礼仪从事柜面服务工作
- 能够准确、熟练地使用银行文明服务用语与客户进行有效沟通
- 能够规范地书写银行各类凭证、账簿、报表上的大小写金额数字并具备相应的审核审查能力
- 能够按银行柜面相关要求规范办理日初操作和日终处理业务

【内容导航】

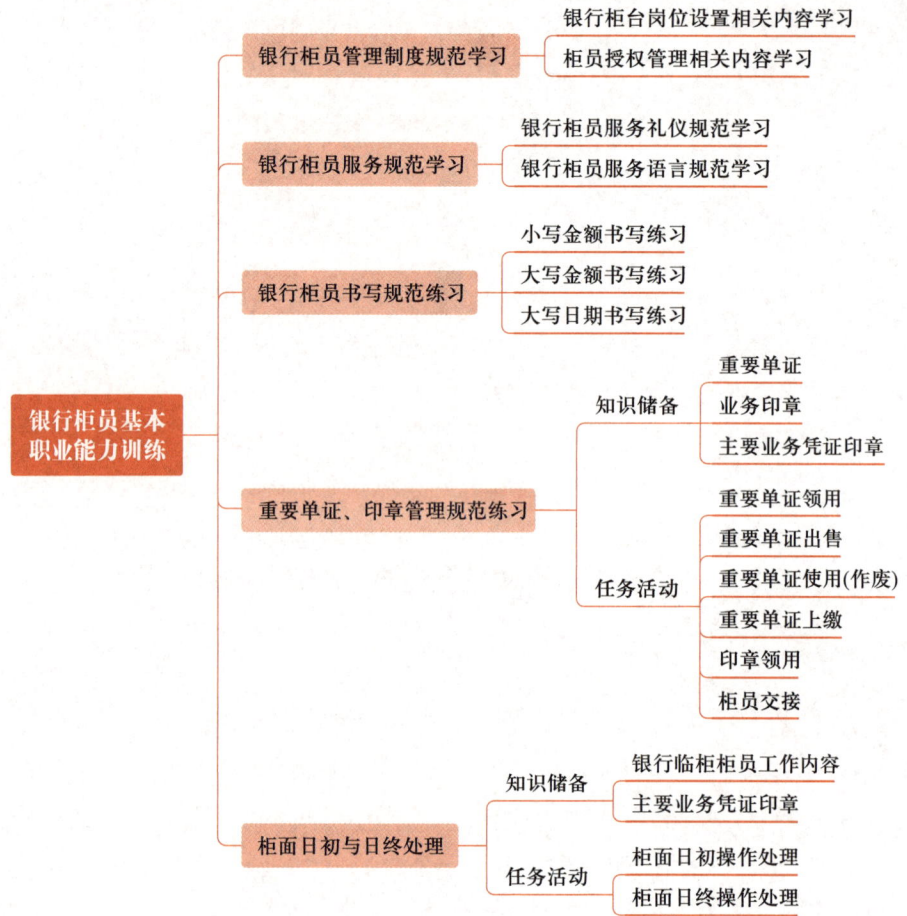

任务一　银行柜员管理制度规范学习

一、银行柜台岗位设置相关内容学习

1. 银行柜台劳动组织形式

随着金融电子化的发展和科技在银行业务领域的广泛运用，现代商业银行柜台劳动组织形式经历了从双人临柜复核制到单柜员制，再到综合柜员制的变化。

综合柜员制是指柜员在其授权范围内，可以办理多币种、多种类的各项临柜业务，承担相应经济责任的一种柜台劳动组织形式。

2. 柜员岗位设置

实行综合柜员制的营业机构，柜员岗位设置如图1-1-1所示。

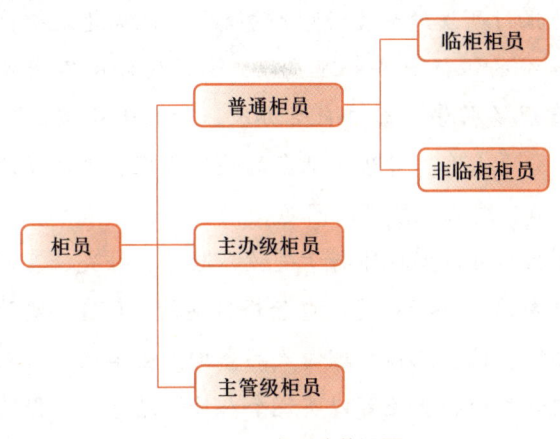

图 1-1-1　柜员岗位设置

（1）普通柜员。即具体办理会计核算业务的银行工作人员，负责权限范围内业务的操作和会计资料的初审。

根据处理业务内容的不同，可以将普通柜员分为临柜柜员和非临柜柜员。

① 临柜柜员。即直接面对客户，对外办理现金收付、转账结算、代理业务等工作的柜员。

② 非临柜柜员。即负责无须面向客户的联行、票据交换、内部账务等业务处理的柜员。

（2）主办级柜员。即在规定业务范围与额度内对普通柜员进行授权的银行工作人员。

（3）主管级柜员。即对超过主办级柜员权限的重要业务进行授权处理的管理人员。主管级柜员主要包括网点负责人、总会计、各级会计结算部门负责人以及有权部门聘任的行使业务主管职责的管理人员。

3. 柜员管理基本原则

党的二十大报告提出："深化金融体制改革，建设现代中央银行制度，加强和完善现代金融监管，强化金融稳定保障体系，依法将各类金融活动全部纳入监管，守住不发生系统性风险底线。"为加强内部控制，防范风险，银行必须按照"事权划分、事中控制"的原则对银行从业人员进行科学有效的管理，明确责任。

事权划分是指针对银行各项业务设置不同的业务岗位，每个业务岗位又有不同的操作经办权限。商业银行柜面业务的岗位所辖交易设有执行权、查询权、授权权等权限，并具有相应的操作金额。

事中控制是指临柜大金额业务及特殊业务须双人操作，相互监督，实时授权。

智慧银行新视界

智 能 柜 台

智能柜台是银行研发的新型运营服务模式，也称超级柜员机。智能柜台的应用打破了传统的银行业务处理流程，通过硬件设备集成和软件系统整合，采取"大堂现场引导、客户自主办理、后台专业审核"的业务处理模式，实现绝大部分个人客户非现金业务的快速办理，彻底解决了银行柜面业务填单多、签名多、流程较烦琐的问题。

微课：超级
柜员机

目前，智能柜台可以实现银行卡发放、激活、挂失、密码修改、密码重置、转账、账户查询、存折补登、电子银行签约、UKEY发放、个人信息更新、理财基金签约、风险评估、理财产品查询、生活缴费、对账单打印、电子印章验证查询等多项功能还可以实现个人外汇结售汇、保险、贵金属买卖等更多特色业务功能。

使用智能柜台办理个人开卡业务并完成网上银行、手机银行的注册一般仅需3分钟，而在传统柜面办理至少需要8分钟；智能柜台重置密码只需2分钟，而传统柜面需要10分钟左右；智能柜台打印交易流水只需1分钟，而传统柜面打印一份两年的交易流水一般需要20分钟。因此，智能柜台的应用大幅提升了银行柜面业务的办理速度。

随着智能柜台在商业银行的大量应用，在提高业务办理效率的同时，不可避免地替代了部分银行柜台员工。以中国工商银行为例，相关智能自助设备的运用，将绝大部分柜面交易移植到自助设备端，大多数营业网点仅保留现金和非现金窗口各一个，用于办理未移植的复杂业务。被机器所取代的柜员，少部分被分流至厅堂，引导与辅助客户在自助设备上办理业务，大部分分流至营销岗位，从事客户的服务与营销工作。智能柜台的应用正加快促进银行从结算型网点向营销及服务体验型网点转型。

相关知识链接　　　银行不相容岗位的分设要求

（1）印、证、机使用管理岗位设置，必须严格执行印、证、机分管、分用和平行交接制度，不得将本人经管的印、证、机随意交与他人使用。

（2）联行业务录入岗位和确认岗位必须严格分开，严禁一人操作。票据交换提出岗位必须与复核及数据发送岗位分设。

（3）事后监督岗位与业务处理岗位要分设。设置专职复核员、综合员的，滞后复核由综合员兼职的，该柜员不得兼办柜台业务；滞后复核、事后复审不得与日间业务交叉。

（4）库房管理与柜台现金收付岗位要分设。设置专职总出纳岗位的，总出纳掌管一把库房钥匙负责库房现金及重要空白凭证管理，总出纳与柜台现金收付业务不得交叉；临柜柜员兼职总出纳的，该柜员办理现金调拨、出入库、重要空白凭证调拨和领发交易时，必须由主管授权审查。

 动动脑与动动手

1. 银行营业机构柜员的岗位是怎么设置的？
2. 银行柜员管理的基本原则是什么？
3. 选择几家银行，观察其柜台劳动组织形式。
4. 选择几家银行，观察其柜台岗位设置情况。

二、柜员授权管理相关内容学习

授权是指按照会计岗位责任分离、相互制约的原则，根据各种业务种类的重要性和风险程度及金额大小设定相应授权级别，并由主管级柜员或主办级柜员对普通柜员办理对应交易进行实时审核确认的一种内部风险控制方式。

1. 柜员授权形式

根据授权形式的不同，柜员授权可分为：

（1）单人处理授权。即在规定的柜员授权操作权限范围内，经办柜员单人独立完成会计业务处理的授权形式，主要适用于小额现金业务的处理和小额银行内部转账业务的处理。

（2）换人复核操作。即在经办录入的基础上，换人采用"二次输入法"对全部或者重要要素进行复核确认的授权形式，主要适用于资金汇划、票据交换等重要业务。

（3）换人授权操作。即经办柜员在办理超过单人处理授权权限的交易、业务、金额时由授权柜员在终端上对交易执行的合法性、正确性进行审核确认的授权形式，主要适用于大额业务的处理。

（4）远程集中授权。即经办柜员通过业务交易系统，将授权业务所需凭证影像、证件影像、客户影像、交易信息、身份证核查信息以及文本交流信息等以工作流的形式传输至远程授权机构，由远程授权人员对业务的合规性、业务依据的完整性进行非现场审核并完成授权，实现业务处理与授权分离的一种非现场授权方式。

2. 授权操作要求

（1）单人处理授权操作要求。经办柜员受理业务后，应对原始凭证和记账依据的真实性、完整性及合规性进行认真审查。审核无误后，根据业务种类使用相应的交易，完成业务处理并在相应凭证上加盖个人名章。

（2）换人复核操作要求。复核柜员对原始凭证和记账依据的真实性、完整性和合规性进行复审。复审无误后采用"二次输入法"对全部或者重要要素进行复核确认；对其他辅助信息采用"目测核对法"进行复核确认。复核完毕后，经办柜员、复核柜员应分别在相应凭证上加盖个人名章。复核操作应在录入完毕后及时进行。

（3）换人授权操作要求。授权柜员对原始凭证和记账依据的真实性、完整性和合规性进行复审，对现金业务必须卡点现金大数，对支付业务应核实验印记录。查看原始界面，确认录入信息与原始凭证和记账依据的内容无误后输入授权柜员号和指纹进行授权确认。交易成功后，授权柜员必须在相应凭证上加盖个人名章。授权柜员必须在交易执行成功或因数据有误取消交易后方可离开。

（4）远程集中授权操作要求。授权处理机构人员进入后台集中作业处理系统，获取远程授权任务并审核前台提交的系统交易界面、上传的各类影像信息及换人复核、备注等附加信息。若审核无误则授权通过；若发现不符合授权审核要求的业务则在注明原因后拒绝授权，拒绝理由应清晰明了，严禁无理由拒绝。

随着银行业务处理模式的变化，现在银行主要进行远程集中授权，这是对原有业务授权处理方式的补充和优化，并不改变各项业务授权管理的基本原则。

相关知识链接

微课：银行业务素养——金融工匠精神

1. 银行柜员的主要职责

（1）严格按照国家法律法规、监管机构的规章制度和要求，以及银行各项业务管理规定和操作规程办理业务。

（2）审核客户提供的单据，受理客户办理的各项业务，并保证受理业务真实合规、办理业务准确及时。

（3）确保本人尾箱中的现金、重要空白凭证、有价单证等账实相符；妥善保管本人的业务印章及重要物品，并按规定使用和办理交接手续。

（4）按规定对发生的差错如实上报，及时处理。

（5）按日做好柜员轧账。

（6）按规定和要求办理其他柜台业务。

2. 远程授权岗岗位职责

远程授权业务涉及授权发起机构和授权处理机构。授权发起机构负责业务的前端操作，对所受理业务的真实性、合规性和业务依据的完整性负责。授权处理机构负责业务的后端授权，对所授权业务的合规性和业务依据的完整性负责。远程授权岗岗位职责包括：

（1）审核经办柜员录入的交易要素、业务凭证及相关影像资料，及时处理授权业务，不积压延误。

（2）对业务处理所依据的合规性、完整性以及要素录入的准确性负责。

（3）如果发现经办柜员存在操作不规范、违规操作等情况，应拒绝授权。

（4）如果发现重大风险隐患及案件线索，应及时向主管报告。

3. 银行柜员业务处理金额操作权限（见表1-1-1）

表1-1-1　银行柜员业务处理金额操作权限

业务种类	具体分类	普通柜员	主办级柜员	主管级柜员
存现业务	小型网点	5万元以下	业务经办额度以上授权	自行确定
	中型网点	8万元以下		
	大型网点	10万元以下		
取现业务	全部网点	5万元以下	5万元（含）至50万元的授权	超过50万元的授权

续表

业务种类	具体分类	普通柜员	主办级柜员	主管级柜员
转账业务	小型网点	10万元以下	10万元（含）至100万元的授权	100万元（含）~200万元以及200万元（含）以上的授权（根据网点而不同）
	中型网点	20万元以下	20万元（含）至150万元的授权	
	大型网点	30万元以下	30万元（含）至200万元的授权	

注：以上金额仅为人工控制，目的是区分网点和控制风险。各行具体规定会有所不同。

动动脑与动动手

1. 什么是授权管理？柜员授权形式有哪些？

2. 请阐述远程集中授权操作要求。

3. 选择一家银行办理一笔业务，观察其业务分工与授权操作过程。

4. 选择几家银行，观察其临柜柜员的金额操作权限。

任务二　银行柜员服务规范学习

一、银行柜员服务礼仪规范学习

1. 银行柜员仪表要求

（1）银行员工工作时应穿统一的行服，着装要端庄大方，平整洁净。

（2）男员工穿行服时应搭配衬衣、深色皮鞋、深色袜子和领带，衬衣下摆不得露在行服西装外。

（3）女员工穿行服时，搭配的袜子应与行服颜色相称，长裤不应带图案，袜口、衬裙不得外露。

（4）银行柜员的服装不得有油渍、汗渍或褶子，袖口、裤口不得翻卷。

2. 银行柜员仪容要求

（1）银行柜员的仪容应以干净、整洁、素雅、大方为标准。员工发型应与本人气质、脸型相适应，头发应梳洗干净整齐，不能梳奇异发型；指甲要修剪整齐，不能留长指甲、染指甲。

（2）男员工发脚侧不过耳，后不过领，不能留胡须，不准剃光头，不准留长发，不准染自然色以外的颜色。

（3）女员工淡妆上岗，不能浓妆艳抹。长发要盘起或束起，如有刘海应保持在眉毛上方。不能佩戴夸张饰品，不得染自然色以外的颜色。

（4）银行柜员都应注意个人卫生，保持面部、口腔清洁，确保身体无汗味、异味。

3. 银行柜员仪态要求

（1）举止文明礼貌，符合礼节。

① 与客户交谈时亲和友善，面带微笑，情绪平和适度。

② 工作时精神饱满，精力集中，服务热情。

（2）站姿、坐姿和手势应大方、标准，态度不轻浮。

① 客户临柜时应主动起立迎接，站姿自然得体。平时站姿应正确，挺胸、下颌微收，双手自然下垂，脚跟并拢，脚尖略微张开，双手不得抱在胸前、叉腰或插入衣服口袋。

② 坐着办理业务时，应坐姿端正，不得躺靠在椅子上，不可摇身或摇动双脚。女员工要注意并拢双膝。

③ 示意客户时，要用手心向上五指并拢的手势，不得用单指或手心向下的手势。

④ 柜员在与客户交接钱物时，手势符合双手递物的规范，不得有单手交递钱物，扔、摔钱物等行为。

⑤ 在营业场所走动时要抬头挺胸，不得手揣衣兜；步伐要不紧不慢，见到客户时应礼让。

（3）举止行为要稳重，要重视客户。

① 不得在营业场所内嬉戏、大笑、叫嚷，应给客户稳重、认真的感觉。

② 与客户交流时应面向客户，切忌背向客户，以免使客户有不受重视的感觉。

③ 在为客户办理业务的过程中，不得与同事讨论与业务无关的事情。

相关知识链接

1. 柜员仪容仪表示范图（见图1-2-1）
2. 柜员站姿图（见图1-2-2）

图1-2-1　柜员仪容仪表示范图　　　　图1-2-2　柜员站姿图

3. 柜员坐姿图（见图1-2-3）

图1-2-3　柜员坐姿图

4. 柜员走姿图（见图1-2-4）

图1-2-4　柜员走姿图

5. 柜员示意图（见图1-2-5）

图1-2-5　柜员示意图

 动动脑与动动手

1. 说说银行对柜员的仪容仪表要求。

2. 说说不符合银行柜员仪容仪表规范要求的具体表现。

3. 两个学生为一组，相互评价对方的着装、发型、打扮等是否符合银行柜员的职业要求。

4. 请学生进行模拟演示，评价其站姿、坐姿、走姿等是否符合银行柜员的职业要求。

二、银行柜员服务语言规范学习

（1）银行柜员在为客户服务的过程中要使用文明服务用语。柜员使用文明服务用语的基本要求是：亲切、朴实、真诚、准确、简练、文明。

（2）银行柜员在为客户服务的过程中，要坚持使用"请、您好、对不起、谢谢、再见"十字文明用语。在整个为客户服务的过程中，银行柜员应将上述十个字灵活地加以运用。

一般来说，不管出于什么目的，只要劳驾客户，都要在语言前面加个"请"字（如：请把单据收好）；不管什么原因，凡是没有满足客户要求时都要在语言前面加上"对不起"（如：对不起，您写的凭条不正确，请再填写一张）；不管目的为何，只要客户满足了员工提出的要求都要说一声"谢谢"（如：谢谢您的配合）。

（3）禁止使用"不知道""好像""可能"等含糊不清的语言，以及伤害客户感情、损害信誉形象、有碍服务工作、影响服务效果的语言。

相关知识链接

银行柜面规范服务用语举例如下：

（1）接听客户电话时，主动介绍自己："您好，××银行。"交谈结束时应说"再见"，待对方挂机后再放电话。

（2）给客户打电话时，主动表明身份："您好，我是××银行××支行（网点）。"

（3）接待客户时应说："您好，请问您办理什么业务？"或"您好，请问有什么事我可以帮忙吗？"

（4）客户办理不需要提供相关证明、资料的业务时，应说："请稍候，我马上为您办好。"

（5）客户办理需要提供相关证明、资料的业务时，应说："对不起，请您出示××资料（证件）。"

（6）客户提供的资料不全时，应说："对不起，根据规定，办理这项业务需要提供××资料，这次让您白跑一趟真是抱歉！"

（7）客户办理的业务需相关部门或人员签字时，应说："对不起，根据规定，这笔业务需要××部门（人员）签字，麻烦您去办理签字手续。"

（8）办完业务后，应说："您好，这是您办理××业务的回执，请收好。"

（9）客户进行咨询时，若询问的内容自己不太清楚（或不能处理），应说："对不起，请稍候，待我请示一下负责人。"

（10）客户的要求与国家政策、银行规定相悖时，应说："非常抱歉，根据规定我不能为您办理这项业务，希望您能谅解。"

（11）当客户出现失误且更正后可以办理时，应说："对不起，您的××有误（指明错误之处），请您重新办理一下。"

（12）办理业务时，因特殊原因需接听电话时应说："对不起，我接一下电话，请稍候。"接完电话后应说："对不起，让您久等了。"

（13）临时出现设备故障，应说："请原谅，××暂时出现故障，我们在尽快排除，请稍候。"

（14）客户代办必须由本人亲自办理的业务时，应说："对不起，这项业务应该由本人亲自办理。请您通知本人来我行办理，谢谢您的配合。"

（15）办理的业务需要客户签字时，应说："请您在这里签名。"

（16）收到客户的投诉、建议时，应说："非常感谢您对我们工作提出的宝贵意见，请您留下姓名和电话号码，我们处理后会尽快与您联系。"

（17）客户向自己表示歉意或谢意时，应说："没关系，这是我们应该做的。"

（18）与客户道别时，应说："感谢您对我们工作的支持，欢迎您再来。"

（19）当客户对凭证有疑问时，应说："您有什么疑问？我来为您解释。"

（20）当业务繁忙时，应说："请您稍候，我马上为您办理。"

 动动脑与动动手

1. 银行柜员使用文明服务用语的基本要求是什么？

2. 银行柜员的十字文明用语是什么？银行柜员在为客户服务的过程中应如何灵活运用？

3. 周先生来银行办理一张借记卡，这笔业务不仅需要客户填写申请表，还需出示身份证等有关证件。请学生模拟银行柜员演示办理此笔业务的接待过程。

4. 一位老年客户来到银行办理定期储蓄存取款业务。请学生模拟银行柜员演示接待过程。

5. 沈女士到银行来办理活期储蓄存款业务，银行柜员在办理业务点收现金时，发现其中有一张100元假币。请学生模拟银行柜员演示接待处理过程。

任务三　银行柜员书写规范练习

一、小写金额书写练习

1. 数字写法的基本要求

（1）位数准确。用数字来计算时，数的位数是由该数首位数的数位决定的。如1 234，首位数"1"的数位是千位。所以这个数是千位数，即

微课：金额
数字小写规
范

一千二百三十四，也叫四位数。

（2）书写清楚，容易辨认。书写数字，必须字迹清晰、笔画分明，一目了然。各个数字应有明显的区别，以免混淆。

（3）书写流畅，力求规范化。为了使计算工作达到迅速、准确，数字书写力求流畅、美观、规范化。

2. 阿拉伯数字书写的有关规定

（1）阿拉伯数字与数位结合在一起书写时，每一个数字都要占一个位置，各个位置表示各种不同的单位。数字所在位置表示的单位称为数位。数位是按照个、十、百、千、万的顺序，由小到大，从右到左排列的，但写数和读数的习惯都是由大到小、从左到右的。

（2）数的整数部分，采用国际通用的三位分节制，从个位向左每三位数用千分撇即分节号","或千分空即空四分之一格分开。本书统一采用千分空的表示方法，例如：15 345 678。

3. 账表凭证上阿拉伯数字的书写规范

（1）数字的写法是自上而下，先左后右，要一个一个地写，不要连写以免分辨不清。

（2）斜度约以60°为准。

（3）高度以账表表格的1/2为准。

（4）除7和9上低下半格的1/4，下伸次行上半格的1/4外，其余数字都要靠在底线上。

（5）6的竖上伸至上半格的1/4处。

（6）0不要有缺口。

（7）从有效数最高位起，以后各格必须写完。

账表凭证上阿拉伯数字的规范写法如图1-3-1所示。

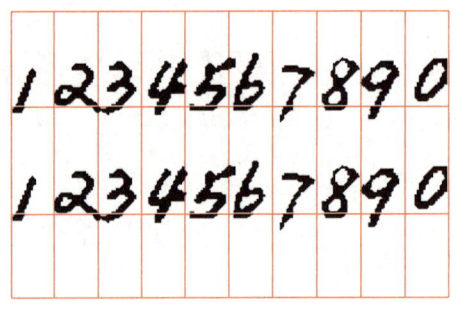

图1-3-1 账表凭证上阿拉伯数字的规范写法

相关知识链接

1. 人民币（元）符号"￥"的来由和使用

"￥"应念作"元"，是人民币（元）的简写符号，是汉语拼音"YUAN"（元）的缩写，它代表人民币单位（元），也表明货币种类（人民币）。小写金额前写"￥"以后，数字之后就不要再写"元"了。例如：￥7 300.06即为人民币柒仟叁佰元零陆分。

2. 用阿拉伯数字表示小写金额

书写时，其数目前不得写有"人民币"字样。金额数目若没有角和分时，应写上"0"，不得以"–"或"元"字代替。例如：￥6 278.00不得写成￥6 278.–或￥6 278元。

动动脑与动动手

1. 请简述账表凭证上小写金额数字的书写规范要求。

2. 应怎样用阿拉伯数字来表示小写金额？

3. 在账页（账表凭证）内抄写阿拉伯数字0–9。

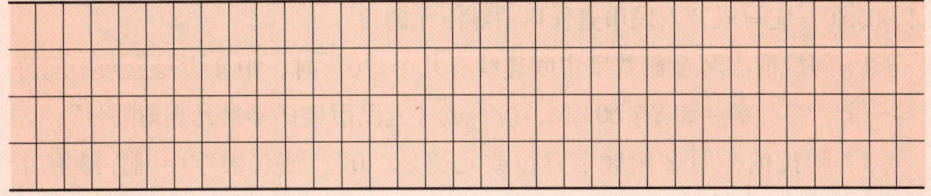

4. 将下列各金额数字分别抄入账页内。

41.35	1 985.03	52 471.39	6 195.46	3 971.46
4 820.16	7 507.15	6 189.03	92 530.16	52 836.49
5 976.33	2 389.34	7 603.28	2 607.83	75.56
6 543.09	8 496.57	5 718.39	5 841.39	21 063.45
2 953.36	3 819.26	1 278.58	3 847.17	6 098.10
16 541.78	9 280.42	65.74	72 043.92	3 418.29
72 580.97	5 418.36	2 570.56	15.45	1 518.23
8 149.06	49 570.65	3 948.09	4 809.30	9 261.68

二、大写金额书写练习

微课：金额数字大写规范

1. 中文大写金额数字的正确写法

中文大写金额数字应用正楷或行书书写（见表1-3-1）。不得用一、二（两）、三、四、五、六、七、八、九、十、廿、毛、另（或0）填写，也不得自造简化字。如果金额数字书写中使用繁体字，如贰、陆、億、萬等的，也应受理。

表1-3-1 中文大写金额数字的正确写法

壹	贰	叁	肆	伍	陆	柒	捌	玖	拾	佰	仟	万	亿	元	角	分	零	正	整
壹	贰	叁	肆	伍	陆	柒	捌	玖	拾	佰	仟	万	亿	元	角	分	零	正	整

2. 有关"整"字的写法

中文大写金额数字到"元"为止的，在"元"之后，应写"整"（或"正"）字；在"角"之后可以不写"整"（或"正"）字。大写金额数字有"分"的，"分"后面不写"整"（或"正"）字。

3. 有关"零"的写法

（1）阿拉伯小写金额数字中间有"0"时，中文大写金额要写"零"字。如￥1 905.80，应写成"人民币壹仟玖佰零伍元捌角"。

（2）阿拉伯小写金额数字中间连续有几个"0"时，中文大写金额中间可以只写一个"零"字。如￥7 003.16，应写成"人民币柒仟零叁元壹角陆分"。

（3）阿拉伯小写金额数字万位或元位是"0"，或者数字中间连续有几个"0"，万位、元位也是"0"但千位、角位不是"0"时，中文大写金额中可以只写一个"零"字，也可以不写"零"字。如￥1 260.42，应写成"人民币壹仟贰佰陆拾元零肆角贰分"，或者写成"人民币壹仟贰佰陆拾元肆角贰分"；又如￥105 000.83，应写成"人民币壹拾万伍仟元零捌角叁分"，或者写成"人民币壹拾万零伍仟元捌角叁分"，或者写成"人民币壹拾万伍仟元捌角叁分"。

（4）阿拉伯小写金额数字角位是"0"，而分位不是"0"时，中文大写金额"元"后面应写"零"字。如￥15 608.09，应写成"人民币壹万伍仟陆佰零捌元零玖分"；又如￥347.05，应写成"人民币叁佰肆拾柒元零伍分"。

4. 其他注意事项

阿拉伯小写金额数字最高位是"1"的，中文大写金额应加写"壹"字。

相关知识链接

（1）有固定格式的重要凭证，大写金额栏一般印有"人民币"字样，其金额数字应紧接在人民币后面书写，在"人民币"与数字之间不得留有空隙。大写金额栏没有印好"人民币"字样的，应加填"人民币"三字。

（2）银行需要填列大写金额的凭证均属重要凭证。凡是重要凭证大小写金额填写错误时，不能更改，应另行填制新凭证。

 ## 动动脑与动动手

1. 下列现金支票的大小写金额如表1-3-2所示，哪一张的书写是正确的？

表1-3-2　现金支票的正确与错误写法

模拟银行 现金支票	00000000
出票日期（大写）　　年　月　日	付款行名称：
收款人：	出票人账号：
人民币（大写）　拾伍万元整	亿 千 百 十 万 千 百 十 元 角 分　¥1 5 0 0 0 0 0 0
用途_____	
上列款项请从我账户内支付	
出票人签章	复核　　　记账

付款期限自出票之日起

模拟银行 现金支票	00000000
出票日期（大写）　　年　月　日	付款行名称：
收款人：	出票人账号：
人民币（大写）　壹拾伍万元整	亿 千 百 十 万 千 百 十 元 角 分　¥1 5 0 0 0 0 0 0
用途_____	
上列款项请从我账户内支付	
出票人签章	复核　　　记账

付款期限自出票之日起

续表

模拟银行 现金支票 00000000

出票日期（大写）　年　月　日　　付款行名称：
收款人：　　　　　　　　　　　　出票人账号：

人民币（大写）　壹拾伍万元整　　　　　亿千百十万千百十元角分
　　　　　　　　　　　　　　　　　　　　¥150000000

用途_____

上列款项请从
我账户内支付

复核　　　　记账

出票人签章

付款期限自出票之日起

2. 在下列方格中用签字笔或钢笔练习中文数字的书写。

壹	贰	叁	肆	伍	陆	柒	捌	玖	拾	佰	仟	万	亿	元	角	分	零	正	整

3. 将表1-3-3所列小写金额数字写成中文大写金额数字。

表1-3-3　大小写金额数字

小写金额	大写金额	小写金额	大写金额
¥300.00		¥8 600 000.07	
¥65 731.98		¥1 409.50	
¥7 250.60		¥6 007.14	
¥100 200.00		¥107 000.53	
¥15.06		¥16 409.02	
¥40 093 000.00		¥325.04	
¥13 004.00		¥48 039.57	

4. 请审核下列的大小写金额是否一致，以及有无书写错误。

（1）¥3 608.09　　　人民币叁仟陆佰零捌元零角玖分

（2）¥2 750.14　　　人民币贰千柒佰伍拾元壹角四分

（3）¥18.00　　　　　人民币拾捌元整

（4）¥71 200.60　　　人民币染万壹仟贰佰元陆角

（5）¥650 173.28　　 人民币陆拾伍万壹佰柒拾叁元贰角捌分

（6）¥8 359.37　　　 人民币捌仟叁佰玖拾伍元叁角柒分

三、大写日期书写练习

1. 票据的出票日期书写规范

票据的出票日期必须使用中文大写数字来书写。

2. 票据出票日期的大写规范

微课：票据
日期大写规范

为防止变造票据的出票日期，出票人应按照以下要求书写：

（1）月的写法规定：

1月、2月前加"零"，如1月，写作"零壹月"。

11月、12月前加"壹"，如11月，写作"壹拾壹月"。

10月前加"零壹"，写作"零壹拾月"。

其余月份的书写不在前面加"零"或"壹"。

（2）日的写法规定：

1日至10日、20日、30日前加"零"，如30日，写作"零叁拾日"。

11日至19日前加"壹"，如11日，写作"壹拾壹日"。

相关知识链接

　　票据出票日期使用小写填写的，银行不予受理。大写日期未按要求规范填写的，但所表达意思无歧义且正确的，银行可予受理，但由此造成损失的，由出票人自行承担。

动动脑与动动手

　　1. 票据出票日期月的规范写法是什么？

　　2. 票据出票日期日的规范写法是什么？

　　3. 请写出下列出票日期的中文大写日期。

2023年12月30日

2023年10月8日

2024年4月21日

2023年11月20日

2024年2月1日

2024年3月10日

4. 请在下面的银行汇票上用当天的日期填写大写出票日期，见表1-3-4。

表1-3-4　银行汇票中大写出票日期练习

中国××银行 银行汇票	2	10503475 20908572

提示付款期限自出票之日起壹个月

出票日期（大写）	年　　月　　日	代理付款行：	行号：
收款人：			
出票金额	人民币（大写）		亿 千 百 十 万 千 百 十 元 角 分
实际结算金额	人民币（大写）		

申请人：	账号：
出票行：　　　　　行号：	密押：
备注：	
凭票付款出票行签章	多 余 金 额 千 百 十 万 千 百 十 元 角 分
	复核　　记账

此联代理付款行付款后作联行往账借方凭证附件

任务四　重要单证、印章管理规范练习

【知识储备】

一、重要单证

重要单证包括有价单证和重要空白凭证。有价单证是指经批准发行的印有固定面额的特殊凭证，主要包括银行发行或银行代理发行的实物债券、旅行支票、定额存单以及印有固定面额的其他单证。重要空白凭证是指无面额的经银行或客户填写金额并签章后，具有支付票款效力的空白凭证，包括各类存折、存单、存款开户证实书、支票、汇票、本票、银行卡、外汇兑换水单、债券收款凭证及其他重要空白凭证等。

重要单证的使用和管理规定：

（1）各种重要单证必须由专人负责保管，建立严密的进出库和领用制度，坚持章证分管的原则。

（2）柜员领用重要单证时，每开启一箱（包）重要单证，必须逐捆（本）清点，每开启一捆（本）重要单证时，必须逐本（份）进行清点，不能只点大数，要防止印刷重号、跳号、漏号。

（3）柜员使用重要单证时，必须按从小到大的顺序顺号使用，不得跳号使用。

（4）各种重要单证应纳入表外核算，有价单证以面额入户，重要空白凭证以一份一元的假定价格入账。

（5）重要单证保管人员变动时，应按有关规定办理交接手续，经监交人员、接交人员核对，达到账簿、账表、账证（实）三相符后，方可办理交接手续离岗。

（6）重要单证在未使用前，不得事先加盖相关业务印章和个人名章。

（7）任何部门和个人不得以任何名义将重要单证挪作他用。

（8）每日营业终了，各柜员及重要单证保管人员必须核点各类重要单证的库存数量、号码，并与重要单证登记簿及报表表外科目核对。重要单证登记簿数字必须与实物、报表数字核对一致，做到账实、账表相符。

二、业务印章

银行的业务印章包括汇票专用章、本票专用章、储蓄专用章、结算专用章、票据交换专用章、业务清讫章、业务公章等。

业务印章的使用和管理规定：

（1）柜员保管和使用各种业务印章时，应遵循章、证分用的原则。

（2）营业时柜员打开印章箱（盒）使用印章，如临时离岗，印章箱（盒）要上锁，做到"人在章在，人走章锁，严禁托人代管"。

（3）营业终了，柜员必须对所使用的印章进行认真清点，核对相符后，先将印章放入带锁的印章箱（盒），再放入监控摄录范围内的封闭场所的保险柜（箱）中保管。严禁直接将保管的业务印章放入抽屉或公用的保险柜中存放。

（4）严格限制各种专用印章的使用范围，个人之间不得私自授受专用印章，因个人之间授受专用印章出了问题的，原保管人员要承担连带责任。

（5）印章的加盖应清晰到位，严禁在重要单证上预盖印章。

（6）对各种印章、名章要爱护使用，应经常保持印章、名章清洁，确保字迹清晰。

三、主要业务凭证印章

主要业务凭证印章包括重要单证出/入库单，表外科目收入传票，空白收费凭证请购单，表外科目付出传票，重要空白凭证、有价单证登记簿，业务印章登记簿。

1. 重要单证出/入库单（见表1-4-1）

表1-4-1　重要单证出/入库单

模拟银行重要单证出／入库单

出（入）库单位：A柜　　　　　2025年8月15日　　　　**附件**　第　　　号

凭证种类	凭证号码		单位	面额	数量	金额										
	起	止				十亿	千	百	十万	千	百	十元	元	角	分
存折	7512051	7512070	本		20							2	0	0	0
储蓄存单	3157061	3157085	份		25							2	5	0	0

业务部门签章：杨平　　　　保管：李强　　　　经办：王林

适用范围：是银行柜员或银行上、下级行之间领用或上缴重要单证的书面凭证。

联次介绍：一般为两联，第一联由入库单位作表外记账凭证附件；第二联由出库单位作表外记账凭证附件。

填写要求：重要单证出/入库单由银行经办柜员填写，要求凭证各栏内容填写规范正确、齐全、清晰。

加盖印章：业务办理过程中，需加盖所有经办柜员名章；业务终了，需加盖附件戳记作表外记账凭证附件。

2. 表外科目收入传票（见表1-4-2）

适用范围：是银行柜员或领入行领入重要单证后进行表外记账的书面凭证。

联次介绍：一般为单联，由银行作记账凭证。

填写要求：由银行经办柜员根据业务事实填写或联机打印，要求凭证各栏内容填写规范正确、齐全、清晰。

加盖印章：业务终了需加盖业务清讫章和经办柜员名章。

表1-4-2 表外科目收入传票

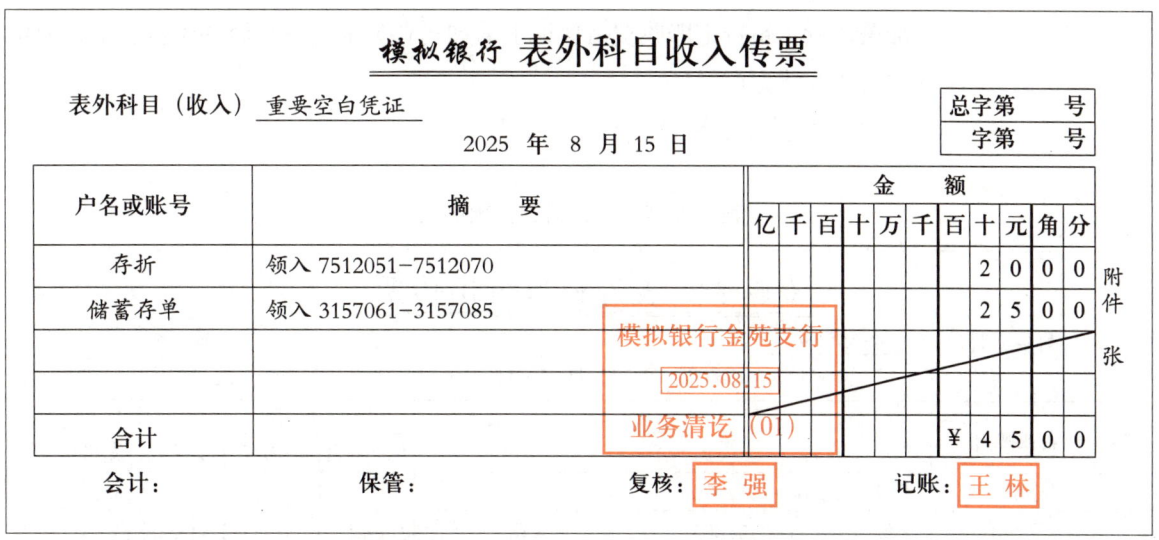

3. 空白收费凭证请购单（见表1-4-3）

表1-4-3 空白收费凭证请购单

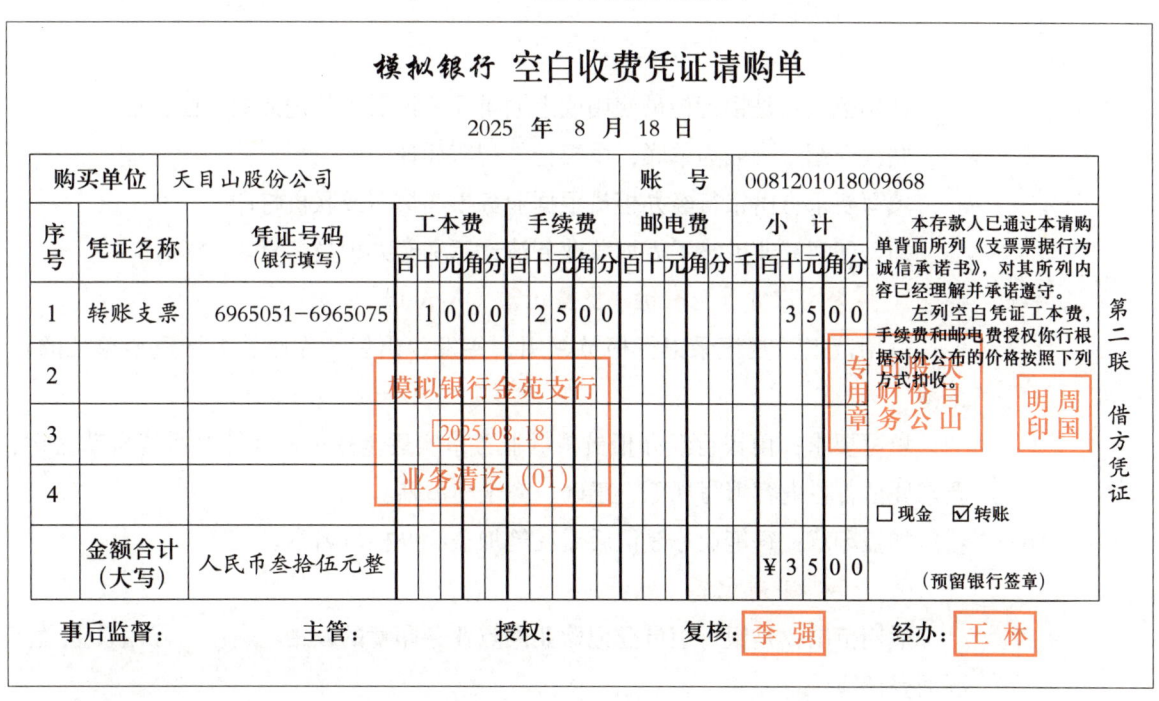

适用范围：是客户向银行购买重要空白凭证的书面凭证。

联次介绍：一般为五联，第一联为给客户的回单；第二至五联由银行作记账凭证。

填写要求：由购买重要空白凭证的客户填写，要求凭证各栏内容填写规范正确、齐全、清晰。

加盖印章：银行记账收费后凭证上需加盖业务清讫章与经办柜员名章，回单联则加盖业务清讫章。

4. 表外科目付出传票（见表1-4-4）

表1-4-4　表外科目付出传票

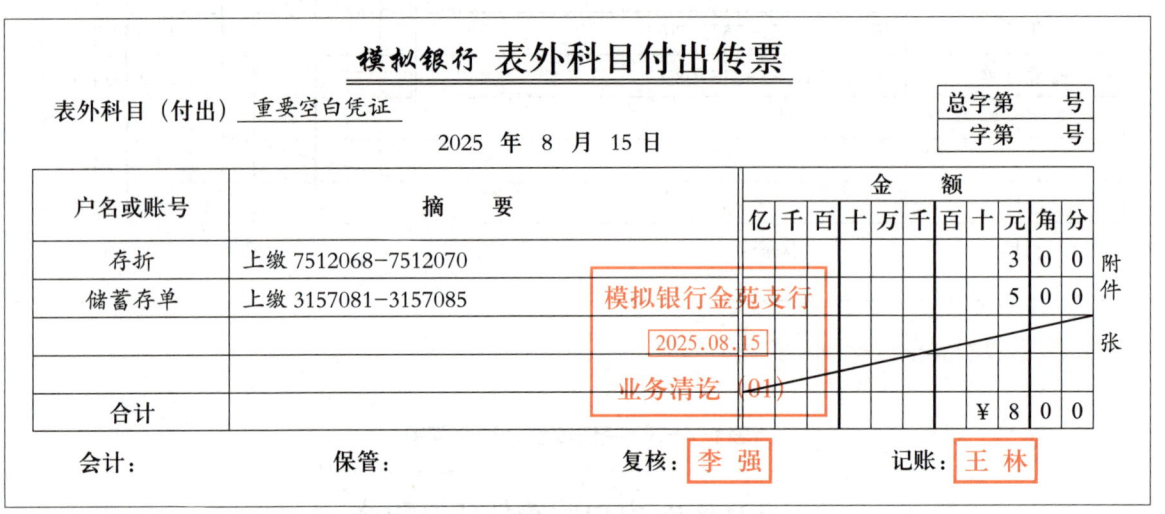

适用范围：是银行柜员使用或上缴重要单证后表外记账的书面凭证。

联次介绍：一般为单联，由银行作记账凭证。

填写要求：由银行经办柜员根据业务事实填写或联机打印。

加盖印章：业务终了需加盖业务清讫章和经办柜员名章。

5. 重要空白凭证、有价单证登记簿（见表1-4-5）

适用范围：是记录银行柜员领用、签发、出售、作废、上缴重要单证的登记簿。

填写要求：由银行经办柜员根据业务事实逐笔登记或计算机系统自动登记，要求凭证各栏内容填写规范、正确、齐全、清晰。

加盖印章：每笔业务登记后需逐笔加盖经办柜员名章。

6. 业务印章登记簿（见表1-4-6）

适用范围：是银行柜员登记营业网点业务印章的领用、启用、停用及上缴情况的登记簿。

填写要求：由银行经办柜员根据业务事实逐笔登记。

加盖印章：每笔业务登记后需逐笔加盖经办柜员名章。

表1-4-5　重要空白凭证、有价单证登记簿

<h2>模拟银行 重要空白凭证、有价单证登记簿</h2>

种类 存折　表外账号：　　　2025 年　　　　　　第　页

日期 月	日	摘要	单位名称或账号	号码区间 起	止	数量或金额 收	付	结存	经办人	复核员	签收
8	7	承前页		7511928	7511940			13.00	王 林		
8	7	签发		7511928	7511935		8.00	5.00	王 林		
8	8	领入		7512001	7512020	20.00		25.00	王 林		
8	8	签发		7511936	7511939		4.00	21.00	王 林		
8	9	签发		7511940	7511940		1.00	20.00	王 林		
8	10	签发		7512001	7512005		5.00	15.00	王 林		
8	11	签发		7512006	7512012		7.00	8.00	王 林		
8	14	签发		7512013	7512017		5.00	3.00	王 林		
8	15	上缴		7512018	7512020		3.00	-0-	王 林		

表1-4-6　业务印章登记簿

<h2>模拟银行 业务印章登记簿</h2>

领取日期 年	月	日	启用日期 年	月	日	名称	摘要	发送单位	领入或移交人	保管或接收人	监交人	停用日期 年	月	日	上缴或销毁日期 年	月	日	上缴单位	编号（或预留印模）
25	6	9	25	6	9	储蓄专用章			王 平	萧 峰	孟 飞								模拟银行金苑支行 储蓄专用章（01）

【任务活动】

任务活动1　重要单证领用

>> **业务背景**

柜员王林[1]向凭证管理员李强办理重要空白凭证领用。

>> **具体工作过程**

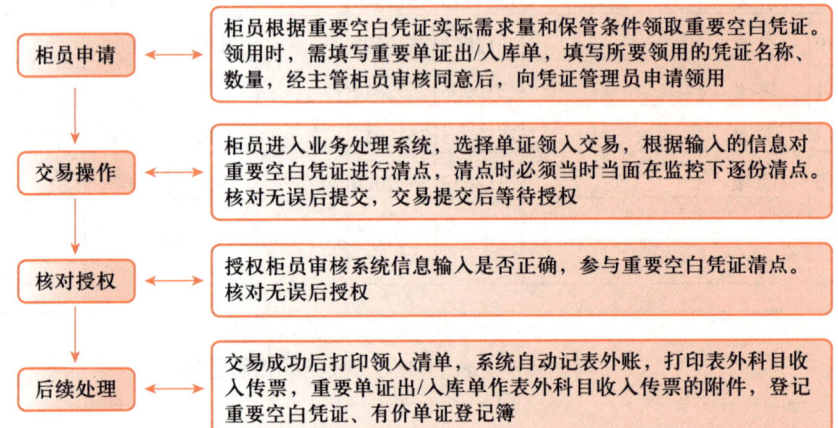

柜员申请	柜员根据重要空白凭证实际需求量和保管条件领取重要空白凭证。领用时，需填写重要单证出/入库单，填写所要领用的凭证名称、数量，经主管柜员审核同意后，向凭证管理员申请领用
交易操作	柜员进入业务处理系统，选择单证领入交易，根据输入的信息对重要空白凭证进行清点，清点时必须当时当面在监控下逐份清点。核对无误后提交，交易提交后等待授权
核对授权	授权柜员审核系统信息输入是否正确，参与重要空白凭证清点。核对无误后授权
后续处理	交易成功后打印领入清单，系统自动记表外账，打印表外科目收入传票，重要单证出/入库单作表外科目收入传票的附件，登记重要空白凭证、有价单证登记簿

智慧银行新视界

柜面业务无纸化运营

柜面业务无纸化运营是指柜面业务受理时，客户通过电子方式填单，通过双屏互动向客户展示业务办理流程，以电子签章代替实物盖章方式，以电子手写签名代替纸质签名确认，业务处理凭证电子生成、自动存储，从而实现业务处理无纸质凭证产生以及电子数据自动归档的柜面业务运营方式。柜面业务无纸化运营是电子身份识别技术、电子业务处理凭证生成技术、电子印章技术、电子签名技术、电子存档技术的集合。相较于传统业务模式，柜面业务无纸化运营起到了降低柜面制式业务凭证的印制和储存成本；提高业务处理效率，提升柜面业务的客户体验；防范传统业务模式下因业务凭证传递、印章混用而引发操作风险等作用。

---

[1]　本书出现的所有人名和企业名均为杜撰，如有雷同纯属巧合。

动动脑与动动手

1. 柜员应如何保管使用业务印章？

2. 柜员领用重要单证时应如何清点？

3. 以银行柜员的身份进行下列相应业务的处理，包括凭证审核、业务数据录入、凭证盖章与凭证处理。

（1）柜员向重要空白凭证保管人领入1本现金支票（8960976—8961000）、2本转账支票（6542976—6543025）、1本银行汇票（21900376—21900400）。

（2）柜员向重要空白凭证保管人领入5本储蓄存折（6215001—6215005）、8份储蓄存单（55463001—55463008）。

任务活动2 重要单证出售

》》 业务背景

天目山股份公司财务人员到模拟银行金苑支行购买支票。

》》 具体工作过程

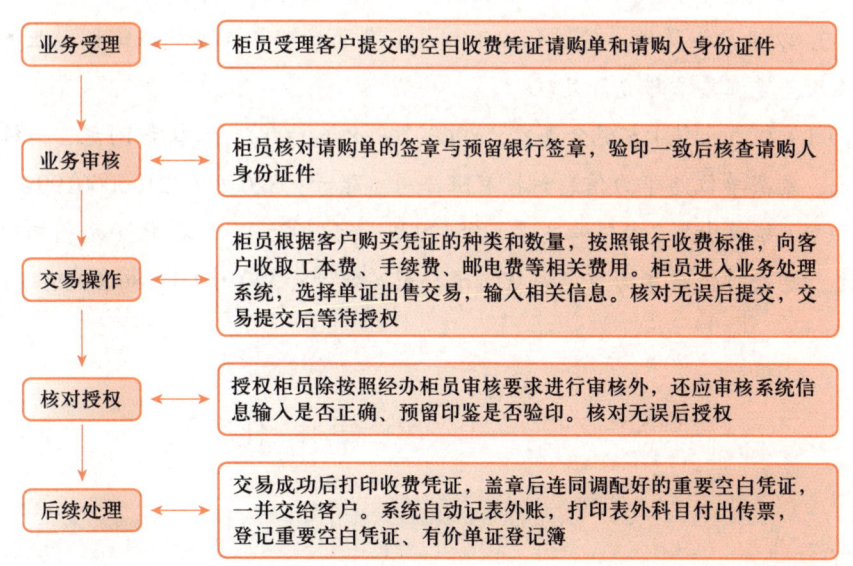

相关知识链接

1. 银行主要业务凭证收费标准（见表1-4-7）

表1-4-7　银行主要业务凭证收费标准

品名	工本费（元/本）	手续费（元/笔）	备注
现金支票	10.00	0.60	收费执行标准遵从各家银行的具体规定
转账支票	10.00	1.00	
银行本票	0.48元/份	1.00	自2017年8月1日起，暂停收取
银行汇票	0.48元/份	1.00	自2017年8月1日起，暂停收取
银行承兑汇票	0.28元/份	按票面金额的0.05%收取	

2. 注意事项

银行出售重要空白凭证时应验明客户身份，不得将重要空白凭证出售给非本银行开户客户。

 动动脑与动动手

1. 柜员出售重要空白凭证时需要核对哪些事项？

2. 柜员出售重要空白凭证后需要做哪些后继处理工作？

3. 以银行柜员的身份进行以下相应业务的处理，包括凭证审核、业务数据录入、凭证盖章与凭证处理。

（1）柜员出售1本现金支票（8960976—8961000），工本费10元、手续费15元，购买单位是华力信息科技有限公司（账号：3201010321860000199）。

（2）柜员出售2本转账支票（6542976—6543025），工本费20元、手续费50元，购买单位是华力信息科技有限公司（账号：3201010321860000199）。

任务活动3　重要单证使用（作废）

>> 业务背景

柜员王林在办理业务过程中按规定签发重要空白凭证，其中因签发错误还作废了一份重要空白凭证。

>> 具体工作过程

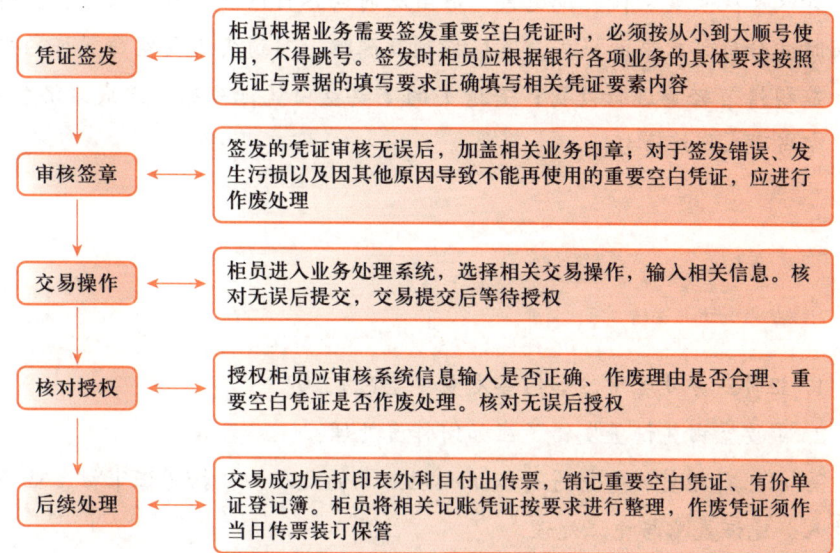

凭证签发	↔	柜员根据业务需要签发重要空白凭证时，必须按从小到大顺号使用，不得跳号。签发时柜员应根据银行各项业务的具体要求按照凭证与票据的填写要求正确填写相关凭证要素内容
审核签章	↔	签发的凭证审核无误后，加盖相关业务印章；对于签发错误、发生污损以及因其他原因导致不能再使用的重要空白凭证，应进行作废处理
交易操作	↔	柜员进入业务处理系统，选择相关交易操作，输入相关信息。核对无误后提交，交易提交后等待授权
核对授权	↔	授权柜员应审核系统信息输入是否正确、作废理由是否合理、重要空白凭证是否作废处理。核对无误后授权
后续处理	↔	交易成功后打印表外科目付出传票，销记重要空白凭证、有价单证登记簿。柜员将相关记账凭证按要求进行整理，作废凭证须作当日传票装订保管

相关知识链接

1. 重要空白凭证作废处理

对于签发错误、发生污损的重要空白凭证，以及因其他原因导致不能再使用的重要空白凭证，应进行作废处理。进行作废处理时应将凭证剪角，并在其正面显著位置加盖"作废"戳记（见表1-4-8）。其中，存折作废时除剪角外还需要破坏存折磁条。

表1-4-8　作废重要空白凭证

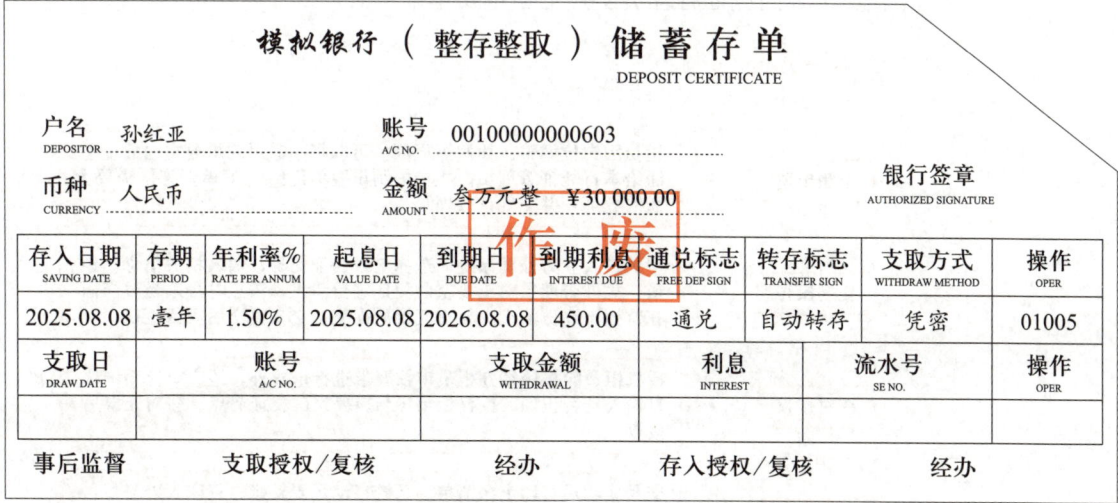

存入日期 SAVING DATE	存期 PERIOD	年利率% RATE PER ANNUM	起息日 VALUE DATE	到期日 DUE DATE	到期利息 INTEREST DUE	通兑标志 FREE DEP SIGN	转存标志 TRANSFER SIGN	支取方式 WITHDRAW METHOD	操作 OPER
2025.08.08	壹年	1.50%	2025.08.08	2026.08.08	450.00	通兑	自动转存	凭密	01005

2. 重要空白凭证遗失处理

如果发现重要空白凭证遗失，应当及时向银行网点负责人报告；支行应当及时向分行作出书面报告，不得拖延及隐瞒。对遗失重要空白凭证的当事人，应视情节轻重进行处罚；若遗失的重要空白凭证给银行造成经济损失，应追究当事人经济责任。

 动动脑与动动手

1. 柜员业务处理中应如何签发重要空白凭证？

2. 重要空白凭证签发错了应如何作废处理？

3. 以银行柜员的身份进行以下相应业务的处理，包括凭证审核、业务数据录入、凭证盖章与凭证处理。

（1）柜员业务处理中作废1份储蓄存单（55463001）。

（2）柜员签发3本储蓄存折（6215001—6215003）、7份储蓄存单（55463002—55463008）、5份银行汇票（21900376—21900380）。

任务活动4 重要单证上缴

>> 业务背景

柜员王林向凭证管理员李强上缴重要单证。

>> 具体工作过程

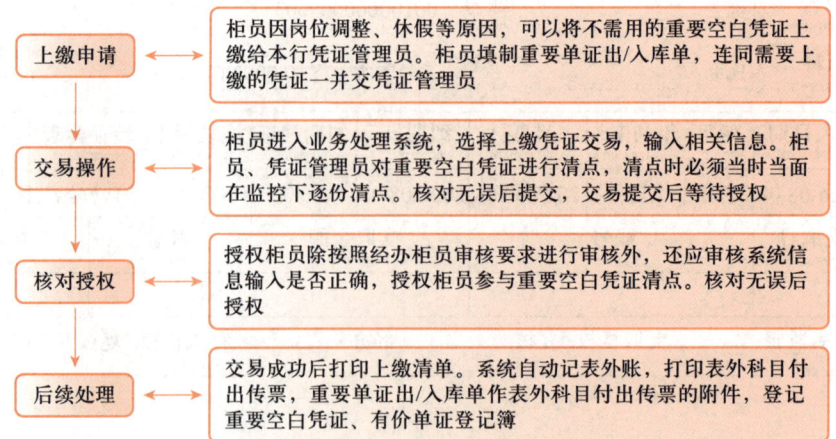

相关知识链接
重要空白凭证销毁

　　重要空白凭证由银行总行或分行负责销毁，支行无权销毁。支行按照上级行通知将待销毁的重要空白凭证逐级上缴分行。分行编制重要空白凭证销毁清单，经分行会计部门、分行行长、总行会计部门审批同意后方能销毁。由会计部门会同保卫、稽查或合规部门清点实物后共同销毁，同时下发销毁文件。销毁文件及销毁清单作为会计档案永久保管。

 动动脑与动动手

　　1. 柜员上缴重要单证的主要操作过程？

　　2. 重要空白凭证销毁应如何处理？

　　3. 以银行柜员的身份进行以下相应业务的处理，包括凭证审核、业务数据录入、凭证盖章与凭证处理。

　　（1）柜员上缴2本储蓄存折（6215004—6215005）。

　　（2）柜员上缴20份银行汇票（21900381—21900400）。

任务活动5　印章领用

>> 业务背景

　　柜员陈好正式上岗时领用业务印章。

>> 具体工作过程

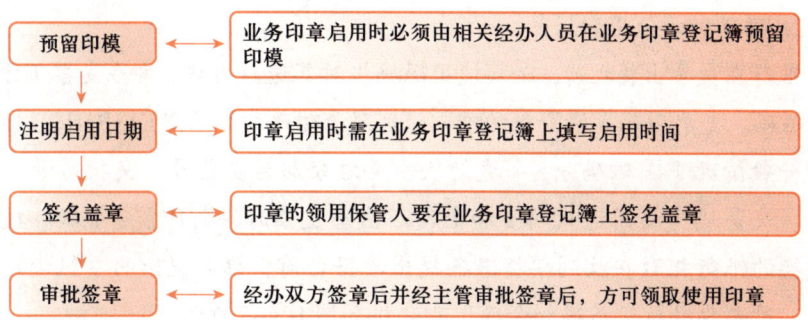

智慧银行新视界

电子化印章

微课：银行
电子化印章

为了向客户提供便捷安全的金融服务，我国银行等金融机构相继在对私业务凭证上推行加盖电子化印章。电子化印章是在办理业务过程联机打印的，印章中内嵌有由12位（或16位）字母和数字组成的标识码，每笔业务拥有独立的不重复的标识码。客户可以登录银行门户网站点击电子化印章查询，录入业务凭证上的日期及标识码，就可以查询到每笔业务的信息。银行电子化印章与实物印章具有同等效力。电子化印章如图1-4-1所示。

图1-4-1　电子化印章

相关知识链接

1. 银行几种主要印章的使用范围

（1）业务清讫章，适用于已处理的现金收付款凭证、转账凭证及回单。

（2）业务受理专用章，适用于受理客户提交而尚未进行账务处理的各种凭证的回执。

（3）结算专用章，适用于发出结算凭证，如托收凭证等。

（4）汇票专用章，适用于银行汇票的签发、银行承兑汇票的承兑等。

（5）本票专用章，适用于银行本票的签发。

（6）票据交换专用章，适用于提出同城票据交换的各类凭证。

（7）业务公章，适用于对外签发的重要单证和协议等。

（8）储蓄专用章，适用于对外签发的储蓄存单（折）和代理业务委托等特定业务申请书。

2. 磁码机的使用和保管

银行在支票出售之前，必须使用磁码机对其进行打码，即在支票下方打印支票磁码。支票磁码是清分机的唯一识别码，磁码打印采用E13BMICR标准字模。一般情况下，磁码分5个域，从左至右分别为支票号、交换行号、支票账号、交易码（或用途代码）和金额。出售支票时，打印前3个域。提出票据交换的银行柜台在收到票据准备提出票据之前，要对提出的票据进行打码处理：对支票补打交易码和金额。磁码机如图1-4-2所示。

磁码机需指定专人使用、保管，无关人员不得随意动用机器。营业期间，保管使用人应做到"人在机开，人走机锁"；营业结束后，上锁寄库保管。

图1-4-2　磁码机

 动动脑与动动手

1. 柜员应如何领取和使用业务印章？

2. 汇票专用章和业务公章的使用范围是什么？

3. 以银行柜员的身份进行以下相应业务的处理。

（1）柜员领用业务清讫章、储蓄专用章各一枚。

（2）柜员领用本票专用章一枚。

任务活动6　柜 员 交 接

≫ 业务背景

柜员王林和另一柜员陈好办理轮休交接。

≫ 具体工作过程

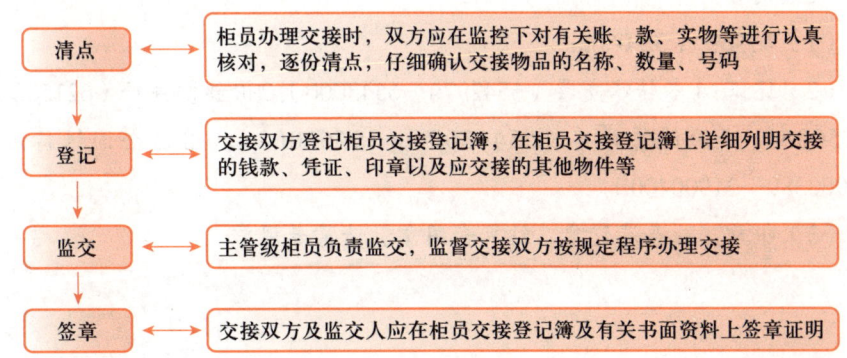

相关知识链接

柜员离岗交接主要有以下3种情况。

1. 柜员临时离岗交接

柜员临时离开营业场所必须办理临时离岗交接。主管级柜员应监督柜员对其尾箱内的现金、重要空白凭证、有价单证及其他应存放物品进行账实核对，核对相符后，由主管级柜员及指定柜员双人双锁后放入保险柜或交由其他柜员代保管。

2. 柜员短期离岗交接

柜员因培训、休假等原因短期离岗的，必须办理短期离岗交接。除按柜员轮班交接规定处理外，由短期离岗柜员对待办事项、遗留问题等提供书面说明。

3. 柜员调离原岗位交接

柜员因工作调动或其他原因离职的，必须与接管人员办理交接手续。除按柜员短期离岗交接进行处理外，还应编列移交清册，对待办事项、账务差错、遗留问题等情况提供书面说明。一般柜员由部门主要负责人监交，部门主要负责人交接由行长或经行长授权的分管行领导监交。

动动脑与动动手

1. 柜员在什么情况下必须办理交接手续？

2. 柜员应如何办理轮休交接手续？

3. 以银行柜员的身份，和另一柜员张玲办理轮休交接。

交接内容有：

（1）现金：￥32 050.60。

（2）凭证：1本转账支票（6542976—6543000）、2份储蓄存折（6215004—6215005）、5份储蓄存单（55463004—55463008）、12份全国银行汇票（21900389—21900400）。

（3）印章：业务清讫章、结算专用章、储蓄专用章。

任务五　柜面日初与日终处理

【知识储备】

一、银行临柜柜员工作内容

（1）银行临柜柜员主要的工作内容是直接面向客户办理客户现金存取、账务划转、单证挂失、业务咨询等柜台业务操作。

（2）按照银行业务处理与业务管理制度规范，银行临柜柜员每天基本的工作流程包括：柜面日初操作处理、柜面日间业务操作处理、柜面日终操作处理三个环节。

① 柜面日初操作处理主要包括柜员签到、柜员钱箱领用与物品准备等工作内容，主要是做好柜员营业前的各项准备工作，便于准时对外办理各种业务。

② 柜面日间业务操作处理包括了银行对客户提供的各种业务内容操作处理，如存款业务处理、贷款业务处理、结算业务处理、代理业务处理等，是银行柜员业务处理的主要内容。

③ 柜面日终操作处理是在一天营业结束后，银行临柜柜员进行轧账、账实核对、上缴钱箱等项工作，以确保当天业务处理的准确性，保证资金安全，为第二天的营业作铺垫。

二、主要业务凭证印章

主要业务凭证印章包括网点款箱、封包发送清单，网点款箱、封包上送清单等。

1. 网点款箱、封包发送清单（见表1-5-1）

适用范围：是现金营运中心向营业网点发送款箱、封包的书面凭证。

联次介绍：一般为两联，第一联由营业网点留存保管；第二联由现金营运中心留存保管。

填写要求：由现金营运中心人员根据业务事实填写或联机打印。

加盖印章：现金营运中心发送时需加盖业务公章；营业网点接收后需加盖储蓄专用章。

表1-5-1　网点款箱、封包发送清单

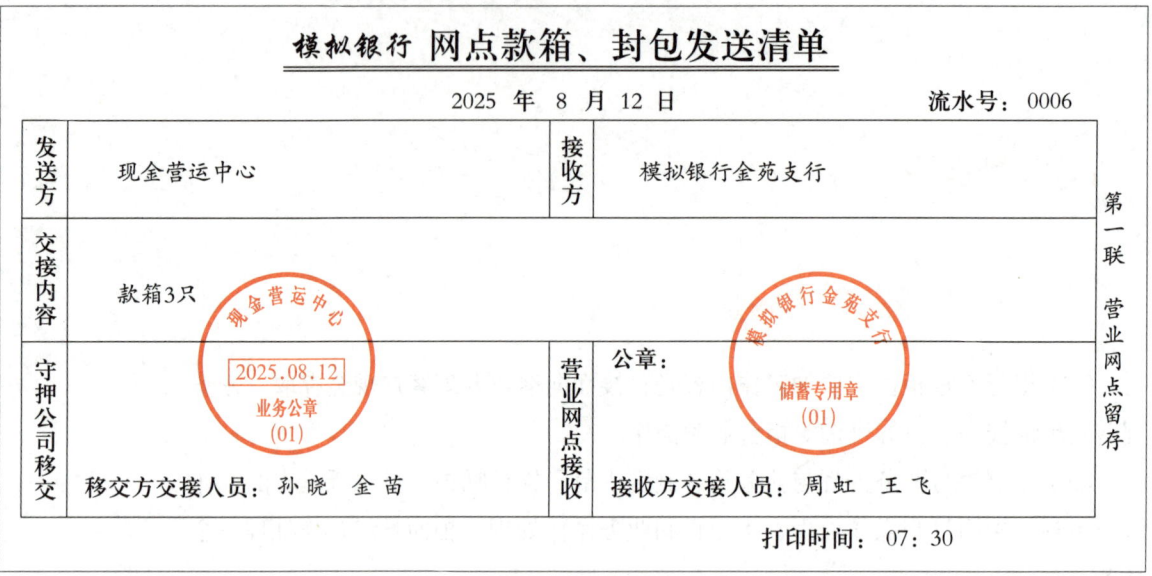

2. 网点款箱、封包上送清单（见表1-5-2）

适用范围：是营业网点向现金营运中心上送款箱、封包的书面凭证。

联次介绍：一般为两联，第一联由现金营运中心留存保管；第二联由营业网点留存保管。

填写要求：由营业网点经办柜员根据业务事实填写或联机打印。

加盖印章：营业网点发送时需加盖储蓄专用章；现金营运中心接收后需加盖业务公章。

表1-5-2　营业网点款箱、封包上送清单

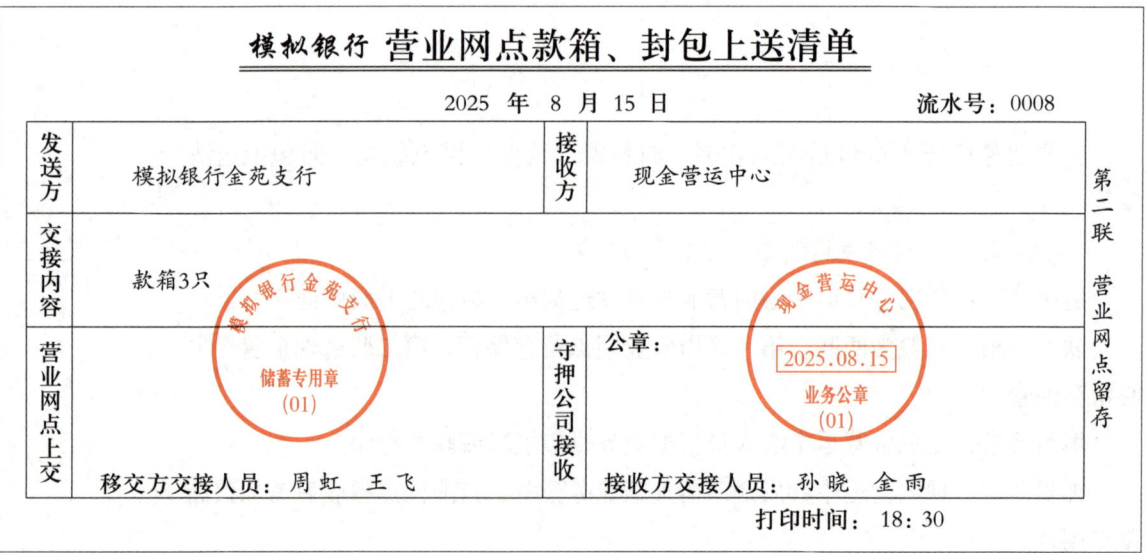

【任务活动】

任务活动1　柜面日初操作处理

》》 业务背景

柜员王林提早到班后，做柜面日初准备工作。

》》 具体工作过程

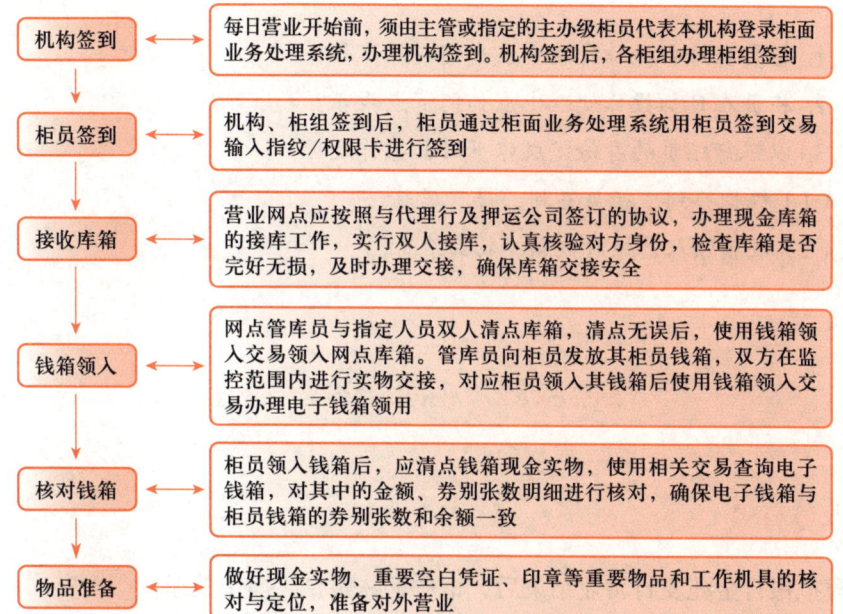

微课：日初
准备

| 机构签到 | 每日营业开始前，须由主管或指定的主办级柜员代表本机构登录柜面业务处理系统，办理机构签到。机构签到后，各柜组办理柜组签到 |

| 柜员签到 | 机构、柜组签到后，柜员通过柜面业务处理系统用柜员签到交易输入指纹/权限卡进行签到 |

| 接收库箱 | 营业网点应按照与代理行及押运公司签订的协议，办理现金库箱的接库工作，实行双人接库，认真核验对方身份，检查库箱是否完好无损，及时办理交接，确保库箱交接安全 |

| 钱箱领入 | 网点管库员与指定人员双人清点库箱，清点无误后，使用钱箱领入交易领入网点库箱。管库员向柜员发放其柜员钱箱，双方在监控范围内进行实物交接，对应柜员领入其钱箱后使用钱箱领入交易办理电子钱箱领用 |

| 核对钱箱 | 柜员领入钱箱后，应清点钱箱现金实物，使用相关交易查询电子钱箱，对其中的金额、券别张数明细进行核对，确保电子钱箱与柜员钱箱的券别张数和余额一致 |

| 物品准备 | 做好现金实物、重要空白凭证、印章等重要物品和工作机具的核对与定位，准备对外营业 |

相关知识链接

银行营业网点柜员在签到前还需要做好以下各项准备工作：

1. 整理检查

（1）打扫卫生。注意事项：柜面整理应做到客户视线范围内无私人物品。

（2）重要机具物品出库。

（3）整理用具。

① 检查并开启各类机器设备（如计算机、打印机、点钞机等），并使其摆放整齐，保证设备运行正常。

② 检查各类印章、单据凭条是否齐全，并摆放整齐。

（4）自身检查。检查自身着装并挂好工号牌，做到整洁、庄重、规范。

（5）安全检查。

① 检查报警铃等安全防卫器具是否正常、完好。

② 检查二道门是否已锁好。

2. 晨会

晨会一般由主管组织召开，主要内容为通报情况和布置本日工作要求。

 动动脑与动动手

1. 柜员在日初操作处理中应如何接收库箱？

2. 柜员在日初操作处理中应如何清点钱箱？

3. 以银行柜员的身份完成以下日初操作处理。

（1）机构签到，柜员签到，接收库箱。

（2）钱箱领入，核对钱箱，物品准备。

任务活动 2　柜面日终操作处理

≫ 业务背景

模拟银行金苑支行营业结束后，柜员王林做日终操作处理。

≫ 具体工作过程

微课：日终
处理

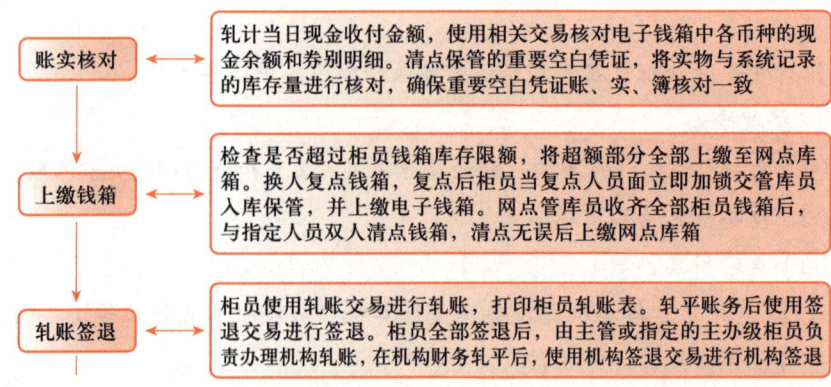

账实核对 —— 轧计当日现金收付金额，使用相关交易核对电子钱箱中各币种的现金余额和券别明细。清点保管的重要空白凭证，将实物与系统记录的库存量进行核对，确保重要空白凭证账、实、簿核对一致

上缴钱箱 —— 检查是否超过柜员钱箱库存限额，将超额部分全部上缴至网点库箱。换人复点钱箱，复点后柜员当复点人员面立即加锁交管库员入库保管，并上缴电子钱箱。网点管库员收齐全部柜员钱箱后，与指定人员双人清点钱箱，清点无误后上缴网点库箱

轧账签退 —— 柜员使用轧账交易进行轧账，打印柜员轧账表。轧平账务后使用签退交易进行签退。柜员全部签退后，由主管或指定的主办级柜员负责办理机构轧账，在机构财务轧平后，使用机构签退交易进行机构签退

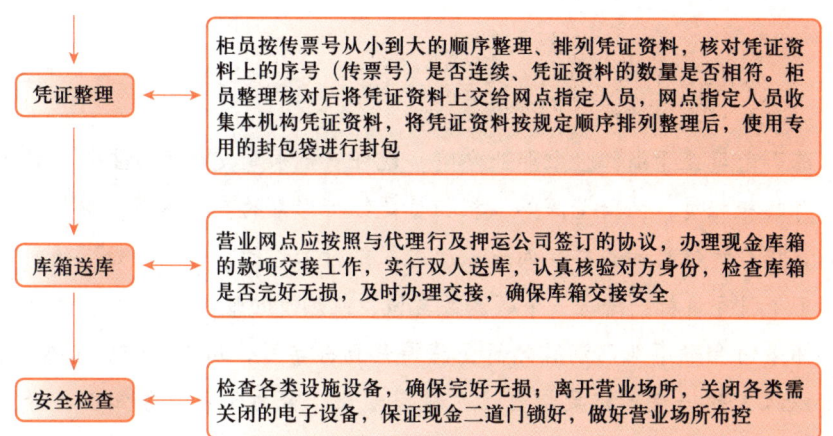

凭证整理	柜员按传票号从小到大的顺序整理、排列凭证资料，核对凭证资料上的序号（传票号）是否连续、凭证资料的数量是否相符。柜员整理核对后将凭证资料上交给网点指定人员，网点指定人员收集本机构凭证资料，将凭证资料按规定顺序排列整理后，使用专用的封包袋进行封包
库箱送库	营业网点应按照与代理行及押运公司签订的协议，办理现金库箱的款项交接工作，实行双人送库，认真核验对方身份，检查库箱是否完好无损，及时办理交接，确保库箱交接安全
安全检查	检查各类设施设备，确保完好无损；离开营业场所，关闭各类需关闭的电子设备，保证现金二道门锁好，做好营业场所布控

相关知识链接

柜员日终处理时的注意事项

（1）网点指定人员负责收集、整理本机构凭证资料时，应区分业务处理系统，按柜员并以其凭证上的业务受理编号或流水号（合同号）顺序由小至大排列整理，并将机构轧账表、柜员轧账表放置于凭证资料最上方。

（2）柜员进行日终处理时的其他应核对事项包括：来往账报文、查询查复等是否存在需处理而未处理业务或事项；挂账户、往来账户、临时存欠、应解汇款等内部账户的核算是否正确。

（3）营业终了，应整理各类重要机具物品、代保管物品等，及时入库入保险箱（柜）保管；各类账、表、簿上锁妥善保管。

动动脑与动动手

1. 柜员在日终操作处理中应如何进行账实核对？

2. 柜员在日终操作处理中应如何整理凭证资料？

3. 以银行柜员的身份完成以下日终操作处理。

（1）账实核对，上缴钱箱，轧账签退。

（2）机构轧账，凭证整理，库箱送库。

德技并修与工匠精神
勇于创新做表率　优质服务当标兵

陈群莹毕业于浙江金融职业学院，现任农行永康支行运行主管。作为一名银行临柜柜员，陈群莹深知临柜柜员是银行形象的直接体现，临柜服务的好坏直接影响银行的声誉，因此，从进入银行工作的第一天开始，她就给自己定下了服务目标：给每一个顾客最真诚、最热情的服务。

怀着对金融事业的满腔热情，陈群莹勤奋学习，用心工作，苦练技能。入行以来，她一直严格要求自己，敬岗爱业，努力学习业务知识，努力练习业务技能，上班总是提前到，下班总是晚点回，点钞券随身带，学习本随时翻。十几年如一日，她始终坚持着自己的原则，以让顾客满意为目标，想客户之所想，急客户之所急，以热情、礼貌、快捷的服务，赢得客户的一致好评。

多年的坚持不懈使陈群莹练就了过硬的业务技能，并独创了一套用左手敲击键盘的业务操作方法，使她当之无愧地成为行里的第一业务尖子，赢得了客户的信赖、领导的表扬、同事的赞誉，收获了满满的荣誉，包括全国金融五一劳动奖章、中国农业银行五一劳动奖章、中国农业银行十大杰出青年、浙江省首届"浙江财贸工匠"、浙江省巾帼建功标兵、金华市青年岗位能手、农行浙江省分行先进个人、农行金华分行先进个人、农行金华分行"十佳员工"等，荣获浙江省农行第十四、十五、十六届业务技术比赛临柜操作规程第一名。在提升自身技能水平的同时，她还毫不吝惜地将自己的经验传授给身边的同事，从而带动整个网点服务水平的提升。

陈群莹，一名银行柜员，在平凡的柜员工作岗位上，凭借着兢兢业业，积极进取的精神，用勤勉踏实的工作，默默无闻的奉献，走出了鲜明的奋斗轨迹，给青春增添了更加亮丽的色彩！

项目二

个人存款业务处理

【学习目标】

素养目标

- 通过对个人存款业务操作流程规范的学习，培养学生恪守业务制度规范的职业素养，养成依法合规操作的职业习惯
- 通过对我国储蓄政策、储蓄原则、个人存款利息计算基本规定的学习，培育学生诚信服务、严谨做事的工作态度，树立储蓄存款利国利民的爱国情怀

知识目标

- 了解储蓄概念、储蓄种类，熟悉储蓄政策与储蓄原则
- 掌握银行办理储蓄业务的基本规定
- 掌握利息计算的基本规定，了解储蓄存款利息所得个人所得税的相关规定
- 熟悉活期储蓄存款业务、定期储蓄存款业务、定活两便储蓄存款业务、个人通知存款业务、特殊业务的基本规定与业务处理规范

能力目标

- 能够按照个人存款业务操作流程规范办理活期储蓄存款开户、支取、续存和销户、整存整取定期储蓄存款开户、提前支取和销户、定活两便储蓄存款开户和销户、个人通知存款开户、支取（销户）等业务
- 能够指导客户通过超级柜员机、手机银行等渠道自助办理活期、定期、定活两便、个人通知存款、特殊业务等个人存款业务
- 能够正确计算各类储蓄存款利息
- 能够解答客户关于个人存款业务的相关咨询

【内容导航】

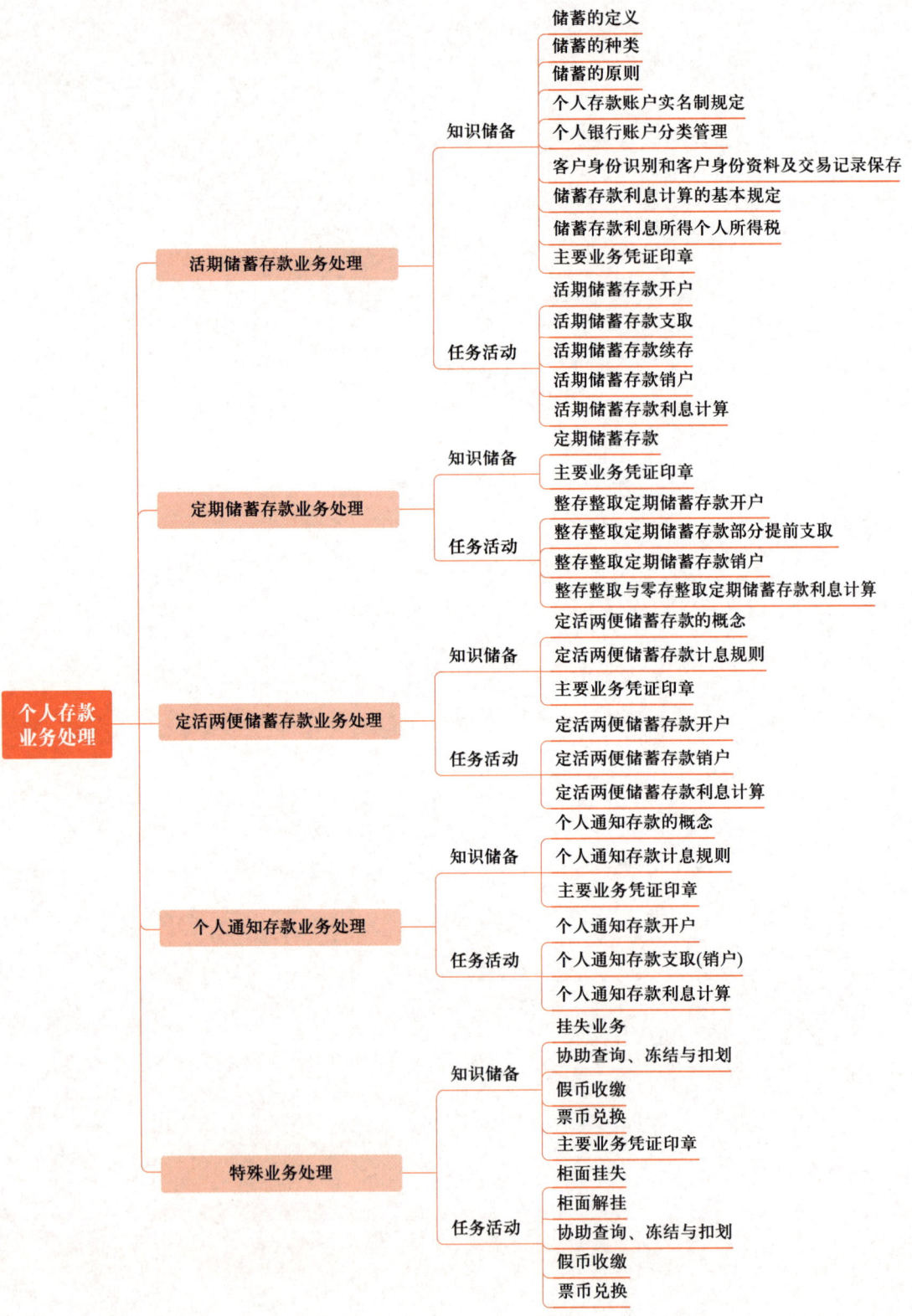

个人存款业务处理

- 活期储蓄存款业务处理
  - 知识储备
    - 储蓄的定义
    - 储蓄的种类
    - 储蓄的原则
    - 个人存款账户实名制规定
    - 个人银行账户分类管理
    - 客户身份识别和客户身份资料及交易记录保存
    - 储蓄存款利息计算的基本规定
    - 储蓄存款利息所得个人所得税
    - 主要业务凭证印章
  - 任务活动
    - 活期储蓄存款开户
    - 活期储蓄存款支取
    - 活期储蓄存款续存
    - 活期储蓄存款销户
    - 活期储蓄存款利息计算
- 定期储蓄存款业务处理
  - 知识储备
    - 定期储蓄存款
    - 主要业务凭证印章
  - 任务活动
    - 整存整取定期储蓄存款开户
    - 整存整取定期储蓄存款部分提前支取
    - 整存整取定期储蓄存款销户
    - 整存整取与零存整取定期储蓄存款利息计算
- 定活两便储蓄存款业务处理
  - 知识储备
    - 定活两便储蓄存款的概念
    - 定活两便储蓄存款计息规则
    - 主要业务凭证印章
  - 任务活动
    - 定活两便储蓄存款开户
    - 定活两便储蓄存款销户
    - 定活两便储蓄存款利息计算
- 个人通知存款业务处理
  - 知识储备
    - 个人通知存款的概念
    - 个人通知存款计息规则
    - 主要业务凭证印章
  - 任务活动
    - 个人通知存款开户
    - 个人通知存款支取(销户)
    - 个人通知存款利息计算
- 特殊业务处理
  - 知识储备
    - 挂失业务
    - 协助查询、冻结与扣划
    - 假币收缴
    - 票币兑换
    - 主要业务凭证印章
  - 任务活动
    - 柜面挂失
    - 柜面解挂
    - 协助查询、冻结与扣划
    - 假币收缴
    - 票币兑换

任务一　活期储蓄存款业务处理

【知识储备】

一、储蓄的定义

储蓄是指个人将其拥有的人民币或外币存入储蓄机构，储蓄机构开具存折（银行卡）或存单作为凭证，个人凭存折（银行卡）或存单可以支取本金和利息，储蓄机构依照规定支付存款本金和利息的活动。储蓄机构是指经中国银行业监督管理部门批准成立的商业银行、城乡信用社办理储蓄业务的机构及邮政储蓄机构等。

二、储蓄的种类

按现行《中华人民共和国储蓄管理条例》（简称《储蓄管理条例》）的规定，储蓄机构经办的储蓄存款按期限分为活期储蓄存款、定期储蓄存款、定活两便储蓄存款等。其中，定期储蓄存款又可分为整存整取定期储蓄存款、零存整取定期储蓄存款、存本取息定期储蓄存款、整存零取定期储蓄存款等。

三、储蓄的原则

（1）存款自愿。存款自愿是指储户对参加储蓄有充分的自主权，是否参加储蓄、参加何种储蓄、存多少钱、存多长时间、存在哪一个储蓄机构，均由储户自主决定，任何机构和个人均无权干涉。

（2）取款自由。在符合《储蓄管理条例》和有关规章制度的前提下，取款自由是指储户什么时候取款、取多少、什么用途，均由储户自行决定，银行必须照章支付，不得刁难或限制，不得过问存款来源和取款用途。

（3）存款有息。存款有息是指储蓄机构对任何储蓄存款应按照国家规定的利率计息办法，为储户准确计付一定的利息。它体现了储蓄存款利息收入的合法性和储户依法获取利息的基本权利。

（4）为储户保密。为储户保密是银行对储户及其存款的一切情况承担的保守秘密的职责和义务，对储户的姓名、性别、年龄、身份、地址、签章式样、存款金额、支取时间、笔数、过户、继承等情况保守秘密，不得向任何人和机构透露（有权机关查询个人存款的情形，见项目二任务五中相关内容）。

储蓄的原则是一个密切联系、相互补充、相互制约的有机整体，在实际工作中必须全面贯彻执行。

四、个人存款账户实名制规定

微课：个人
存款实名制

为了保证个人存款账户的真实性，维护存款人的合法权益，我国从2000年4月1日起，实行个人存款账户实名制（简称"实名制"）。实名制规定个人在金融机构开立个人存款账户时，金融机构应当要求其出示本人身份证件，进行核对，并登记其身份证件上的姓名和号码。代理他人在金融机构开立个人存款账户的，金融机构应当要求其出示被代理人和代理人的身份证件以及合法的委托书等，进行核对，并登记被代理人和代理人的身份证件上的姓名和号码。

实名制所指的有效身份证件包括：

（1）在中华人民共和国境内已登记常住户口的中国公民为居民身份证；不满十六周岁的，可以使用居民身份证或户口簿。

（2）香港、澳门特别行政区居民为港澳居民来往内地通行证。

（3）台湾地区居民为台湾居民来往大陆通行证。

（4）定居国外的中国公民为中国护照。

（5）外国公民为护照或者外国人永久居留证（外国边民，按照边贸结算的有关规定办理）。

（6）法律、行政法规规定的其他身份证明文件。

银行通过有效身份证件仍无法准确判断开户申请人身份的，应要求其出示辅助身份证明材料。辅助身份证明材料包括但不限于：

（1）中国公民为户口簿、护照、机动车驾驶证、居住证、社会保障卡、军人和武装警察身份证件、公安机关出具的户籍证明、工作证。

（2）香港、澳门特别行政区居民为香港、澳门特别行政区居民身份证。

（3）台湾地区居民为在台湾居住的有效身份证明。

（4）定居国外的中国公民为定居国外的证明文件。

（5）外国公民为外国居民身份证、使领馆人员身份证件或者机动车驾驶证等其他带有照片的身份证件。

（6）完税证明、水电煤缴费单等税费凭证。

军人、武装警察尚未领取居民身份证的，除出具军人和武装警察身份证件外，还应出具军人保障卡或所在单位开具的尚未领取居民身份证的证明材料。

五、个人银行账户分类管理

个人银行账户是自然人以身份证或是相应的证件，因投资、消费、结算等而开立的可办理支付结算业务的银行结算账户。个人银行结算账户可办理汇款、支付水、电、气等基本日常费用、代发工资等转账结算服务等。自然人可根据需求申请开立个人银行结算账户，也可以在已开立的储蓄账户中选择并向开户银行申请确认为个人银行结算账户。

根据《中国人民银行关于改进个人银行账户服务 加强账户管理的通知》的规定，个人银行账户分为I类银行账户、II类银行账户、III类银行账户（以下分别简称I类户、II类户和III类户），不同类别的个人银行账户有不同的功能和权限。

微课：个人银行账户分类管理

（1）I类户：全功能的银行结算账户，主要功能包括存款、转账、消费和缴费支付、购买投资理财产品、支取现金；账户形式为借记卡或存折；开户时必须前往银行柜台，完成面对面审核；或者通过自助机具（远程视频柜员机和智能柜员机）申请，同样需要银行工作人员现场核验开户申请人身份信息。不能通过电子渠道（网上银行和手机银行等）进行非面对面操作。

（2）II类户：满足直销银行、网上理财产品购买等支付需求，主要功能包括存款、购买投资理财产品、限定金额的消费和缴费支付；账户形式为电子账户或实体卡，单日累计限额为10 000元；可以通过银行柜台面对面申请、自助机具申请、电子渠道非面对面申请的方式开户。

（3）III类户：主要用于快捷支付，账户余额在2 000元以内；可以通过银行柜台面对面申请、自助机具申请、电子渠道非面对面申请的方式开户。

六、客户身份识别和客户身份资料及交易记录保存

各银行业金融机构和支付机构要切实履行客户身份识别义务，按照法律、行政法规或部门规章的规定需核对相关自然人的居民身份证，可通过联网核查系统核查相关个人姓名、居民身份证号码、照片信息，验证客户出示的居民身份证的真实性。杜绝假名、冒名开户，严格审查异常开户情形，必要时应当拒绝开户。

1. 出现以下情况时，银行和支付机构有权拒绝开户

（1）开立业务与客户身份不相符、不配合客户身份识别，或对单位和个人身份信息存在疑义，要求出示辅助证件，客户拒绝出示的。

（2）单位和个人组织他人同时或者分批开立账户的。

（3）有明显理由怀疑开立账户存在开卡倒卖或从事违法犯罪活动的。

2. 金融机构应当按照下列期限保存客户身份资料和交易记录

（1）客户身份资料，自业务关系结束当年或者一次性交易记账当年计起至少保存5年。

（2）交易记录，自交易记账当年计起至少保存5年。

3. 出现以下情况时，金融机构应当重新识别客户

（1）客户要求变更姓名或者名称、身份证件或者身份证明文件种类、身份证件号码、注册资本、经营范围、法定代表人或者负责人的。

（2）客户行为或者交易情况出现异常的。

（3）客户姓名或者名称与国务院有关部门、机构和司法机关依法要求金融机构协查或者关注的犯罪嫌疑人、洗钱和恐怖融资分子的姓名或者名称相同的。

（4）客户有洗钱、恐怖活动融资嫌疑的。

（5）金融机构获得的客户信息与先前已经掌握的相关信息存在不一致或者相互矛盾的。

（6）先前获得的客户身份资料的真实性、有效性、完整性存在疑点的。

（7）金融机构认为应重新识别客户身份的其他情形。

七、储蓄存款利息计算的基本规定

1. 基本公式

储蓄存款利息计算的基本公式为：

$$利息 = 本金 \times 存期 \times 利率$$

（1）本金。储蓄存款本金以元为起息点，元以下角、分不计息。利息金额算至厘位，实际支付或入账时四舍五入至分位。

（2）存期。算头不算尾，存入日起息，支取的前一日止息，支取日不计息。

活期储蓄存款存期按实际天数计算。计算定期储蓄存款的存期时，整年或整月可按对年对月对日计，也可按实际天数计，不足月的零头天数按实际天数计。

（3）利率。利率单位有年利率、月利率、日利率三种，计算利息要注意利率单位与存期单位的一致性。三者之间的换算关系为：

$$月利率 = 年利率 \div 12$$
$$日利率 = 月利率 \div 30 = 年利率 \div 360$$

2. 活期储蓄存款利息计算的基本规定

（1）结息日与结息期。活期储蓄存款是指不固定存期，可随时以现金存取和在同名账户之间转账的存款。人民币活期储蓄存款1元起存，多存不限。活期储蓄存款按季结息，每季末月的 20 日为结息日，按结息日挂牌公告的活期储蓄存款利率计息；每季末月的 21 日为利息的入账日。对未到结息日销户的，按销户日挂牌公告的活期储蓄存款利率计付利息，其利息应随本金一同结清，利息算至销户的前一天止。

（2）储蓄存款积数的计算。活期储蓄存款由计算机自动累加存款积数，结息或销户时将存款的累计未计息积数乘以结息日或销户日挂牌公告的活期储蓄存款利率，结计出储户的利息。相关计算公式包括：

$$应税利息 = 累计日积数 \times \frac{结息日或销户日挂牌公告}{的活期储蓄存款日利率}$$

$$税后利息 = 应税利息 - 应税利息 \times 储蓄存款利息所得个人所得税税率$$

八、储蓄存款利息所得个人所得税

从中华人民共和国境内的储蓄机构取得人民币、外币储蓄存款利息所得的个人，应当依法缴纳储蓄存款利息所得个人所得税。

储蓄存款在 1999 年 10 月 31 日前孳生的利息所得，不征收个人所得税；储蓄存款在 1999 年 11 月 1 日至 2007 年 8 月 14 日孳生的利息所得，按照 20% 的比例税率征收个人所得税；储蓄存款在 2007 年 8 月 15 日至 2008 年 10 月 8 日孳生的利息所得，按照 5% 的比例税率征收个人所得税；储蓄存款在 2008 年 10 月 9 日（含 10 月 9 日）后孳生的利息所得，暂免征收个人所得税。

储蓄存款利息所得个人所得税的计算公式如下：

$$应代扣代缴的税款 = 应纳税利息额 \times 税率$$

储蓄机构代扣个人利息所得税的税款时，应在给客户的利息清单上注明已扣税款的数额。注明已扣税款数额的利息清单，视同完税证明。

九、主要业务凭证印章

主要业务凭证包括：开立个人银行结算账户申请书、活期存款存折、存款凭条、个人存款凭证、个人取款凭证、个人存款利息清单等。

1. 开立个人银行结算账户申请书（见表 2-1-1）

适用范围：是个人申请开立银行结算账户的书面凭证。

联次介绍：一般为两联，第一联由银行作记账凭证；第二联为银行给客户的回单。

填写要求：开立个人银行结算账户申请书的客户填写栏为客户填写部分，要求凭证各栏内容填写规范、正确、齐全、清晰，特别是申请人姓名、身份证件号码、地址、联系电话等关键信息的填写要准确无误。

加盖印章：业务终了，银行记账凭证加盖业务公章与经办柜员名章，回单联加盖业务公章。

表2-1-1 开立个人银行结算账户申请书

模拟银行 开立个人银行结算账户申请书

编号：	申请日期：2025 年 1 月 12 日	交易代码：

银行打印	存款种类：个人银行结算账户开户 姓名：张婷 账号：00103000654171 开户日期：2025年1月12日 网点号：001　　柜员号：01002　　流水号：11031

客户填写	姓名（中文）	张婷		姓名（英文或拼音）		ZhangTing	
	身份证件名称	身份证	证件号码		3 3 0 3 0 2 1 9 8 4 0 5 1 6 0 2 2 1		
	代理人证件名称		证件号码				
	通信地址	杭州下沙东海未名园12-106			邮政编码	310018	
	联系人		联系电话	13033668778	支取方式	印鉴☐　密码☑　任意☐	
	是否办卡	是☐　否☑	是否通兑	是☑　否☐	备　注		

个人银行结算账户管理协议

为保证合法、规范使用个人银行结算账户，用户申请人（甲方）、银行（乙方）在平等自愿的基础上，根据中国人民银行（人民银行结算账户管理办法）及相关法律、法规、签订本协议并共同遵守。

第一条　甲方自愿选择在乙方开立个人银行结算账户，乙方同意为甲方开立个人银行结算账户，并为甲方提供个人银行结算账户服务。

第二条　甲方在乙方开立、使用和撤销个人银行结算账户应遵守《人民币银行结算账户管理办法》及相关法律、法规的规定，甲方使用在乙方开立的个人银行结算账户办法各项业务时，还应遵守乙方的相关制度规定。

第三条　甲方在乙方开立个人银行结算账户，需向乙方提交相应的证明文件，并接受乙方的审核，甲方承诺提供的开户资料真实、有效，如有伪造、欺诈，承担法律责任。

第四条　甲方不得利用乙方开立个人银行结算账户进行偷逃税款、逃废债务、套取现金、洗钱及其他犯罪活动。

第五条　甲方不得出租、出售在乙方开立的个人银行结算账户，不得利用在乙方开立的个人银行结算账户套取银行信用。

第六条　甲方申请在乙方开立的个人银行结算账户时应填写本申请书。符合乙方受理个人票据业务开办签订的客户，在申请办理票据业务时还需要预留签名。乙方受理后，甲方应确认乙方个人银行结算账户申请书中乙方填写（打印）的内容。

第七条　甲方须按支付结算法律法规使用支付结算工具，并按乙方有关规定支付服务费用。

第八条　甲方使用在乙方开立的个人银行结算账户办理个人转账收付和大额现金存取时要遵守《人民币银行结算账户管理办法》的有关规定。甲方开立的个人银行结算账户配套使用乙方理财卡的，还应遵守《××理财卡章程》。

第九条　甲方撤销在乙方开立的个人银行结算账户，必须与乙方核对该账户的存款余额，并交回各种重要空白票据及结算凭证，乙方核对无误后可办理销户手续。甲方因故未交回各种重要空白票据及结算凭证的，须出具相关方面证明，由此而造成的损失由甲方承担。

第十条　甲方遗失或更换预留个人印章的，应按《人民币银行结算账户管理办法》及乙方的相关制度规定，向乙方提供签名确认的书面申请及相关证明文件。

第十一条　甲方须定期与乙方核对账务。

第十二条　如甲方违规使用个人银行结算账户，乙方有权停止其使用个人银行结算账户。

第十三条　乙方应依法为甲方在乙方开立的个人银行结算账户的存款和有关资料保密。因乙方过失导致资料泄露的按照国家法律法规有关规定执行。

第十四条　双方若有争议，由乙方所在地的仲裁机构管理。

第十五条　本协议于自双方签字或盖章之日起生效。如甲方撤销在乙方开立的个人银行结算账户，自正式销户之日起，本协议自动终止。

第十六条　本协议一式三份，甲方持一份，乙方持二份。具有同等法律效力。

甲方（开户申请人）签章　　张婷	乙方（开户银行）签章

事后监督	业务主管	复核	经办　王林

2. 活期存款存折（见表2-1-2）

适用范围：是记录存款人本外币活期储蓄存款流水信息的银行专用凭证。

联次介绍：单联，由银行出具给客户作为活期存款的存款凭证。

填写要求：由办理银行联机打印，各项内容要素应与对应办理的存款业务内容相符。

　　加盖印章：开户时活期存款存折上需加盖储蓄专用章或业务公章和经办柜员名章。后续业务处理时，每笔业务均需加盖经办柜员名章。销户时需加盖结清章以示账户的结清。

表2-1-2　活期存款存折

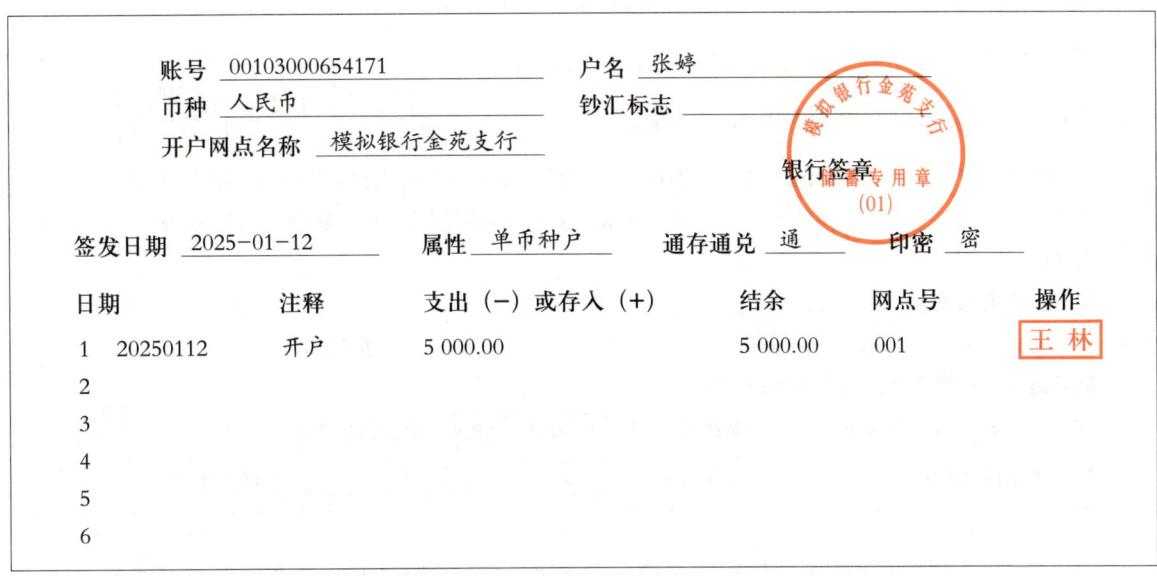

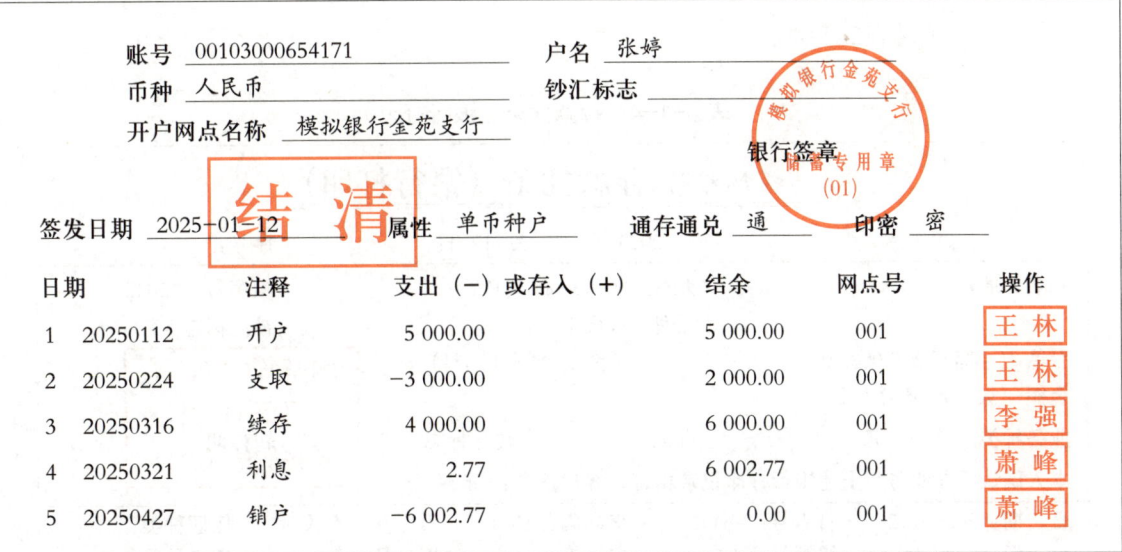

3. 存款凭条（见表2-1-3和表2-1-4）

适用范围：是记录存款人办理各类储蓄存款业务开户申请的银行专用凭证。

联次介绍：一般为单联，由银行作记账凭证。

填写要求：客户新开户办理各类储蓄存款业务时，应按照要求把个人的基本信息要素内容填写完整、清晰、准确；存款的币种、业务种类、支取方式、通兑方式等要勾选相应的选项（见表2-1-3）。

表2-1-3　存　款　凭　条

模拟银行 存款凭条

2025 年 1 月 12 日

户名：张婷		账号：

币种（✓）：人民币☑/美元□/港币□/其他：＿＿＿＿

金额：亿 千 百 十 万 千 百 十 元 角 分 ￥ 5 0 0 0 0 0

业务种类（✓）：活期☑/整整□/定期一本通□/定活□/零整□/教育□/通知□/国债□/其他：＿＿＿

存期：＿＿＿＿＿＿＿　　转存标志（✓）：自动转存□/约定转存□/转存存期：＿＿＿

备注：

新开户请继续填写下列内容：＿＿＿＿＿＿＿＿＿＿＿＿

支取方式（✓）：密码☑/证件□/印鉴□/通兑方式（✓）：通兑☑/不通兑□

联系地址：杭州下沙东海未名园12-106

证 件 类 型：身份证＿＿　证件号码：3 3 0 3 0 2 1 9 8 4 0 5 1 6 0 2 2 1

代理人证件类型：＿＿＿＿＿　证件号码：□□□□□□□□□□□□□□□□□□　代理人签名：＿＿

加盖印章：存款凭条银行打印面经打印后加盖业务清讫章与经办柜员名章（见表2-1-4）。

表2-1-4　存款凭条（银行打印）

模拟银行 存款凭条（银行打印）

2025 年 1 月 12 日　　序号：

户名　张婷	账号　00103000654171	顺序号　12042
	币种　人民币	钞汇标志

存款（小写）￥5 000.00　　手续费金额（小写）

金额（大写）伍仟元整

模拟银行金苑支行
2025.01.12
业务清讫（01）

业务种类　活期存款　　　存期　　　转存标志　　转存期

本人确认所办业务与上述银行打印记录相符。客户签名：张婷

日　期：20250112	日志号：46172	交易码：1501	币　种：人民币	凭证种类：
金　额：5 000.00	终端号：0g7u	主　管：	柜　员：王 林	凭证号码：

客户姓名：张婷	账号：00103000654171	日期：20250112	
业务种类：活期存款	存期：	币种：人民币	存款金额：5 000.00
通兑标志：通兑	印密标志：密		
网点号：001	柜员号：01002		

附件　张

复核：　王 林

4. 个人存款凭证（见表2-1-5）

表2-1-5　个人存款凭证

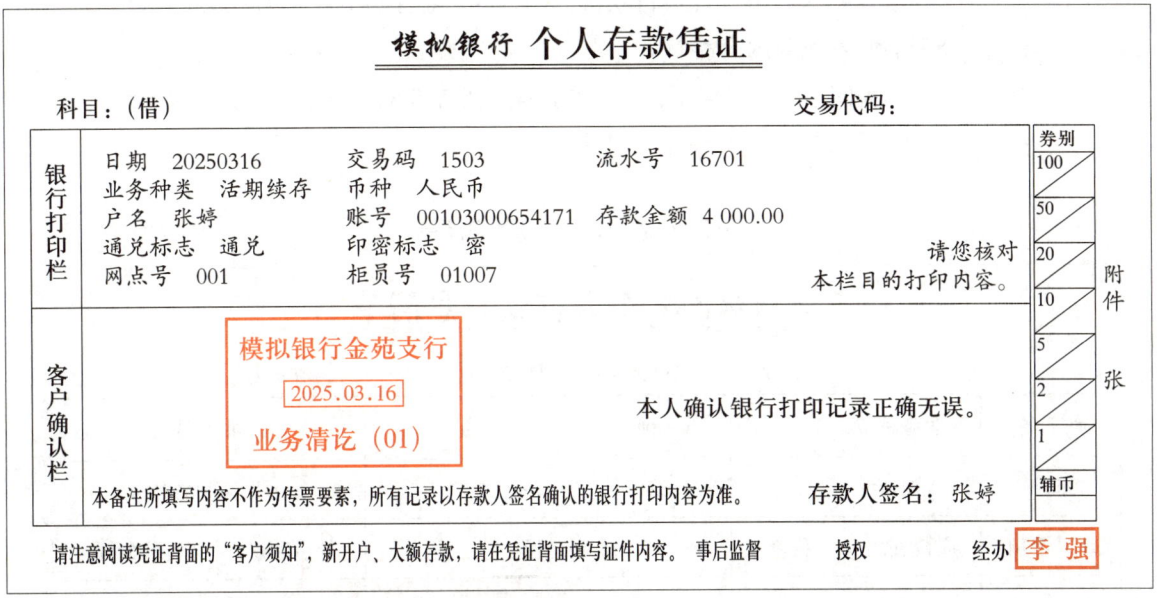

适用范围：是记录存款人办理各类存款业务的银行专用凭证。

联次介绍：一般为单联，由银行作记账凭证。

填写要求：客户续存时免填单，由银行打印存款相关信息在个人存款凭证

上，由客户签字确认，客户签字要正确、端正。

加盖印章：个人存款凭证加盖业务清讫章与经办柜员名章。

5. 个人取款凭证（见表2-1-6）

表2-1-6　个人取款凭证

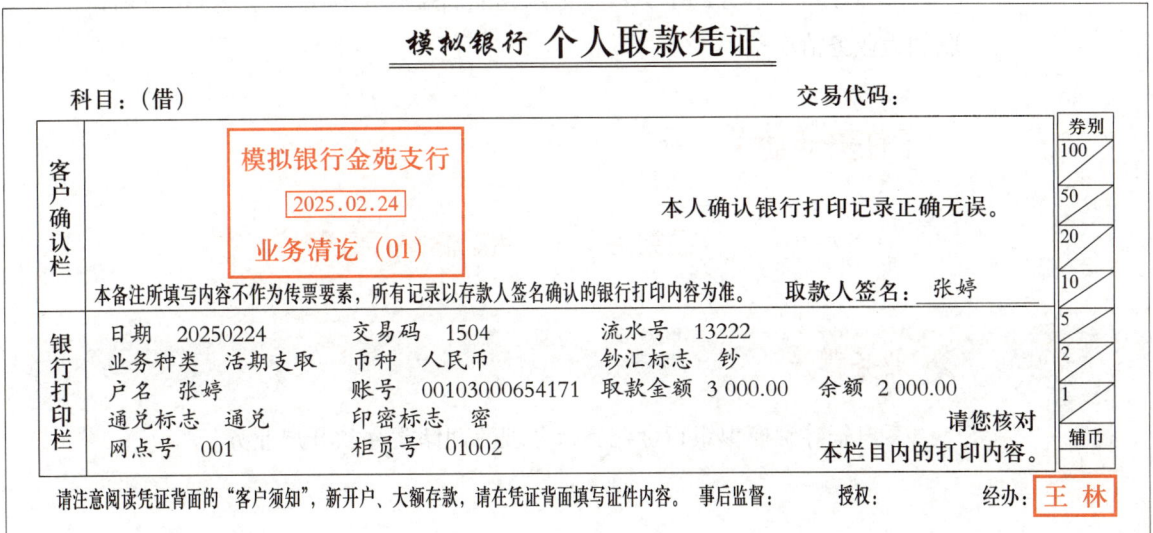

适用范围：是记录取款人办理各类取款业务的银行专用凭证。

联次介绍：一般为单联，由银行作记账凭证。

填写要求：由办理银行联机打印，客户签字确认，各项信息的填写要与对应办理的取款业务内容相符。

加盖印章：业务终了，个人取款凭证加盖业务清讫章与经办柜员名章。

6. 个人存款利息清单（见表2-1-7）

表2-1-7　个人存款利息清单

模拟银行 个人存款利息清单

2025 年 4 月 27 日　　流水号

姓　名	业务种类	币　种	本　金	账　号
张婷	活期储蓄	人民币	6 002.77	00103000654171

计息金额	应税利息	税率	利息税	税后利息	实付金额
6 002.00	2.16	0%	0.00	2.16	6 004.93

授权：　　　　　复核：　　　　　　　　　　　　经办：萧峰

（盖章：模拟银行金苑支行 2025.04.27 业务清讫（01））

适用范围：是记录银行支付各类个人存款业务利息的银行专用凭证。

联次介绍：一般为两联，第一联由银行作记账凭证；第二联为银行给客户的回单。

填写要求：由办理银行联机打印，客户签字确认。

加盖印章：业务终了，银行记账凭证加盖业务清讫章与经办柜员名章，回单联加盖业务清讫章。

【任务活动】

任务活动1　活期储蓄存款开户

》业务背景

客户张婷到模拟银行金苑支行办理活期储蓄存款开户业务。

>> 具体工作过程

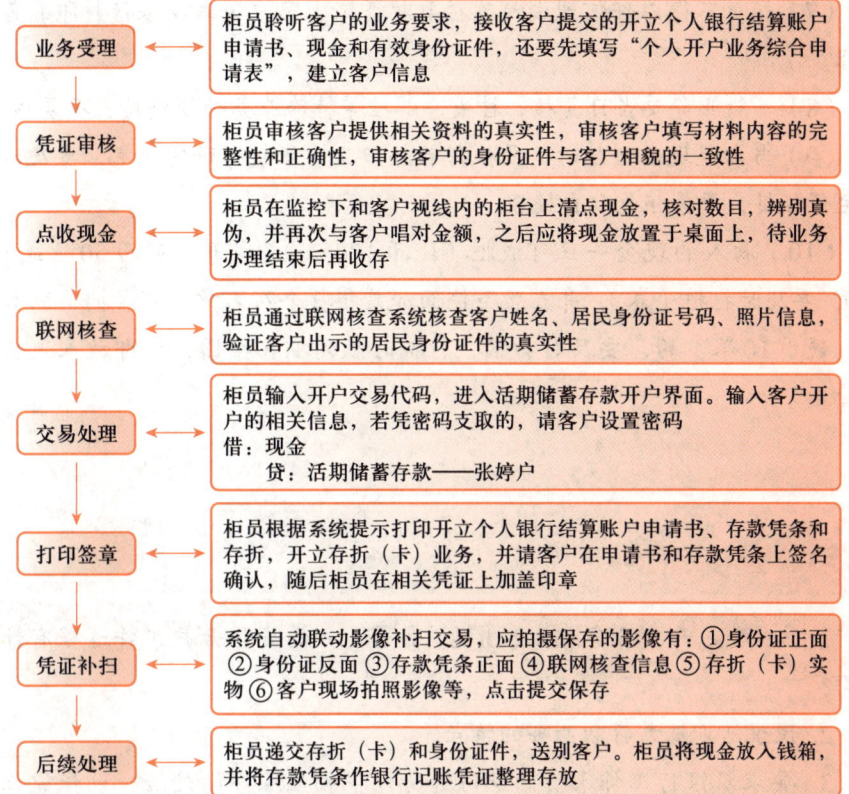

业务受理	柜员聆听客户的业务要求，接收客户提交的开立个人银行结算账户申请书、现金和有效身份证件，还要先填写"个人开户业务综合申请表"，建立客户信息
凭证审核	柜员审核客户提供相关资料的真实性，审核客户填写材料内容的完整性和正确性，审核客户的身份证件与客户相貌的一致性
点收现金	柜员在监控下和客户视线内的柜台上清点现金，核对数目，辨别真伪，并再次与客户唱对金额，之后应将现金放置于桌面上，待业务办理结束后再收存
联网核查	柜员通过联网核查系统核查客户姓名、居民身份证号码、照片信息，验证客户出示的居民身份证件的真实性
交易处理	柜员输入开户交易代码，进入活期储蓄存款开户界面。输入客户开户的相关信息，若凭密码支取的，请客户设置密码 借：现金 　　贷：活期储蓄存款——张婷户
打印签章	柜员根据系统提示打印开立个人银行结算账户申请书、存款凭条和存折，开立存折（卡）业务，并请客户在申请书和存款凭条上签名确认，随后柜员在相关凭证上加盖印章
凭证补扫	系统自动联动影像补扫交易，应拍摄保存的影像有：①身份证正面②身份证反面③存款凭条正面④联网核查信息⑤存折（卡）实物⑥客户现场拍照影像等，点击提交保存
后续处理	柜员递交存折（卡）和身份证件，送别客户。柜员将现金放入钱箱，并将存款凭条作银行记账凭证整理存放

微课：个人活期存款开户业务

相关知识链接

柜员在办理储蓄业务时应注意遵守的基本规定：

（1）要严格按照储蓄业务管理制度及有关规定办理储蓄业务。

（2）柜员必须在自己签到的终端上办理客户的储蓄业务；严禁柜员在自己签到的终端上办理本人储蓄业务；严禁其他柜员代为签章；严禁柜员在储蓄存、取款凭证客户签字确认处代客户签名。

（3）柜员办理储蓄业务必须认真审核凭证要素，保证存单（折）与凭证上的账号、户名、金额三相符。

（4）各类储蓄业务开户、大额取款（5万元以上或外币等值1万美元以上）及定期类储蓄存款的提前支取等，均应出示存款人身份证件，代理支取的应同时出示代理人身份证件。

（5）现金的清点程序按"三先三后"程序操作，即先点大数（卡捆卡把），后点细数；先点主币，后点辅币；先点大面额票币，后点小面额票币。

（6）柜员办理业务时应坚持一笔一清、一份一清，一笔业务未办理完毕，不得擅自离岗。

（7）柜员不得以任何理由删改存取款凭证上客户填写及银行打印的各项内容。

（8）一般业务要当日复核，挂失、解挂等特殊业务必须坚持当场复核。

（9）当出现现金错款时，要执行长款归公、短款自赔的规定，要及时告知主管柜员，严禁柜员私自处理。

（10）收入的现金一旦可成把（纸币100张）、成卷（硬币50枚或100枚），要及时打把（卷），并在腰条侧面加盖柜员个人名章；可成捆（纸币10把，硬币10卷）的，要及时打捆，打捆时做到捆扎牢固，随即放入现金箱保管。

 动动脑与动动手

1. 与Ⅰ类户开户业务相比，Ⅱ类户和Ⅲ类户的具体开户工作过程有什么不同？

2. 说说活期储蓄存款业务的特点。

3. 要求以银行工作人员的身份进行以下相应业务的处理，包括凭证审核、业务数据录入、凭证盖章与凭证处理。

（1）客户李明（身份证号为330102198807011034，地址为杭州文三路86-102，手机号码为13606210202）于2月16日来办理活期存款存折开户，存入人民币3 000元（存折凭证号为4203169，存折账号为001000672230607）。

（2）客户张红（身份证号为330107198202231019，地址为杭州教工路102-31，手机号13509888276）于2月21日来办理活期存款银行卡开户，存入人民币4 000元（银行卡账号为6228670088119236）。

任务活动2　活期储蓄存款支取

》》 业务背景

客户张婷到模拟银行金苑支行办理活期储蓄存款支取业务。

>> 具体工作过程

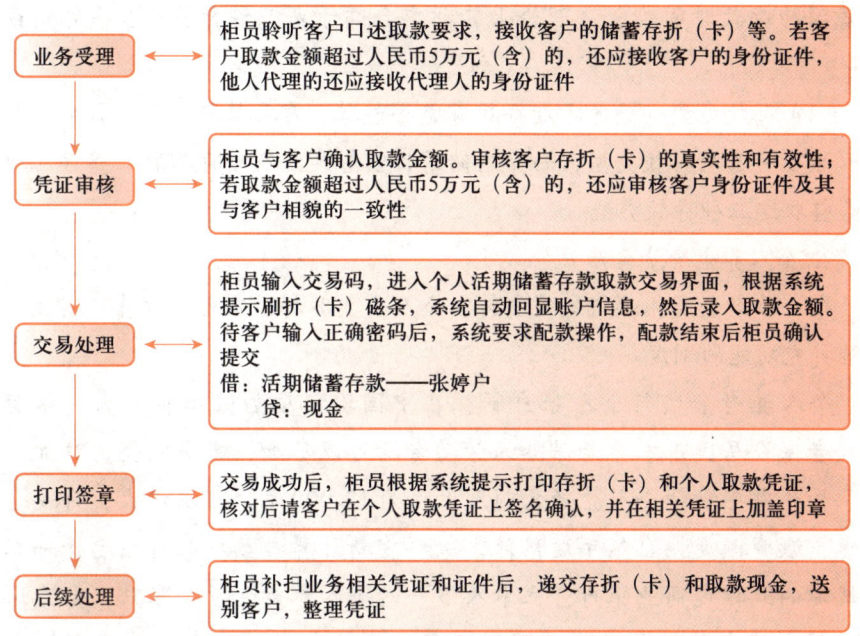

业务受理	柜员聆听客户口述取款要求，接收客户的储蓄存折（卡）等。若客户取款金额超过人民币5万元（含）的，还应接收客户的身份证件，他人代理的还应接收代理人的身份证件
凭证审核	柜员与客户确认取款金额。审核客户存折（卡）的真实性和有效性；若取款金额超过人民币5万元（含）的，还应审核客户身份证件及其与客户相貌的一致性
交易处理	柜员输入交易码，进入个人活期储蓄存款取款交易界面，根据系统提示刷折（卡）磁条，系统自动回显账户信息，然后录入取款金额。待客户输入正确密码后，系统要求配款操作，配款结束后柜员确认提交 借：活期储蓄存款——张婷户 　　贷：现金
打印签章	交易成功后，柜员根据系统提示打印存折（卡）和个人取款凭证，核对后请客户在个人取款凭证上签名确认，并在相关凭证上加盖印章
后续处理	柜员补扫业务相关凭证和证件后，递交存折（卡）和取款现金，送别客户，整理凭证

相关知识链接

1. 养老储蓄

目前我国城乡居民养老金一共有三大支柱。第一支柱是由政府主导建立的"公共养老金"，如我国的城乡居民基本养老保险和城镇职工基本养老保险；第二支柱是由企事业单位发起、由商业机构运作的"职业养老金"，如企业年金和职业年金；第三支柱是包括个人储蓄型养老保险和商业养老保险，是个人利用金融手段增加养老保障供给的有效形式。

2022年4月28日，原中国银保监会①出台了《关于规范和促进商业养老金融业务发展的通知》，意味着我国正式开始了养老储蓄试点工作，目的在于重点建设养老金第三支柱，推动银行保险机构更好地服务多层次、多支柱养老保险体系建设。本次参与养老储蓄试点的首批金融机构为"工、农、中、建"四大国有银行，每家银行获批的额度皆为100亿元，试点期限暂定为1年。养老储蓄的本质也是定期存款，但二者存在不同。

（1）存款期限。普通定期存款一般有3个月、6个月、1年、2年、3年、5年等不同存款期限，而养老储蓄的存款期限最低为5年，此外还有10年、

---

① 2023年3月，改组为国家金融监督管理总局。

15年和20年三个档次，存款期限明显长于普通定期存款。

（2）存款收益。商业银行普通定期存款的利率相对比较低，而养老储蓄因为存款时间较长，理论上其利率会高于商业银行普通5年定期存款利率。

（3）存款类型。普通定期存款有整存整取、零存整取、存本取息、整存零取等多种不同存款类型，而养老储蓄目前暂定只有整存整取、整存零取和零存整取这三种存款类型。

2. 个人养老金资金账户

个人养老金是指政府政策支持、个人自愿参加、市场化运营、实现养老保险补充功能的制度。

个人养老金实行个人账户制，在中国境内参加城镇职工基本养老保险或者城乡居民基本养老保险的劳动者均可以参加，缴费完全由参加人个人承担，每年缴纳个人养老金额度上限为12 000元，可以按次、月或者年缴费，缴费额度按自然年度累计，次年重新计算。参加人自主选择一家符合规定的或指定商业银行开立本人唯一的个人养老金资金账户，自主选择购买符合规定的储蓄存款、理财产品、商业养老保险、公募基金等金融产品。

自2022年1月1日起，个人养老金按照国家有关规定享受递延纳税优惠政策、个人缴费享受税前扣除优惠。个人养老金资金账户的缴费按照12 000元/年的限额标准，在个人综合所得或经营所得中据实扣除。计入个人养老金资金账户的投资收益暂不征收个人所得税。个人领取的个人养老金不并入综合所得，单独按照3%的税率计算缴纳个人所得税。

个人养老金资金账户封闭运行，参加人由于出国（境）定居、身故等原因社会保障卡被注销的，其个人养老金资金账户内的资产可以继承。参加人达到以下任一条件的，可以按月、分次或者一次性领取个人养老金：①达到领取基本养老金年龄；②完全丧失劳动能力；③出国（境）定居；④国家规定的其他情形。

智慧银行新视界

电子签名

目前，很多银行网点柜台前使用一种名为"多功能交互体验终端"的设备（如图2-1-1所示）。该设备不仅能够方便客户输入密码，还可以让客户直接在液晶屏上签名，电子签名将以图片的形式传回后台处理系统。"多功能交互体验终端"设备的启用免去了客户办理业务时与柜员来回传递业务单据的烦琐，客户可以通过该设备跟进确认交易过程中的所有信息，既提高效率，又安全可靠，还便于业务信息的保存。

图 2-1-1　多功能交互体验终端

 动动脑与动动手

1. 现金"三先三后"的清点程序是什么？

2. 个人取款业务与存款业务的具体工作过程有哪些不同？

3. 要求以银行柜员的身份进行以下业务的处理，包括凭证审核、业务数据录入、凭证盖章与凭证处理。

（1）储户李明于3月3日来办理活期存款存折支取2 000元。

（2）储户张红于3月5日来办理活期存款银行卡支取1 500元。

任务活动3　活期储蓄存款续存

>> 业务背景

客户张婷到模拟银行金苑支行办理活期存款续存业务。

>> 具体工作过程

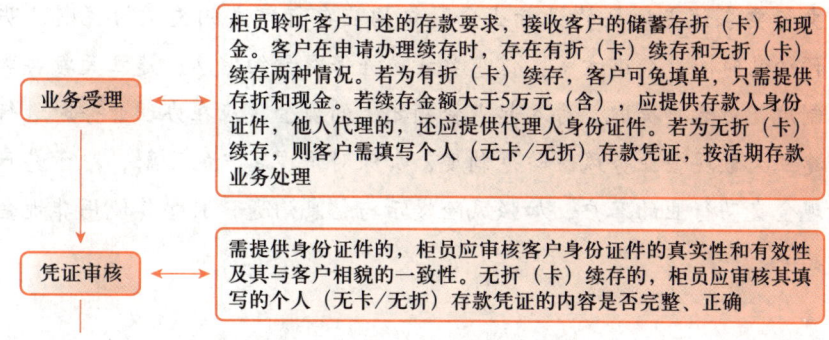

业务受理	柜员聆听客户口述的存款要求，接收客户的储蓄存折（卡）和现金。客户在申请办理续存时，存在有折（卡）续存和无折（卡）续存两种情况。若为有折（卡）续存，客户可免填单，只需提供存折和现金。若续存金额大于5万元（含），应提供存款人身份证件，他人代理的，还应提供代理人身份证件。若为无折（卡）续存，则客户需填写个人（无卡/无折）存款凭证，按活期存款业务处理
凭证审核	需提供身份证件的，柜员应审核客户身份证件的真实性和有效性及其与客户相貌的一致性。无折（卡）续存的，柜员应审核其填写的个人（无卡/无折）存款凭证的内容是否完整、正确

业务案例：内外不分存款入错账

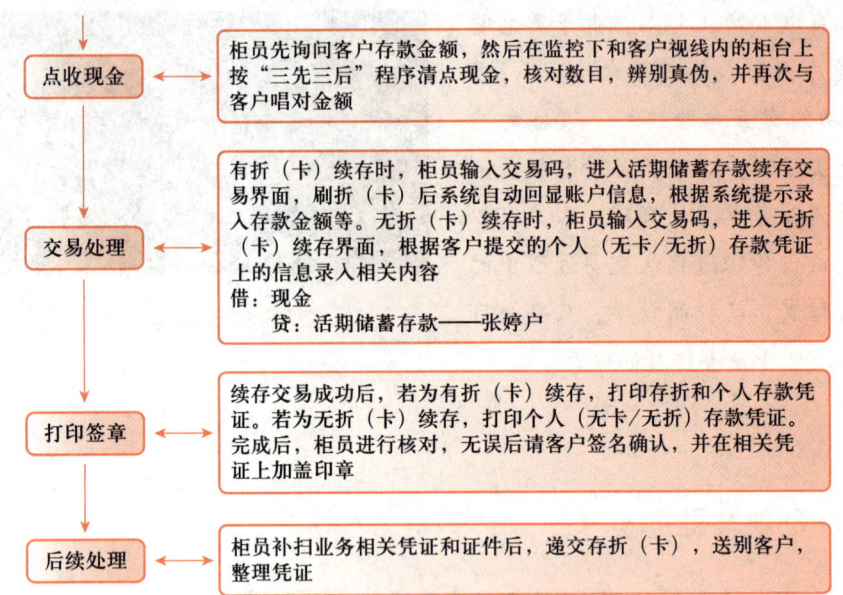

点收现金	柜员先询问客户存款金额，然后在监控下和客户视线内的柜台上按"三先三后"程序清点现金，核对数目，辨别真伪，并再次与客户唱对金额
交易处理	有折（卡）续存时，柜员输入交易码，进入活期储蓄存款续存交易界面，刷折（卡）后系统自动回显账户信息，根据系统提示录入存款金额等。无折（卡）续存时，柜员输入交易码，进入无折（卡）续存界面，根据客户提交的个人（无卡/无折）存款凭证上的信息录入相关内容 借：现金 　　贷：活期储蓄存款——张婷户
打印签章	续存交易成功后，若为有折（卡）续存，打印存折和个人存款凭证。若为无折（卡）续存，打印个人（无卡/无折）存款凭证。完成后，柜员进行核对，无误后请客户签名确认，并在相关凭证上加盖印章
后续处理	柜员补扫业务相关凭证和证件后，递交存折（卡），送别客户，整理凭证

相关知识链接

大额现金管理

　　为深入贯彻落实党中央、国务院决策部署，推进大额现金管理工作，遏制利用大额现金进行违法犯罪，依据《中华人民共和国中国人民银行法》《现金管理暂行条例》等法律法规，中国人民银行制定了《大额现金管理先行先试方案》，自2020年7月1日起在河北省试点、10月1日起在浙江省和深圳市试点开展大额现金管理工作。经试点行调研分析，各地对公账户管理金额起点均为50万元，对私账户管理金额起点分别为河北省10万元、浙江省30万元、深圳市20万元。

　　大额现金管理业务以有现金实物交接的柜面业务为主，包含通过大额高速存取款设备自助存取款情形，并须针对拆分、现金隐匿过账等规避监管、"伪大额现金交易"情形制定防范措施，既监测单笔超过管理起点金额的交易，也监测多笔累计超过管理起点金额的交易。

　　央行要求试点地区的银行业金融机构应自行建立相关预约规则，明确客户预约的时间、渠道方式、信息要素，并保存预约信息；建立大额存取现登记制度，对客户提取、存入起点金额之上的现金，应在办理业务时进行登记；建立大额现金业务风险防范制度，加深对用现客户的了解，对于易产生大量现金交易行业的客户，加强风险提示与信息沟通，引导其使用非现金支付工具。

动动脑与动动手

1. 说说活期储蓄存款有折（卡）续存与无折（卡）续存的区别。

2. 客户在办理活期储蓄存款无折（卡）续存业务时，所填写的个人（无卡/无折）存款凭证中哪些是柜员审核的重要内容？

3. 要求以银行柜员的身份进行以下业务的处理，包括凭证审核、业务数据录入、凭证盖章与凭证处理。

（1）储户李明于4月2日来办理活期存款存折续存5 000元。

（2）储户张红于3月29日来办理活期存款银行卡续存2 000元。

任务活动4　活期储蓄存款销户

>> 业务背景

客户张婷到模拟银行金苑支行办理活期存款销户业务。

>> 具体工作过程

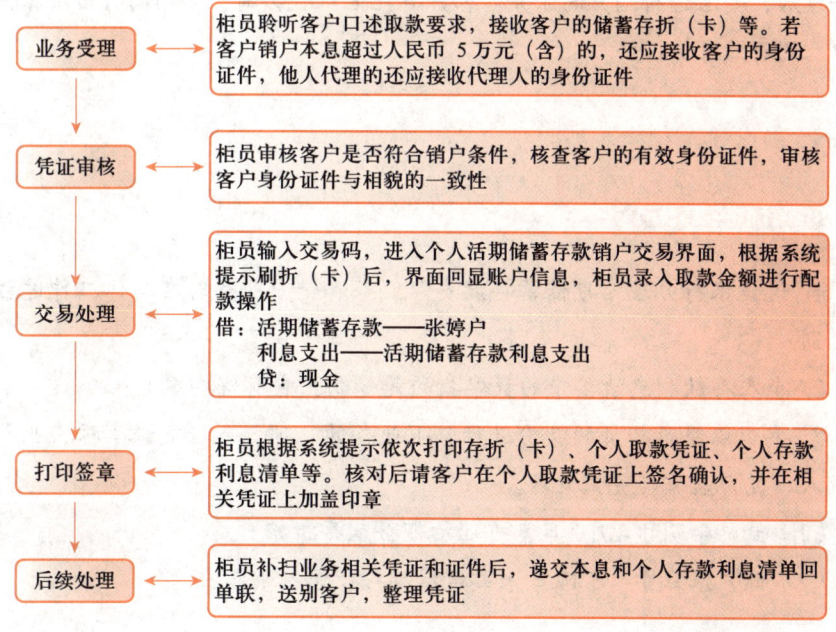

微课：个人活期存款销户业务

相关知识链接

1. 存折换折

活期储蓄存折记满页时，应更换新存折。换新存折时应将旧存折的存款余额过入新存折的第一行余额栏，并在摘要栏加盖"承前折"戳记，在旧存折的最后一栏加盖"过新折"戳记；旧存折还必须加盖换折业务章。旧存折要收回，作为当日存款或取款凭证的附件。存折换折业务正常情况下只能由客户本人办理，不可代办，如存折因柜员办理有误等原因需更换，可以代办，但需要经办柜员在旧存折上注明原因。

2. 客户留存已销户存折

活期储蓄存折销户后，若客户要求留存已销户的活期存折，柜员需要破坏活期存折磁条的完整性，在最后的一笔交易记录的下一行批注"某年某月某日销户，以下空白"字样（或加盖印章，划线注销），并在存折封面上加盖"销户"戳记后交客户。

3. 活期储蓄存款销户

活期储蓄存款销户可分为正常销户和挂失销户。正常销户是指客户持活期储蓄存折或银行卡到银行营业网点要求办理销户，银行审核无误后，为客户办理销户手续的业务。挂失销户是指客户由于活期储蓄存折或借记卡丢失，在办理挂失手续后，要求进行销户的业务。客户委托他人代办时，必须同时出示客户及代办人的有效身份证件。

 动动脑与动动手

1. 说说银行办理活期储蓄存款支取业务和销户业务时在具体工作过程中的区别。

2. 个人存款利息清单中的税率指的是什么？它有哪些规定？

3. 要求以银行柜员的身份进行以下业务的处理，包括凭证审核、业务数据录入、凭证盖章与凭证处理。

（1）储户李明于4月5日来办理活期存款存折销户。

（2）储户张红于4月17日来办理活期存款银行卡销户。

任务活动5 活期储蓄存款利息计算

>> 业务背景

核算客户张婷活期储蓄存款的利息。

>> 相关操作实例

客户张婷于2025年1月12日开立活期储蓄存款存折户，其活期储蓄存款明细账如表2-1-8所示，销户日的利息计算如下。

表2-1-8　张婷活期储蓄存款明细账

日期	摘要	存入	支取	存款余额	计息期	天数	积数
2025.01.12	开户	5 000.00		5 000.00	2025.01.12—2025.02.23	43	43×5 000＝215 000
2025.02.24	支取		3 000.00	2 000.00	2025.02.24—2025.03.15	20	20×2 000＝40 000
2025.03.16	续存	4 000.00		6 000.00	2025.03.16—2025.03.20	5	5×6 000＝30 000
2025.03.21	结息	2.77		6 002.77	2025.03.21—2025.04.26	37	37×6 002＝222 074
2025.04.27	销户		6 002.77	−0−			

解：2025年3月20日为结息日：

结息日应税利息＝（215 000＋40 000＋30 000）×0.35%÷360＝2.77（元）

利息税＝0

税后利息＝2.77（元）

2025年4月27日为销户日：

销户日应税利息＝222 074×0.35%÷360＝2.16（元）

利息税＝0

税后利息＝2.16（元）

实付本息和：6 002.77＋2.16＝6 004.93（元）

 动动脑与动动手

1. 目前单位活期存款与个人活期存款的结息日是否一致？

2. 说说储蓄存款利息计算公式中有关本金的相关规定。

3. 储户李明于2月16日开立活期存折，其存款明细账如表2-1-9所示。

请将表2-1-9填写完整,并计算销户日的利息。

表2-1-9　李明活期储蓄存款明细账

日期	摘要	存入	支取	存款余额	计息期	天数	积数
2.16	开户	3 000.00					
3.03	支取		2 000.00				
3.21	结息						
4.02	续存	5 000.00					
4.05	销户						

4. 储户张红于2月21日开立活期银行卡,其存款明细账如表2-1-10所示。请将表2-1-10填写完整,并计算销户日的利息。

表2-1-10　张红活期存款明细账

日期	摘要	存入	支取	存款余额	计息期	天数	积数
2.21	开户	4 000.00					
3.05	支取		1 500.00				
3.21	结息						
3.29	续存	2 000.00					
4.17	销户						

任务二　定期储蓄存款业务处理

【知识储备】

一、定期储蓄存款

定期储蓄存款是储户在存款时约定存期,一次或按期分次存入本金,整笔或分期、分次支取本金或利息的一类储蓄，它包括整存整取定期储蓄存款、大额存单、零存整取定期储蓄存款、教育储蓄存款、存本取息定期储蓄存款、整存零取定期储蓄存款等。

1. 整存整取定期储蓄存款

整存整取定期储蓄存款是客户开户时一次性存入本金，约定存期，到期一次支取本息的一种定期储蓄存款。开户时50元起存，多存不限。存款期限分为3个月、6个月、1年、2年、3年和5年六个档次，存期越长，利率越高。开户时为了安全起见，可预留印鉴或密码，凭印鉴或密码支取。存款未到期时，如果客户急需用款，可凭存款凭证和客户身份证件办理提前支取。

储蓄存款约定转存是指客户开户时约定在存款到期日由银行自动将客户未支取的整存整取定期储蓄存款本金连同税后利息，按到期日当日利率自动转存为同种类、同期限（部分银行也可按约定金额和约定期限转存为另一指定的存款种类）定期储蓄存款的一种服务方式。

整存整取定期储蓄存款利息计算相关规定：

（1）存期的规定。计算整存整取定期储蓄存款的存期时，整年或整月可按对年对月对日计，也可按实际天数计，不足月的零头天数按实际天数计；算头不算尾，存入日起息，支取的前一日止息，支取日不计息。

（2）利率的规定。根据不同的取款方式，按下列规定的利率办理计息。

① 整存整取定期储蓄存款到期支取，在存期内按开户日挂牌公告的相应档次的整存整取定期储蓄存款利率计付利息，利随本清，遇到利率调整不分段计息。

② 整存整取定期储蓄存款全部提前支取，均按支取日挂牌公告的活期储蓄存款利率计付利息。部分提前支取的，支取部分按支取日挂牌公告的活期储蓄存款利率计付利息。

③ 整存整取定期储蓄存款逾期支取，其逾期部分的利息按支取日挂牌公告的活期储蓄存款利率计算。

④ 整存整取定期储蓄存款约定或自动转存的，区分不同的取款方式，按上述规定的利率计息，利息计入本金生息。

（3）整存整取定期储蓄存款利息的计算公式如下：

$$利息 = 本金 \times 存期 \times 利率$$

2. 大额存单

大额存单是指由银行业存款类金融机构面向非金融机构投资人发行的、以人民币计价的记账式大额存款凭证，是银行存款类金融产品，属一般性存款，纳入存款保险范围。我国大额存单于2015年6月正式推出，最初规定个人投资人认

购大额存单起点金额不低于30万元，机构投资人认购大额存单起点金额不低于1 000万元。为推进大额存单业务发展，拓宽个人金融资产投资渠道，增强商业银行主动负债能力，2016年6月，中国人民银行修改《大额存单管理暂行办法》，将个人投资人认购大额存单起点金额调整为不低于20万元。

大额存单发行采用电子化的方式。大额存单可以在发行人的营业网点、电子银行、第三方平台以及经中国人民银行认可的其他渠道发行。大额存单期限包括1个月、3个月、6个月、9个月、1年、18个月、2年、3年和5年共9个品种。大额存单自认购之日起计息，付息方式分为到期一次还本付息和定期付息、到期还本。

相较于一般的定期储蓄存款，大额存单的优势主要体现在：

（1）收益率高。大额存单的利率均远远高于同档次整存整取定期储蓄存款的利率，具有很高的市场认可度。

（2）流动性强。大额存单既有3年、5年的长期限，也有1个月、3个月的短期限，资金变现能力强，可以满足客户的多种需要。

（3）安全性好。大额存单为保本保息产品，保障客户的资金收益，安全可靠。

（4）渠道多样。产品基本支持网点柜台、智能柜台、网上银行和手机银行等多个渠道办理（部分产品仅限个别渠道办理）。

（5）用途广泛。大额存单可作为出国保证金，用来开立存款证明，也可用作质押贷款、质押融资等。

（6）可转让。如果发行人在发行条款中明确当期大额存单允许转让，则大额存单的转让可以通过第三方平台开展，转让范围限于非金融机构投资人。

3. 零存整取定期储蓄存款

零存整取定期储蓄存款是储户开户时约定存期，在存期内分次存入本金，到期一次支取本息的一种定期储蓄存款。它具有计划性、约束性和积累性等特点。该储蓄存款5元起存，多存不限。存入时由储蓄机构发给存折。存期分1年、3年和5年。每月存入一次，中途如有漏存，应在次月补存，未补存则视同违约，对违约后存入的部分，支取时按活期储蓄存款利息计算。零存整取定期储蓄存款可以办理全部提前支取，但不可办理部分提前支取。零存整取定期储蓄存款业务只限于人民币存款。

客户可以约定零存整取定期储蓄存款自动续存，即在开立此存款账户时，由客户指定本人名下的某一活期存款账户，系统自动按月从该活期账户扣划相应金额至零存整取账户。

零存整取定期储蓄存款利息计算相关规定：

（1）存期内按存入日（开户日）利率计息。

（2）存期内遇利率调整不分段计息。

（3）提前支取时应按支取日挂牌公告的活期储蓄存款利率计息。

（4）逾期支取的逾期部分按支取日挂牌公告的活期储蓄存款利率计息。

（5）采用固定基数计息法或月积数计息法计息。

① 固定基数计息法，适用于储户每月存入固定存款金额的零存整取定期储蓄存款到期支取的利息计算。其计算公式为：

$$利息 = 每月固定存款额 \times 固定基数 \times 月利率$$

$$1年期固定基数 = 12 \times (12 + 1) \div 2 = 78$$

$$3年期固定基数 = 36 \times (36 + 1) \div 2 = 666$$

$$5年期固定基数 = 60 \times (60 + 1) \div 2 = 1\,830$$

② 月积数计息法，适用于零存整取定期储蓄存款中途有漏存的到期或提前支取的利息计算。其计算公式为：

$$应税利息 = 累计月积数 \times 月利率$$

$$利息税 = 应付利息 \times 税率$$

$$税后利息 = 应税利息 - 利息税$$

4. 教育储蓄存款

教育储蓄存款是为鼓励城乡居民以储蓄方式，为其子女接受非义务教育（指九年义务教育之外的全日制高中、大中专、大学本科、硕士和博士研究生教育）积蓄资金，而开办的促进教育事业发展的储蓄存款。

教育储蓄存款的对象为在校小学四年级（含四年级）以上学生，存期分为1年、3年和6年三个档次，起存金额50元，本金合计最高限额为2万元，开户时客户须与银行约定每次固定存入的金额，分次存入，中途如有漏存，应在次月补存，未补存者按零存整取定期储蓄存款的有关规定办理。

按照国家相关政策规定，客户凭学校出具的正在接受非义务教育学生的身份证明一次支取本金和利息时，可以享受利率优惠，即1年期、3年期的教育储蓄存款按开户日同期同档次整存整取定期储蓄存款利率计息，6年期按开户日5年期整存整取定期储蓄存款利率计息。教育储蓄存款在存期内如遇利率调整，仍按开户日利率计息，并免征储蓄存款利息所得个人所得税。若客户不能提供证明，存款不享受利率优惠，按正常个人零存整取定期储蓄存款业务办理，并应按有关规定征收储蓄存款利息所得个人所得税。

5. 存本取息定期储蓄存款

存本取息定期储蓄存款是指客户一次存入本金，在约定存期内分次支取利息，到期一次性支取本金和最后一次利息的一种定期储蓄存款，适合于有大笔积蓄并需要定期支取利息零用的储户。存本取息定期储蓄存款5 000元人民币起存，多存不限；存期分为1年、3年和5年三个档次，存期内无论利率是否调整，均按原存入日利率计算利息，利息凭储蓄存单分期支取，可以一个月或几个月取息一次，由储户在存入时事先约定。

（1）存本取息存款到期支取时，计算每次须支取的利息，应在客户存入本金时与银行约定存款期限和支取利息的期限。

计算每次应支取利息额的公式为：

每次支取利息数＝本金×每次取息间隔月数×月利率

＝本金×期限（年限）×年利率÷存期内应支取利息的次数

（2）存本取息存款逾期支取时，逾期部分按支取日挂牌公告的活期储蓄存款计算利息。

（3）存本取息存款提前支取时，须按实际存期和活期储蓄存款利率重新计算利息，并将已分期支付给储户的利息扣回。

提前支取时应付利息及应付本息和计算公式：

应付利息＝本金×存期（天数）×活期年利率÷360

应付本息和＝本金＋按活期利率计算的应付利息－

每次支取利息额×已领取次数

6. 整存零取定期储蓄存款

整存零取定期储蓄存款是指客户一次性存入本金，在约定存期内分次支取本金，到期一次性支取利息和最后一次本金的一种定期储蓄存款，适合于有大笔积蓄但需分次使用的储户。起存金额为1 000元人民币，多存不限，存期分为1年、3年、5年三个档次。本金凭存单分期支取，支取期分1个月、3个月、半年一次，由储户在存入时事先约定，利息于期满结清时支取。

二、主要业务凭证印章

定期储蓄存款业务的主要业务凭证包括存款凭条、储蓄存单、个人存款凭证与个人存款利息清单。

1. 存款凭条（见表2-1-3和表2-1-4）

适用范围、联次介绍、填写要求、加盖印章等内容详见前述。

2. 储蓄存单（见表2-2-1）

适用范围：是记录客户办理定期、定活、通知等储蓄存款的银行专用凭证。

联次介绍：单联，由银行出具给客户作为各类储蓄存款的存款凭证。

填写要求：由办理银行联机打印。

加盖印章：开户时需在打印好的储蓄存单上加盖储蓄专用章或业务公章和经办柜员章；销户时需在收回的储蓄存单上加盖业务清讫章、经办柜员章和结清章。操作柜员印章加盖端正清晰，交易日期完整、清晰、准确。

表2-2-1

3. 个人存款凭证（见表2-1-5）

适用范围、联次介绍、填写要求、加盖印章等内容详见前述。

4. 个人取款凭证（见表2-1-6）

适用范围、联次介绍、填写要求、加盖印章等内容详见前述。

5. 个人存款利息清单（见表2-1-7）

适用范围、联次介绍、填写要求、加盖印章等内容详见前述。

【任务活动】

任务活动1　整存整取定期储蓄存款开户

>> **业务背景**

客户张婷到模拟银行金苑支行办理整存整取定期储蓄存款开户业务。

>> **具体工作过程**

微课：整存整取定期存款开户

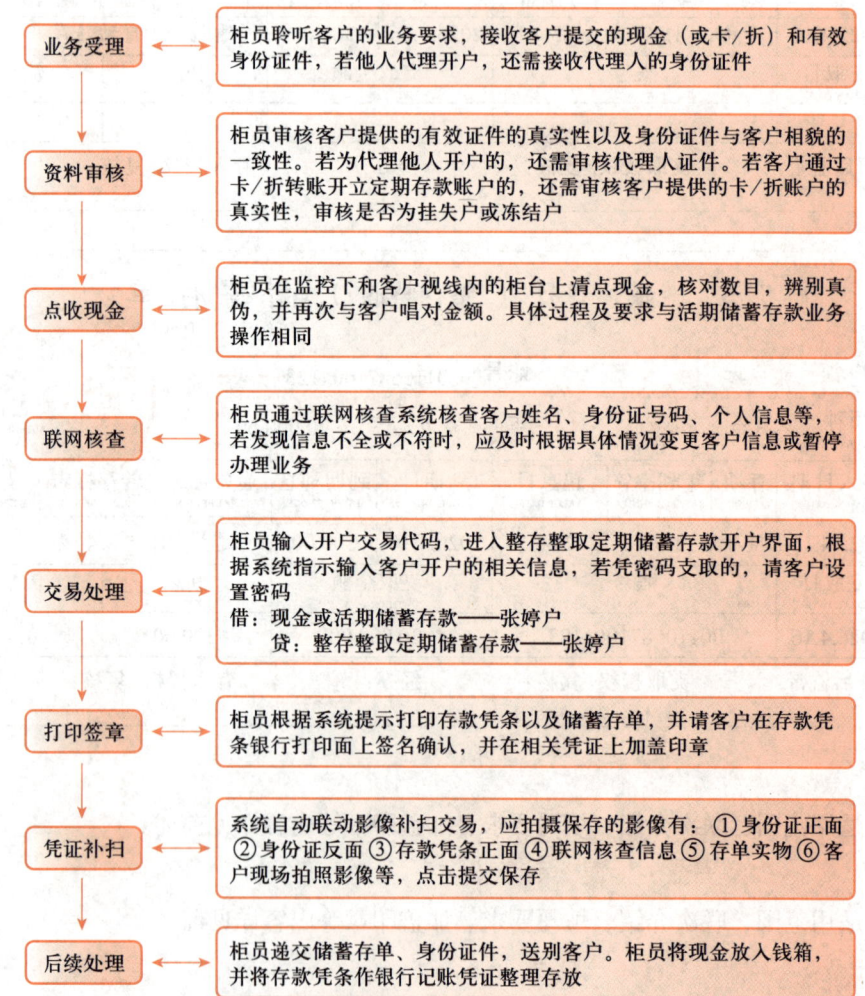

业务受理	柜员聆听客户的业务要求，接收客户提交的现金（或卡/折）和有效身份证件，若他人代理开户，还需接收代理人的身份证件
资料审核	柜员审核客户提供的有效证件的真实性以及身份证件与客户相貌的一致性。若为代理他人开户的，还需审核代理人证件。若客户通过卡/折转账开立定期存款账户的，还需审核客户提供的卡/折账户的真实性，审核是否为挂失户或冻结户
点收现金	柜员在监控下和客户视线内的柜台上清点现金，核对数目，辨别真伪，并再次与客户唱对金额。具体过程及要求与活期储蓄存款业务操作相同
联网核查	柜员通过联网核查系统核查客户姓名、身份证号码、个人信息等，若发现信息不全或不符时，应及时根据具体情况变更客户信息或暂停办理业务
交易处理	柜员输入开户交易代码，进入整存整取定期储蓄存款开户界面，根据系统指示输入客户开户的相关信息，若凭密码支取的，请客户设置密码 借：现金或活期储蓄存款——张婷户 　　贷：整存整取定期储蓄存款——张婷户
打印签章	柜员根据系统提示打印存款凭条以及储蓄存单，并请客户在存款凭条银行打印面上签名确认，并在相关凭证上加盖印章
凭证补扫	系统自动联动影像补扫交易，应拍摄保存的影像有：①身份证正面②身份证反面③存款凭条正面④联网核查信息⑤存单实物⑥客户现场拍照影像等，点击提交保存
后续处理	柜员递交储蓄存单、身份证件，送别客户。柜员将现金放入钱箱，并将存款凭条作银行记账凭证整理存放

相关知识链接

1. 定期一本通

定期一本通是指集不同存期、不同金额的定期储蓄存款于一个存折的存款方式。客户通过一本存折实现了对多次数、多存期定期账户的归集管理。

定期一本通的功能包括约定转存、自动转存、通存通兑、异地托收、取款、查询及口头挂失等。

2. 手机银行办理定期存款

客户通过手机银行办理定期储蓄存款开户业务时，需要先下载手机银行App，在登录界面选择"注册"，成功注册手机银行后客户登录手机银行App，进入首页，点击"存款"，选择"定期存款"，则可根据自己的意愿在手机操作界面选择或输入相对应的定期存款期限、金额等信息，最后点击"确认"并输入交易密码，以确保该业务的转账开户成功。

 动动脑与动动手

1. 个人定期储蓄存款有哪些种类？最常见的是哪一种？

2. 目前各家商业银行挂牌公告的整存整取定期存款利率是否一致？与央行基准利率是否有浮动？

3. 以银行柜员的身份进行以下相应业务的处理，包括凭证审核、业务数据录入、凭证盖章与凭证处理；或指导客户通过手机银行办理此业务。

（1）客户杨萍（身份证号码：330108198604011303，地址：杭州建国中路32–508，手机号：13705712889）于3月20日存入一笔整存整取定期储蓄存款50 000元，约定存期1年。

（2）客户林小小于3月28日要求通过手机银行转账开户一笔整存整取定期储蓄存款30 000元，约定存期半年，账号：001108765219276。

任务活动2　整存整取定期储蓄存款部分提前支取

≫ 业务背景

客户张婷到模拟银行金苑支行办理整存整取定期储蓄存款部分提前支取业务。

>> 具体工作过程

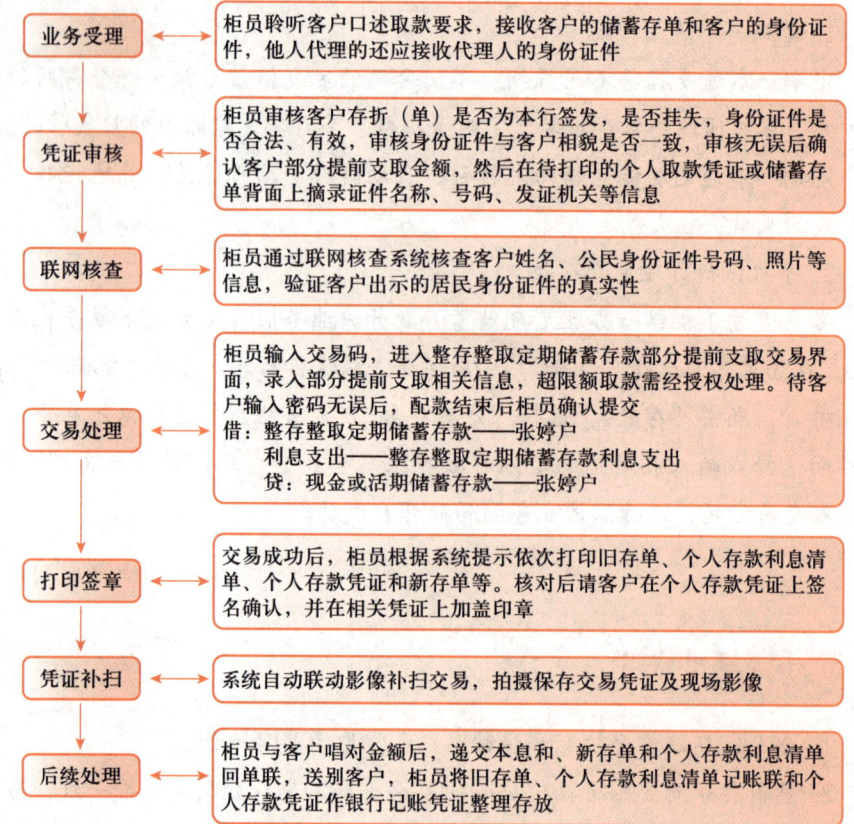

业务受理	柜员聆听客户口述取款要求，接收客户的储蓄存单和客户的身份证件，他人代理的还应接收代理人的身份证件
凭证审核	柜员审核客户存折（单）是否为本行签发，是否挂失，身份证件是否合法、有效，审核身份证件与客户相貌是否一致，审核无误后确认客户部分提前支取金额，然后在待打印的个人取款凭证或储蓄存单背面上摘录证件名称、号码、发证机关等信息
联网核查	柜员通过联网核查系统核查客户姓名、公民身份证件号码、照片等信息，验证客户出示的居民身份证件的真实性

交易处理	柜员输入交易码，进入整存整取定期储蓄存款部分提前支取交易界面，录入部分提前支取相关信息，超限额取款需经授权处理。待客户输入密码无误后，配款结束后柜员确认提交
	借：整存整取定期储蓄存款——张婷户
	    利息支出——整存整取定期储蓄存款利息支出
	  贷：现金或活期储蓄存款——张婷户

打印签章	交易成功后，柜员根据系统提示依次打印旧存单、个人存款利息清单、个人存款凭证和新存单等。核对后请客户在个人存款凭证上签名确认，并在相关凭证上加盖印章
凭证补扫	系统自动联动影像补扫交易，拍摄保存交易凭证及现场影像
后续处理	柜员与客户唱对金额后，递交本息和、新存单和个人存款利息清单回单联，送别客户，柜员将旧存单、个人存款利息清单记账联和个人存款凭证作银行记账凭证整理存放

相关知识链接

1. 整存整取约定转存和自动转存

银行提供整存整取定期储蓄存款约定转存和自动转存服务，约定转存和自动转存均不限定转存次数。如客户开户时办理整存整取定期储蓄存款约定转存，则该笔定期存款到期后，连同本息一并按同档次同存期整存整取定期储蓄存款转存。自动转存服务不需要约定，在该笔整存整取定期储蓄存款到期后，连同本息一并按同档次同存期整存整取定期存款自动转存。

整存整取定期储蓄存款如果约定转存和自动转存，只有在到期日当天视为存款的到期日，其他时间支取均视为办理提前支取，客户办理时要按照提前支取的相关规定办理。

2. 教育储蓄存款与零存整取定期储蓄存款的区别（见表2-2-2）。

表2-2-2　教育储蓄存款与零存整取定期储蓄存款的区别

区别点	零存整取定期储蓄存款	教育储蓄存款
对象	所有居民	在校小学四年级（含四年级）以上学生
起存金额	5元	50元
本金	多存不限	本金合计最高限额为2万元
存期	1年、3年和5年	1年、3年和6年
利率	执行开户日同档次的零存整取定期储蓄存款利率	执行开户日同档次的整存整取定期储蓄存款利率，6年期的按开户日5年期整存整取定期储蓄存款利率计息
利息税	按有关规定征收存款利息所得税	免征利息所得税
到期免税证明	无	正在接受非义务教育的学生身份证明

业务案例：
存款当取款
造成三万元
短款

 知识拓展

1. 结构性存款

结构性存款是指投资人将合法持有的人民币或外币资金存放在银行，由银行通过在普通存款的基础上嵌入金融衍生工具（包括但不限于远期、掉期、期权或期货等），将投资者收益与利率、汇率、股票价格、商品价格、信用、指数及其他金融类或非金融类标的物挂钩的具有一定风险的金融产品。

结构性存款不是普通存款，也不同于银行理财。它的大部分资产和普通定期存款一样，用于投资银行信贷或固定收益类的低风险产品，以保障产品的基本安全性和收益率；而少部分资产则投资于高风险领域，以博取更高的收益。相对于普通定期存款而言，结构性存款的收益要高一些，但风险也会偏大。2020年3月发布的《中国人民银行关于加强存款利率管理的通知》提出，将结构性存款保底收益率纳入金融机构自律管理范围。

2. 存款证明

经存款人申请，各储蓄机构一般都可以为其存放于该机构的个人储蓄存款（存折、存单等）提供证明文件。

（1）申请开具存款证明时，需持本人有效身份证件和存折存单等相关凭证的原件到相应储蓄机构办理。

（2）银行按存款人实际存入的币种开具存款证明，不能先将一种货币折算成另一种货币，再开具存款证明。

（3）银行须将存款提供的账户冻结，冻结期限一般为3—6个月，存款证明的有效时间必须与冻结存款的时间相等。

（4）银行可根据客户要求出具内容与原开立的存款证明书一致的多份存款证明。

（5）开具存款证明后，如客户要求提前解冻存款，须将已开具的存款证明交回银行。若存款人要求延长存款证明期限，须到银行另开新存款证明。在此期间，到期的定期存款可以办理自动转存。

（6）存款证明书只作为本人在该行的存款证明使用，不具有经济担保作用，不得作为质押凭证。

 动动脑与动动手

1. 整存整取定期储蓄存款提前支取有什么要求？

2. 相较于一般的定期储蓄存款，大额存单的优势主要体现在哪几个方面？

3. 整存整取定期储蓄存款部分提前支取金额的利息按照什么标准来计算？

4. 以银行柜员的身份进行以下相应业务的处理，包括凭证审核、业务数据录入、凭证盖章与凭证处理；或指导客户通过手机银行办理相应业务。

（1）客户杨萍于3月20日存入的50 000元1年期整存整取定期储蓄存款，7月28日部分提前支取10 000元，新存单账号：0011087765 01223。

（2）客户林小小于3月28日存入的30 000元半年期整存整取定期储蓄存款，8月6日通过手机银行部分提前支取20 000元。

任务活动3　整存整取定期储蓄存款销户

》》业务背景

客户张婷到模拟银行金苑支行办理整存整取定期储蓄存款销户业务。

>> 具体工作过程

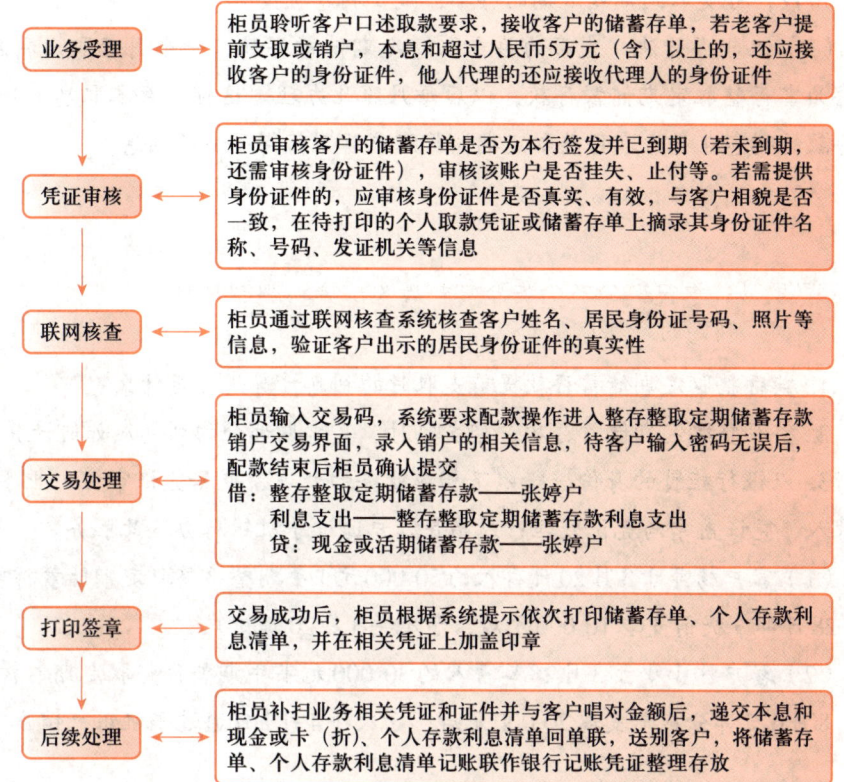

微课：整存整取定期存款销户

业务受理 ←→ 柜员聆听客户口述取款要求，接收客户的储蓄存单，若老客户提前支取或销户，本息和超过人民币5万元（含）以上的，还应接收客户的身份证件，他人代理的还应接收代理人的身份证件

凭证审核 ←→ 柜员审核客户的储蓄存单是否为本行签发并已到期（若未到期，还需审核身份证件），审核该账户是否挂失、止付等。若需提供身份证件的，应审核身份证件是否真实、有效，与客户相貌是否一致，在待打印的个人取款凭证或储蓄存单上摘录其身份证件名称、号码、发证机关等信息

联网核查 ←→ 柜员通过联网核查系统核查客户姓名、居民身份证号码、照片等信息，验证客户出示的居民身份证件的真实性

交易处理 ←→ 柜员输入交易码，系统要求配款操作进入整存整取定期储蓄存款销户交易界面，录入销户的相关信息，待客户输入密码无误后，配款结束后柜员确认提交
借：整存整取定期储蓄存款——张婷户
利息支出——整存整取定期储蓄存款利息支出
贷：现金或活期储蓄存款——张婷户

打印签章 ←→ 交易成功后，柜员根据系统提示依次打印储蓄存单、个人存款利息清单，并在相关凭证上加盖印章

后续处理 ←→ 柜员补扫业务相关凭证和证件并与客户唱对金额后，递交本息和现金或卡（折）、个人存款利息清单回单联，送别客户，将储蓄存单、个人存款利息清单记账联作银行记账凭证整理存放

相关知识链接

　　商业银行提供了很多的储蓄存款业务，哪一种最合适？如何为自己选择最合适的储蓄品种组合？

　　储户需要明确储蓄的目标，选择储蓄品种时，应当首先考虑它的方便与适用性，在此基础上可再考虑如何获得更高的收益率。

　　下面介绍三种储蓄组合方法：

　　（1）阶梯存储法。以5万元为例：2万元存活期，供随时支取；余下3万元中，分别存1万元的一年期、二年期、三年期定期储蓄。一年后，将到期的1万元再存三年期，以此类推，三年后持有的存单全部为三年期，但到期年限不同，依次相差一年。这种方法的特点是年度储蓄到期额等量平衡，既具有一定的灵活性，又能获取三年期存款的较高利息。在客户能够预见未来处于加息周期时，阶梯存储法有利于避免客户只存入一笔多年期存款时因利率上调失去获得更高利息的机会。

　　（2）连月存储法。每个月都存入一定钱款，所有存单年限相同，只是存

> 款到期日分别相差一个月。这种方法能最大程度地发挥储蓄的灵活性。一旦急需用钱，可支取到期或近期的存单，减少利息损失。
>
> （3）组合存储法。先存为存本取息定期储蓄存款，一个月后取出利息，再存为零存整取定期储蓄存款，以后每月照此办理。这样，存本取息定期储蓄存款的利息在存入零存整取定期储蓄账户后又获得了新的利息。

 动动脑与动动手

1. 整存整取定期储蓄存款提前支取时的利息计算规定是什么？
2. 整存整取定期储蓄存款逾期支取时，其逾期部分的利息应如何计算？
3. 以银行柜员的身份进行以下相应业务的处理，包括凭证审核、业务数据录入、凭证盖章与凭证处理；或指导客户通过手机银行办理此业务。

（1）客户杨萍于3月20日存入的50 000元1年期整存整取定期储蓄存款，7月28日部分提前支取10 000元后，于次年3月20日销户。

（2）客户林小小于3月28日存入的30 000元半年期整存整取定期储蓄存款，8月6日部分提前支取20 000元后，于次年4月2日通过手机银行销户。

任务活动4　整存整取与零存整取定期储蓄存款利息计算

>> 业务背景

核算客户张婷整存整取定期储蓄存款的利息。

>> 相关操作实例

微课：计算整存整取定期储蓄存款利息

例1　整存整取定期储蓄存款利息计算。

客户张婷于2025年4月16日存入20 000元1年期整存整取定期储蓄存款，年利率为1.5%，于2025年9月26日提前支取5 000元（支取日挂牌公告的活期储蓄存款利率为0.35%），其余存至到期日，请分别计算部分提前支取和销户时的税后利息。

解：

（1）提前支取5 000元本金的利息计算为：

应税利息 = 5 000×163×0.35%÷360 = 7.92（元）

利息税 = 0

税后利息 = 7.92（元）

（2）到期支取15 000元本金的利息计算为：

应税利息 = 15 000×1×1.5% = 225.00（元）

或 = 15 000×365×1.5%÷360 = 228.13（元）

利息税 = 0

税后利息 = 225.00（元）

或 = 228.13（元）

例2　零存整取定期储蓄存款利息计算。

储户邱涛于2024年4月28日开立1年期零存整取定期储蓄存款账户，年利率为1.1%，每月定期存入1 000元，于2025年4月28日到期支取，请计算税后利息。

解：按照固定基数计息法，其利息为：

应税利息 = 每月固定存款数×固定基数×月利率

= 1 000×12×（12＋1）÷2×1.1%÷12 = 71.50（元）

利息税 = 0

税后利息 = 71.50（元）

例3　储户张琳琳于2024年4月28日开立1年期零存整取定期储蓄存款账户，年利率为1.1%，每月定期存入1 000元，但2024年9月漏存一次，于次月补存，并于2025年4月28日到期支取，请计算利息。具体存款明细账如表2-2-3所示。

表2-2-3　存款明细账

日期	摘要	存入	余额	月数	月积数	累计月积数
2024.4.28	开户	1 000.00	1 000.00	1	1 000	1 000
2024.5.3	续存	1 000.00	2 000.00	1	2 000	3 000
2024.6.15	续存	1 000.00	3 000.00	1	3 000	6 000
2024.7.8	续存	1 000.00	4 000.00	1	4 000	10 000
2024.8.5	续存	1 000.00	5 000.00	2	10 000	20 000
2024.10.15	续存	2 000.00	7 000.00	1	7 000	27 000
2024.11.4	续存	1 000.00	8 000.00	1	8 000	35 000
2024.12.5	续存	1 000.00	9 000.00	1	9 000	44 000
2025.1.8	续存	1 000.00	10 000.00	1	10 000	54 000
2025.2.6	续存	1 000.00	11 000.00	1	11 000	65 000
2025.3.15	续存	1 000.00	12 000.00	1	12 000	77 000

解：按照月积数法计算利息为：

应税利息 = 累计月积数 × 月利率 = 77 000 × 1.1% ÷ 12 = 70.58（元）

利息税 = 0

税后利息 = 70.58（元）

 动动脑与动动手

> 1. 比较整存整取定期储蓄存款和零存整取定期储蓄存款在利息计算上的异同。
>
> 2. 定期储蓄存款若在存款期间遇到利率的调整，应怎样计算利息？
>
> 3. 以银行柜员的身份分别计算下列客户部分提前支取和到期销户时的税后利息。
>
> （1）客户杨萍于3月20日存入的50 000元1年期整存整取定期储蓄存款，7月28日部分提前支取10 000元后，于次年3月20日销户。
>
> （2）客户林小小于3月28日存入的30 000元半年期整存整取定期储蓄存款，8月6日部分提前支取20 000元后，于次年4月2日销户。

任务三　定活两便储蓄存款业务处理

【知识储备】

一、定活两便储蓄存款的概念

定活两便储蓄存款是指本金整笔一次存入，不约定存款期限，随时可以支取，利率随存期长短而变动的一种储蓄形式。定活两便储蓄存款起存金额为50元，多存不限。

二、定活两便储蓄存款计息规则

定活两便储蓄存款采用逐笔计息法计息。定活两便储蓄存款利息计算的基本规定：存期不满3个月的，按支取日挂牌公告的活期储蓄存款利率计付利息；存期满3个月而不满6个月的，按支取日挂牌公告的3个月整存整取定期储蓄存款利率打6折计付利息；存期满6个月而不满1年的，按支取日挂牌公告的6个月整存整取定期储蓄存款利率打6折计付利息；存期在1年以上（含1年）的，无论存期有多长，一律按支取日挂牌公告的1年期整存整取定期储蓄存款利率打6折计付利息。

三、主要业务凭证印章

定活两便储蓄存款的主要业务凭证印章主要包括存款凭条、个人存款凭证、储蓄存单、个人存款利息清单等。

1. 存款凭条（见表2-1-3和表2-1-4）

适用范围、联次介绍、填写要求、加盖印章等内容详见前述。

2. 个人存款凭证（见表2-1-5）

适用范围、联次介绍、填写要求、加盖印章等内容详见前述。

3. 储蓄存单（见表2-2-1）

适用范围、联次介绍、填写要求、加盖印章等内容详见前述。

4. 个人存款利息清单（见表2-1-7）

适用范围、联次介绍、填写要求、加盖印章等内容详见前述。

任务活动1 定活两便储蓄存款开户

》 业务背景

客户孙维到模拟银行金苑支行办理定活两便储蓄存款开户业务。

》 具体工作过程

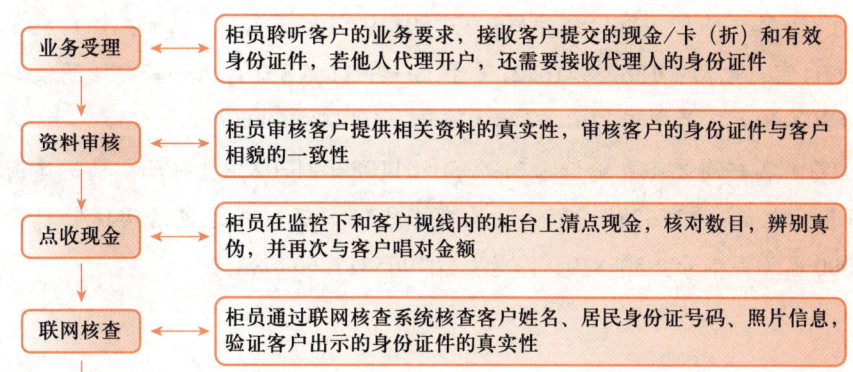

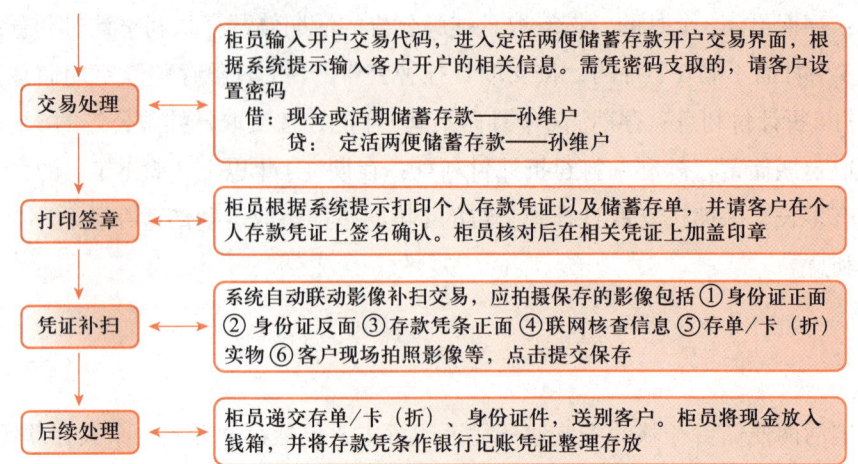

交易处理	柜员输入开户交易代码，进入定活两便储蓄存款开户交易界面，根据系统提示输入客户开户的相关信息。需凭密码支取的，请客户设置密码 借：现金或活期储蓄存款——孙维户 贷：定活两便储蓄存款——孙维户
打印签章	柜员根据系统提示打印个人存款凭证以及储蓄存单，并请客户在个人存款凭证上签名确认。柜员核对后在相关凭证上加盖印章
凭证补扫	系统自动联动影像补扫交易，应拍摄保存的影像包括①身份证正面②身份证反面③存款凭条正面④联网核查信息⑤存单/卡（折）实物⑥客户现场拍照影像等，点击提交保存
后续处理	柜员递交存单/卡（折）、身份证件，送别客户。柜员将现金放入钱箱，并将存款凭条作银行记账凭证整理存放

相关知识链接

（1）定活两便储蓄存款存期不限，可随时支取，可享受比活期存款更高的利率。适合于款项不确定存期，但希望获得更高利息的客户。

（2）定活两便储蓄存款与活期储蓄存款的不同：活期储蓄存款利率比较低，但存取方便，还可以加办储蓄卡、转账、代扣水电煤气费等其他业务。定活两便储蓄存款只是纯储蓄存款，不能加办其他业务，利率是随存期长短而变动的。

动动脑与动动手

1. 什么是定活两便储蓄存款？它有什么特点？

2. 定活两便储蓄存款与活期储蓄存款有什么不同？

3. 以银行柜员的身份进行以下相应业务的处理，包括凭证审核、业务数据录入、凭证盖章与凭证处理。

（1）客户陈好（身份证号码：330501197208260339，地址：杭州庆春苑7幢604室，电话：136789416727）于上一年11月8日存入一笔定活两便储蓄存款30 000元（存单号：6107138，账号：100178669089653）。

（2）客户周文（身份证号码：330501198302170228，地址：杭州建国路176号，电话：13562891365）于当年1月15日存入一笔定活两便储蓄存款15 000元（存单号：503819，账号：201965317866908）。

任务活动2　定活两便储蓄存款销户

>> **业务背景**

客户孙维到模拟银行金苑支行办理定活两便储蓄存款销户业务。

>> **具体工作过程**

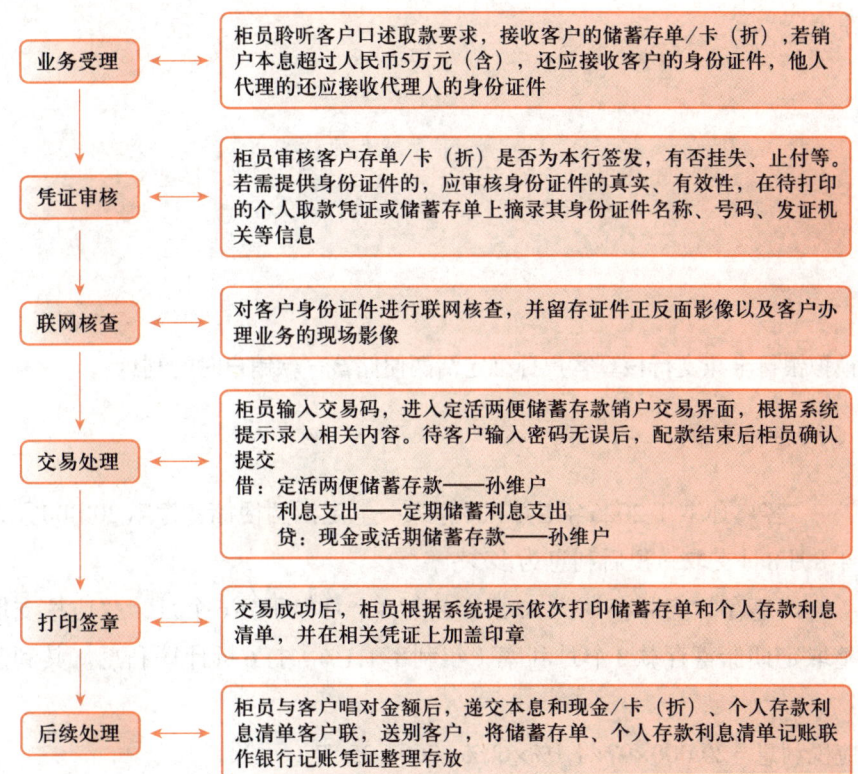

业务受理	⟷	柜员聆听客户口述取款要求，接收客户的储蓄存单/卡（折），若销户本息超过人民币5万元（含），还应接收客户的身份证件，他人代理的还应接收代理人的身份证件
凭证审核	⟷	柜员审核客户存单/卡（折）是否为本行签发，有否挂失、止付等。若需提供身份证件的，应审核身份证件的真实、有效性，在待打印的个人取款凭证或储蓄存单上摘录其身份证件名称、号码、发证机关等信息
联网核查	⟷	对客户身份证件进行联网核查，并留存证件正反面影像以及客户办理业务的现场影像
交易处理	⟷	柜员输入交易码，进入定活两便储蓄存款销户交易界面，根据系统提示录入相关内容。待客户输入密码无误后，配款结束后柜员确认提交 借：定活两便储蓄存款——孙维户 　　利息支出——定期储蓄利息支出 　　贷：现金或活期储蓄存款——孙维户
打印签章	⟷	交易成功后，柜员根据系统提示依次打印储蓄存单和个人存款利息清单，并在相关凭证上加盖印章
后续处理	⟷	柜员与客户唱对金额后，递交本息和现金/卡（折）、个人存款利息清单客户联，送别客户，将储蓄存单、个人存款利息清单记账联作银行记账凭证整理存放

相关知识链接

　　定活两便储蓄存款支取时需要一次支取本息，不得部分支取。若单笔支取金额人民币5万元（含）以上，需要客户向银行提供本人有效身份证件，代理支取的应同时出示代理人身份证件。大额取款客户须提前预约，以便银行准备现金。

动动脑与动动手

1. 在什么情况下，定活两便储蓄存款支取时需要客户出示本人有效身份证件？

2. 定活两便储蓄存款能否办理部分支取？

3. 以银行柜员的身份进行以下相应业务的处理，包括凭证审核、业务数据录入、凭证盖章与凭证处理。

（1）客户陈好于3月25日支取上一年11月8日存入的30 000元定活两便储蓄存款。

（2）客户周文于3月9日支取当年1月15日存入的15 000元定活两便储蓄存款。

任务活动3　定活两便储蓄存款利息计算

>> 业务背景

模拟银行金苑支行核算客户孙维定活两便储蓄存款销户时的利息。

>> 相关操作实例

例1　客户孙维于2025年5月3日存入一笔定活两便储蓄存款20 000元，于2025年8月8日支取，税后利息为多少？

解： 该笔存款实际存期为97天，超过3个月但不到6个月，故应按支取日整存整取定期储蓄存款3个月利率（年利率1.1%）打6折计算利息。其利息计算为：

应税利息 $= 20\ 000 \times 97 \times 1.1\% \times 60\% \div 360 = 35.57$（元）

利息税 $= 0$（元）

税后利息 $= 35.57$（元）

例2　客户田宇于2025年2月20日存入一笔定活两便储蓄存款10 000元，若该客户于2025年8月28日支取，税后利息为多少？

解： 该笔存款实际存期为189天，超过6个月但不到1年，故应按支取日整存整取定期储蓄存款6个月利率（年利率1.3%）打6折计算利息。其利息计算为：

应税利息 $= 10\ 000 \times 189 \times 1.3\% \times 60\% \div 360 = 40.95$（元）

利息税 = 0（元）

税后利息 = 40.95（元）

例3 客户田宇于2024年8月6日存入一笔定活两便储蓄存款25 000元，于2025年8月26日支取，税后利息为多少？

解：该笔存款实际存期为385天，超过1年，故应按支取日整存整取定期储蓄存款1年期利率（年利率1.5%）打6折计算利息。其利息计算为：

应税利息 = 25 000×385×1.5%×60%÷360 = 240.63（元）

利息税 = 0（元）

税后利息 = 240.63（元）

 动动脑与动动手

1. 定活两便储蓄存款利息计算的相关规定有哪些？

2. 目前定活两便储蓄存款不同存期计息所对应的存款利率是多少？

3. 以银行柜员的身份计算下列客户定活两便储蓄存款销户时的税后利息。

（1）客户陈好于上一年11月8日存入一笔定活两便储蓄存款30 000元，3月25日支取。

（2）客户周文于当年1月15日存入一笔定活两便储蓄存款15 000元，3月9日支取。

任务四 个人通知存款业务处理

一、个人通知存款的概念

个人通知存款是指客户在存入款项时不约定存期，支取时需提前通知银行，约定支取存款日期和金额方能支取存款的一种储蓄形式。个人通知存款不论实际存期多长，都按存款人提前通知的期限分为一天通知存款和七天通知存款两种。个人通知存款起存金额为5万元，一次整笔存入，可多次支取，每次支取最低金额为5万元。

二、个人通知存款计息规则

个人通知存款采用逐笔计息法计息。个人通知存款的利息按支取日挂牌公告的相应档次利率、支取金额、实存期限计算，利随本清。

对已办理通知手续而不支取或在通知期限内取消通知的，通知期限内不计息，即实际存期需剔除通知期限，七天通知存款存期剔除7天，一天通知存款存期剔除1天。

下列情况，按活期储蓄存款利率计息：

（1）实际存期不足通知期限的，按活期储蓄存款利率计息。

（2）未提前通知而支取存款的，支取部分按活期储蓄存款利率计息。

（3）已办理通知手续而提前支取或逾期支取的，支取部分按活期储蓄存款利率计息。

（4）支取金额不足或超过约定金额的，不足或超过部分按活期储蓄存款利率计息。

（5）支取金额不足最低支取金额的，按活期储蓄存款利率计息。

三、主要业务凭证印章

个人通知存款主要业务凭证印章包括：存款凭条、个人存款凭证、储蓄存单、通知存款通知/取消通知单、个人存款利息清单等。

1. 存款凭条（见表2-1-3和表2-1-4）

适用范围、联次介绍、填写要求、加盖印章等内容详见前述。

2. 个人存款凭证（见表2-1-5）

适用范围、联次介绍、填写要求、加盖印章等内容详见前述。

3. 储蓄存单（见表2-2-1）

适用范围、联次介绍、填写要求、加盖印章等内容详见前述。

4. 通知存款通知/取消通知单（见表2-4-1）

适用范围：用于记录个人通知存款业务中根据客户的申请进行取款预约登记的银行专用凭证。

联次介绍：一般为两联，第一联为客户联；第二联为银行留存联。

填写要求：由办理银行联机打印。

加盖印章：业务终了，银行留存联加盖业务公章与经办柜员名章，客户联加盖业务公章。

表2-4-1　通知存款通知/取消通知单

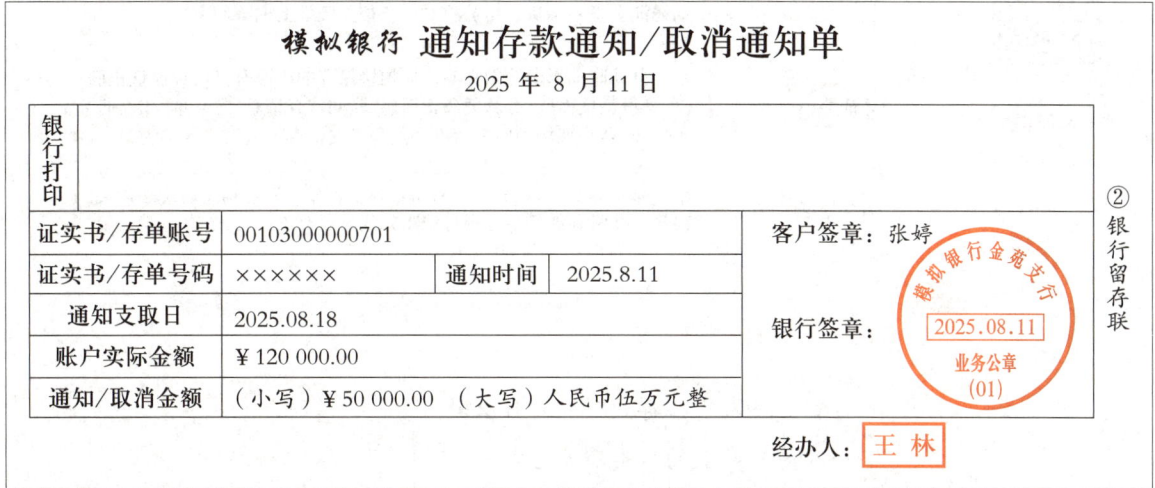

5. 个人存款利息清单（见表2-1-7）

适用范围、联次介绍、填写要求、加盖印章等内容详见前述。

【任务活动】

任务活动1　个人通知存款开户

>> 业务背景

客户孙维到模拟银行金苑支行办理个人通知存款开户业务。

>> 具体工作过程

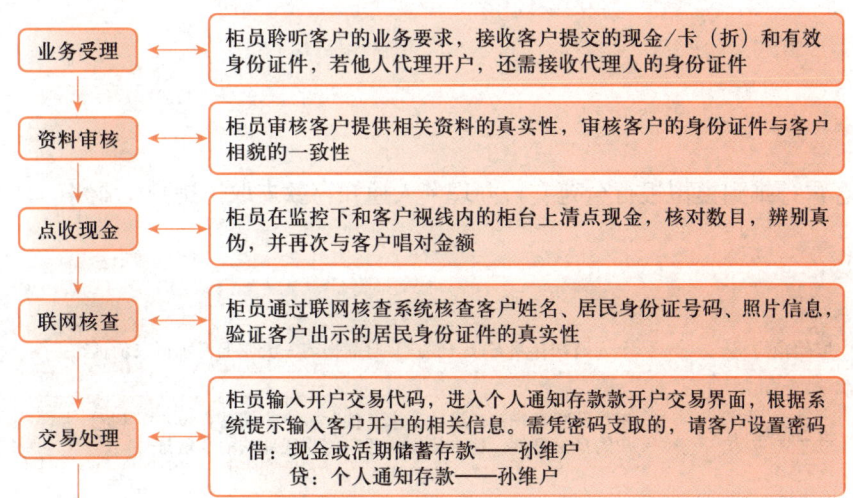

业务案例：
一笔值得柜员反思的错款

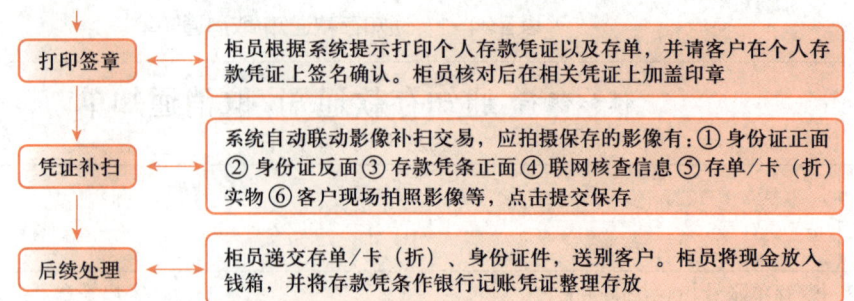

打印签章	柜员根据系统提示打印个人存款凭证以及存单，并请客户在个人存款凭证上签名确认。柜员核对后在相关凭证上加盖印章
凭证补扫	系统自动联动影像补扫交易，应拍摄保存的影像有：① 身份证正面 ② 身份证反面 ③ 存款凭条正面 ④ 联网核查信息 ⑤ 存单/卡（折）实物 ⑥ 客户现场拍照影像等，点击提交保存
后续处理	柜员递交存单/卡（折）、身份证件，送别客户。柜员将现金放入钱箱，并将存款凭条作银行记账凭证整理存放

 动动脑与动动手

1. 什么是个人通知存款？它有什么特点？

2. 个人通知存款的种类有哪些？

3. 以银行柜员的身份进行下列相应业务的处理，包括凭证审核、业务数据录入、凭证盖章与凭证处理。

（1）客户沈培培（身份证号码：33050119850906117，地址：杭州东清巷802号，电话：13615641789）于2月12日存入七天通知存款100 000元（存单号：7103655，账号：108924700653166），在2月18日通知银行要取款50 000元，并于2月25日到银行取款。

（2）客户陈丽红（身份证号码：330501197810210336，地址：杭州西湖大道1063号，电话：13502851367）于3月2日存入一天通知存款150 000元（存单号：3013796，账号：300908617866305），在3月19日通知银行要取款90 000元，并于3月20日到银行取款。

任务活动2　个人通知存款支取（销户）

》业务背景

客户孙维到模拟银行金苑支行办理个人通知存款支取（销户）业务。

》具体工作过程

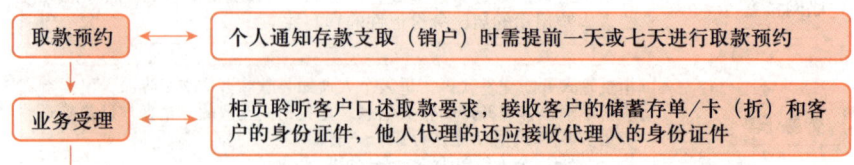

| 取款预约 | 个人通知存款支取（销户）时需提前一天或七天进行取款预约 |
| 业务受理 | 柜员聆听客户口述取款要求，接收客户的储蓄存单/卡（折）和客户的身份证件，他人代理的还应接收代理人的身份证件 |

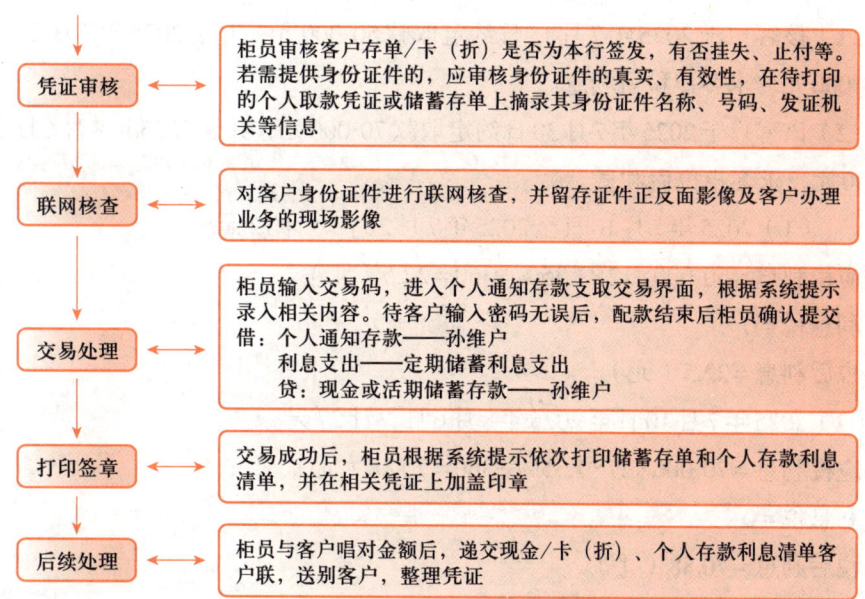

凭证审核	柜员审核客户存单/卡（折）是否为本行签发，有否挂失、止付等。若需提供身份证件的，应审核身份证件的真实、有效性，在待打印的个人取款凭证或储蓄存单上摘录其身份证件名称、号码、发证机关等信息
联网核查	对客户身份证件进行联网核查，并留存证件正反面影像及客户办理业务的现场影像
交易处理	柜员输入交易码，进入个人通知存款支取交易界面，根据系统提示录入相关内容。待客户输入密码无误后，配款结束后柜员确认提交 借：个人通知存款——孙维户 　　利息支出——定期储蓄利息支出 贷：现金或活期储蓄存款——孙维户
打印签章	交易成功后，柜员根据系统提示依次打印储蓄存单和个人存款利息清单，并在相关凭证上加盖印章
后续处理	柜员与客户唱对金额后，递交现金/卡（折）、个人存款利息清单客户联，送别客户，整理凭证

 动动脑与动动手

1. 个人通知存款可以分次支取吗？每次支取的最低金额是多少？

2. 说说银行办理个人通知存款支取业务的主要操作过程。

3. 以银行柜员的身份进行以下相应业务的处理，包括凭证审核、业务数据录入、凭证盖章与凭证处理。

（1）客户沈培培于2月12日存入七天通知存款100 000元后，在2月18日通知银行要取款50 000元，并于2月25日到银行取款。

（2）客户陈丽红于3月2日存入一天通知存款150 000元，在3月19日通知银行要取款90 000元，并于3月20日到银行取款。

任务活动3　个人通知存款利息计算

≫ 业务背景

模拟银行金苑支行核算客户孙维个人通知存款支取和销户时的利息。

≫ 相关操作实例

例1　客户孙维于2025年7月10日存入个人通知存款120 000元，约定办理七天通知存款（假设年利率为1.35%）。

（1）该客户于2025年7月15日约定取款50 000元，并于2025年7月22日支取50 000元，求客户税后利息。

（2）该客户于2025年7月30日约定取款70 000元，并于2025年8月6日支取70 000元，求客户税后利息。

解：（1）2025年7月10日至2025年7月22日，计12天。

应税利息 = 50 000×12×1.35%÷360 = 22.5（元）

利息税 = 0

税后利息 = 22.5（元）

（2）2025年7月10日至2025年8月6日，计27天。

应税利息 = 70 000×27×1.35%÷360 = 70.88（元）

利息税 = 0

税后利息 = 70.88（元）

例2　客户田宇于2025年7月25日存入个人通知存款80 000元，约定办理一天通知存款，该客户于2025年8月10日约定取款80 000元，并于2025年8月11日支取80 000元，求客户税后利息（假设年利率为0.8%）。

解：2025年7月25日至2025年8月11日，计17天。

应税利息 = 80 000×17×0.8%÷360 = 30.22（元）

利息税 = 0

税后利息 = 30.22（元）

例3　客户田宇于2025年8月15日存入个人通知存款150 000元，约定办理七天通知存款，若该客户未提前约定取款，于2025年8月26日支取150 000元，求客户税后利息（假设年利率为0.35%）。

解：2025年8月15日至2025年8月26日，计11天。

应税利息 = 150 000×11×0.35%÷360 = 16.04（元）

利息税 = 0

税后利息 = 16.04（元）

 动动脑与动动手

1. 个人通知存款在什么情况下按活期储蓄存款利率计息？

2. 目前一天通知存款和七天通知存款的存款利率分别是多少？

3. 以银行柜员的身份分别计算下列个人通知存款支取和销户时的税后利息。

（1）客户沈培培于2月12日存入一笔七天通知存款100 000元，2月18日通知银行要取款50 000元，2月25日到银行取款50 000元，3月3日又通知银行将支取剩下的50 000元，并于3月10日到银行销户。

（2）客户陈丽红于3月2日存入一笔一天通知存款150 000元，3月19日通知银行要取款90 000元，3月20日到银行取款90 000元，3月25日又通知银行将支取剩下的60 000元，并于3月26日到银行销户。

任务五　特殊业务处理

一、挂失业务

客户遗失储蓄存单、存折、银行卡、账户的密码等，均可申请挂失。客户办理正式挂失时，必须持本人身份证件，并提供姓名、存款时间、种类、金额、账号及住址等有关情况。如客户本人不能前往办理挂失，可委托他人代为办理。银行根据客户提供的资料，确认存款未被支取和未被冻结止付后，方可受理申请。银行在受理挂失申请前账户内的储蓄存款已被他人支取的，银行不负赔偿责任。

二、协助查询、冻结与扣划

1. 协助查询

协助查询是指金融机构依照有关法律或行政法规的规定以及有权机关查询的要求，将单位或个人存款的金额、币种以及其他存款信息告知有权机关的行为。

办理协助查询业务时，经办人员应当核实执法人员的工作证件，以及有权机关县团级以上（含）机构签发的协助查询存款通知书。司法机构处理案件、纠纷，行使司法权时，如有必要了解储户存款的有关情况，必须按照司法程序正式行文，由银行提供有关情况。司法部门在结案前也必须承担保密义务。

2. 协助冻结

协助冻结是指金融机构依照法律的规定以及有权机关冻结的要求，在一定时期内禁止单位或个人提取其存款账户内全部或部分存款的行为。

办理协助冻结业务时，金融机构经办人员应当核实以下证件和法律文书：

（1）有权机关执法人员的工作证件。

（2）有权机关县团级以上（含）机构签发的协助冻结存款通知书，法律、行政法规规定应当由有权机关主要负责人签字的，应当核实主要负责人签字。

（3）人民法院出具的冻结存款裁定书、其他有权机关出具的冻结存款决定书。

冻结的期限最长不超过6个月，如有特殊原因需要延长，应在冻结期满前重新办理冻结手续。逾期未重新办理冻结手续的，视为自动撤销冻结。解除冻结时，应由原通知单位提出正式的解除冻结存款通知书。

3. 协助扣划

协助扣划是指金融机构依照法律规定以及有权机关扣划的要求，将单位或个人存款账户内的全部或部分存款资金划拨到指定账户上的行为。

办理协助扣划业务时，金融机构经办人员应当核实以下证件和法律文书：

（1）有权机关执法人员的工作证件。

（2）有权机关县团级以上（含）机构签发的协助扣划存款通知书，法律、行政法规规定应当由有权机关主要负责人签字的，应当核实主要负责人签字。

（3）有关生效法律文书或行政机关的有关决定书。

三、假币收缴

根据《中国人民银行货币鉴别及假币收缴、鉴定管理办法》的有关规定：

（1）金融机构在办理存取款、货币兑换等业务时发现假币的，应当予以收缴。

（2）金融机构在收缴假币过程中有下列情形之一的，应当立即报告当地中国人民银行分支机构和公安机关：

①一次性发现假币5张（枚）以上和当地中国人民银行分支机构和公安机关发文另有规定的两者较小者；

②利用新的造假手段制造假币的；

③获得制造、贩卖、运输、持有或者使用假币线索的；

④被收缴人不配合金融机构收缴行为的；

⑤中国人民银行规定的其他情形。

（3）被收缴人对被收缴货币的真伪有异议，可以自收缴之日起3个工作日内，持《假币收缴凭证》直接或通过收缴单位向当地鉴定机构提出书面鉴定申请。鉴定单位应当即时回复能否受理鉴定申请，不得无故拒绝。

鉴定机构应当无偿提供鉴定服务，鉴定后应当出具按照中国人民银行统一规范制作的《货币真伪鉴定书》，并加盖货币鉴定专用章和鉴定人名章。

鉴定单位应当自受理鉴定之日起15个工作日内完成鉴定并出具《货币真伪鉴定书》。因情况复杂不能在规定期限内完成的，可以延长至30个工作日，但应当以书面形式向收缴单位或者被收缴人说明原因。

对盖有"假币"字样戳记的人民币纸币，经鉴定为真币的，由鉴定单位交收缴单位按照面额兑换完整券退还被收缴人，并收回《假币收缴凭证》，盖有"假币"字样戳记的人民币按不宜流通人民币处理；经鉴定为假币的，由鉴定单位予以没收，并向收缴单位和被收缴人开具《货币真伪鉴定书》和《假人民币没收收据》。

对收缴的外币纸币和各种硬币，经鉴定为真币的，由鉴定单位交收缴单位退还被收缴人，并收回《假币收缴凭证》；经鉴定为假币的，由鉴定单位将假币退回收缴单位依法收缴，并向收缴单位和持有人出具《货币真伪鉴定书》。

四、票币兑换

1. 残缺污损人民币的兑换标准

《中国人民银行残缺污损人民币兑换办法》规定：

（1）能辨别面额，票面剩余3/4（含3/4）以上，其图案、文字能按原样连接的残缺、污损人民币，应按原票面额给予全额兑换（见图2-5-1）。

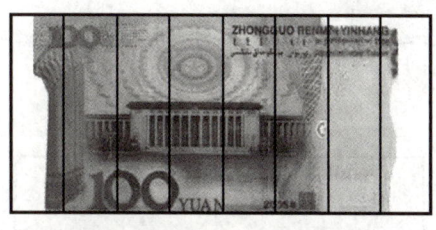

图 2-5-1 可全额兑换的残缺污损人民币

（2）能辨别面额，票面剩余1/2（含1/2）以上至3/4以下，其图案、文字能按原样连接的残缺、污损人民币，按原面额的一半兑换。纸币呈正十字形缺少1/4的，按原面额的一半兑换（见图2-5-2）。

2. 不予兑换的残损人民币

（1）票面残缺1/2以上者（见图2-5-3）；

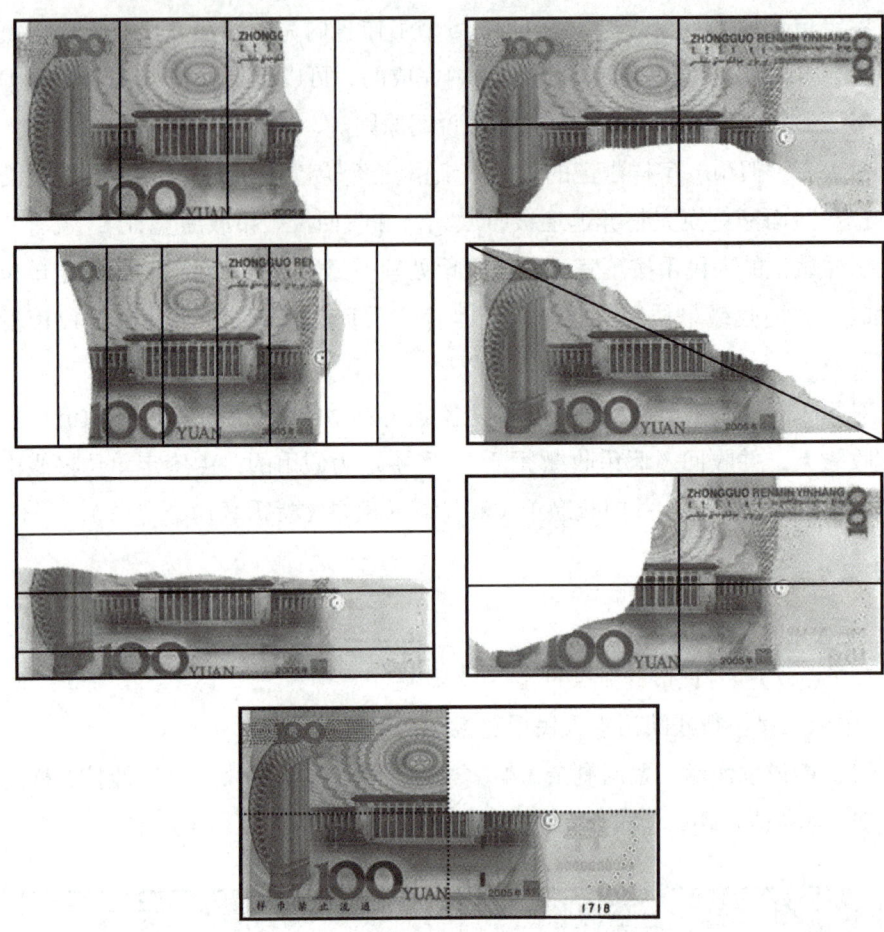

图 2-5-2　可半额兑换的残缺污损人民币

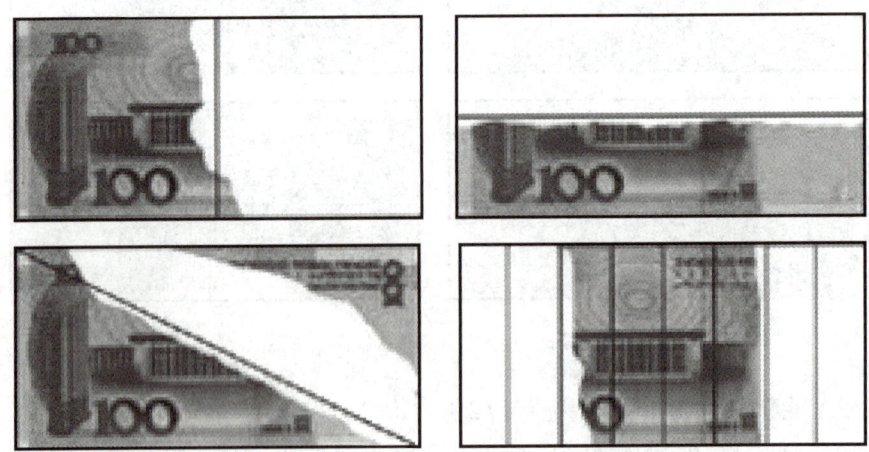

图 2-5-3　不可兑换

（2）票面污损、熏焦、水湿、油浸、变色不能辨别真假者；

（3）故意挖补、涂改、剪贴、拼凑、揭去一面者。

持有人如对残缺、污损的人民币兑换结果有异议，经持有人要求，金融机构应出具认定证明并退回该残缺、污损人民币。

持有人可凭认定证明到中国人民银行分支机构申请鉴定，中国人民银行应自申请日起5个工作日内作出鉴定并出具鉴定书。持有人可持中国人民银行的鉴定书及可兑换的残缺、污损人民币到金融机构进行兑换。

五、主要业务凭证印章

特殊业务处理时涉及的主要业务凭证印章包括个人挂失业务申请书、挂失手续费收费凭证、假币收缴凭证、金融机构特殊残缺污损人民币兑换单等。

1. 个人挂失业务申请书（见表2-5-1）

表2-5-1 个人挂失业务申请书

适用范围：是客户到银行申请办理挂失业务的书面凭证。

联次介绍：一般为两联，第一联为申请人挂失受理回执，第二联由银行留存保管。

填写要求：挂失申请书客户填写栏部分由客户填写，要求凭证各栏内容填写规范、正确、齐全、清晰。

加盖印章：业务终了，加盖业务公章和经办柜员名章。

2. 挂失手续费收费凭证（见表2-5-2）

表2-5-2　挂失手续费收费凭证

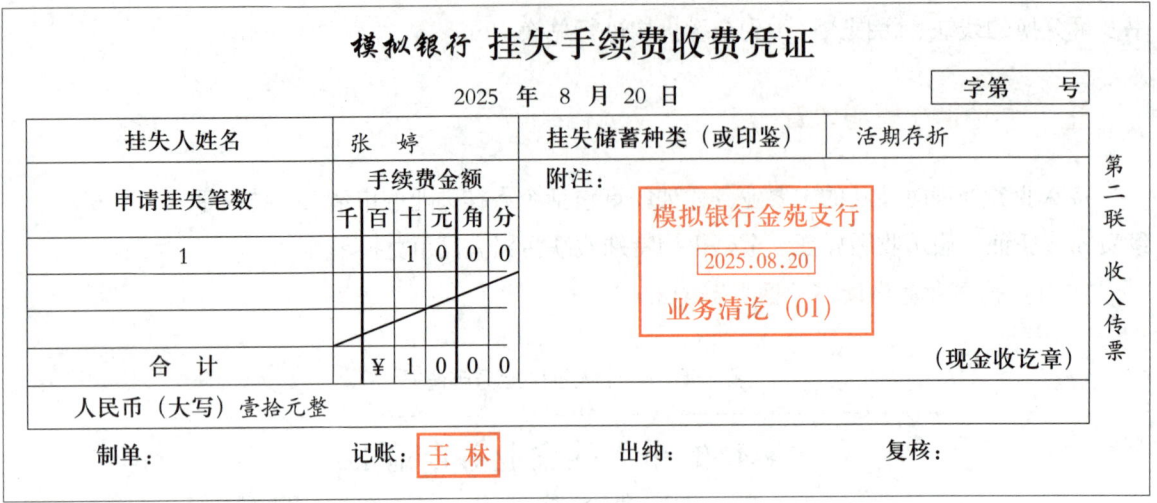

适用范围：是挂失业务中收取挂失手续费的银行专用凭证。

联次介绍：一般为两联，第一联为银行给客户的回单，第二联由银行作记账凭证。

填写要求：由办理银行联机打印，各项内容要素与对应办理的挂失业务内容相符。

加盖印章：业务终了，银行记账凭证加盖业务清讫章与经办柜员名章，回单联加盖业务清讫章。

3. 假币收缴凭证（见表2-5-3）

适用范围：用于收缴假币的银行专用凭证。

联次介绍：一般为两联，第一联为银行留存联，第二联交持币人收存。

填写要求：由办理银行联机打印，各项内容要素与对应办理的假币收缴业务内容相符。

加盖印章：业务终了，加盖业务公章和经办、复核柜员名章。

4. 金融机构特殊残缺污损人民币兑换单（见表2-5-4）

适用范围：作为特殊残缺污损人民币兑换的金融机构专用凭证。

联次介绍：一般为三联，一联为金融机构留存，一联粘贴在专用袋上，一联交持有人。

填写要求：由办理银行联机打印或手工填写，各项内容要素与对应办理的残损币兑换业务内容相符。

加盖印章：业务终了，加盖业务公章和所有经办人员名章。

表 2-5-3　假币收缴凭证

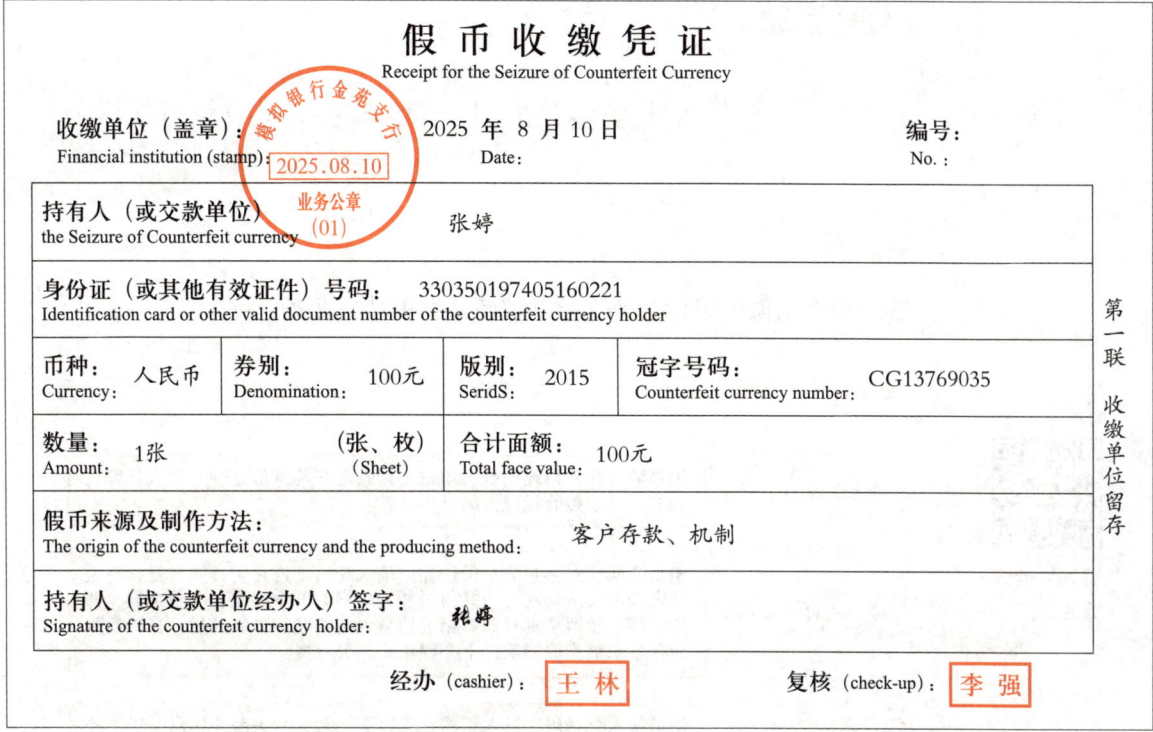

假 币 收 缴 凭 证
Receipt for the Seizure of Counterfeit Currency

收缴单位（盖章） Financial institution (stamp) :	2025 年 8 月 10 日 Date :		编号： No. :

持有人（或交款单位） the Seizure of Counterfeit currency	张婷

身份证（或其他有效证件）号码： Identification card or other valid document number of the counterfeit currency holder	330350197405160221

币种： Currency :	人民币	券别： Denomination :	100元	版别： SeridS :	2015	冠字号码： Counterfeit currency number :	CG13769035

数量： Amount :	1张	（张、枚） (Sheet)	合计面额： Total face value :	100元

假币来源及制作方法： The origin of the counterfeit currency and the producing method :	客户存款、机制

持有人（或交款单位经办人）签字： Signature of the counterfeit currency holder :	张婷

经办 (cashier)：　王 林　　　　　复核 (check-up)：　李 强

第一联　收缴单位留存

表 2-5-4　金融机构特殊残缺污损人民币兑换单

金融机构特殊残缺污损人民币兑换单

金融机构名称（业务公章）：　　　兑换日期：2025 年 8 月 15 日

特殊残缺污损人民币情况			兑换结果		
券别	版别	数量（张、枚）	全额（张、枚）	半额（张、枚）	兑换金额（元）
100元	2015	1	1		￥ 100.00
合　计		￥ 100.00			￥ 100.00

备 注	

业务主管　杨 平　　　复核　李 强　　　经办　王 林　　　持有人：陈 好

此单一式三联：一联金融机构留存；一联粘贴在专用袋上；一联交持有人。

【任务活动】

任务活动1 柜 面 挂 失

>> **业务背景**

客户孙维到模拟银行金苑支行办理储蓄存单挂失业务。

>> **具体工作过程**

微课：挂失
业务

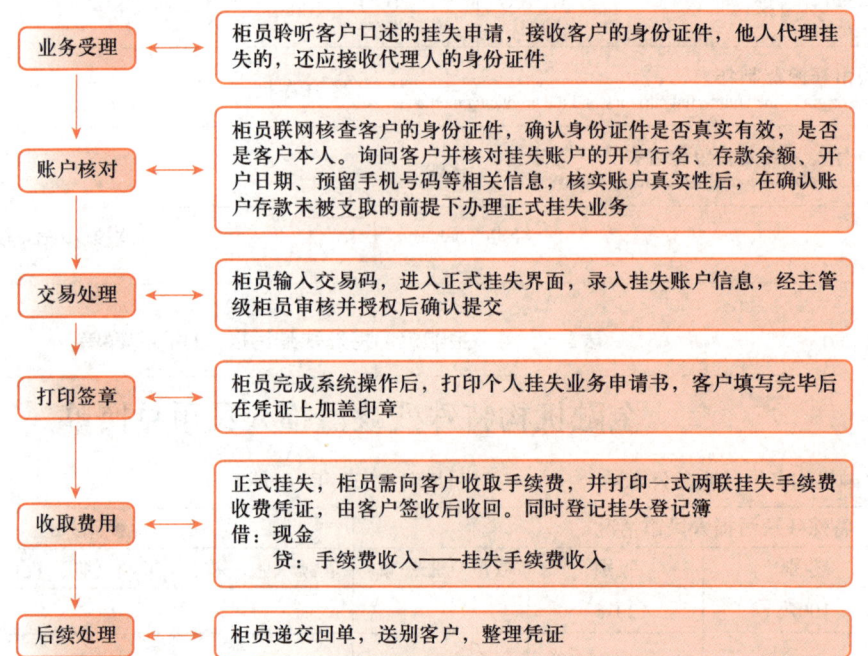

业务受理	↔	柜员聆听客户口述的挂失申请，接收客户的身份证件，他人代理挂失的，还应接收代理人的身份证件
账户核对	↔	柜员联网核查客户的身份证件，确认身份证件是否真实有效，是否是客户本人。询问客户并核对挂失账户的开户行名、存款余额、开户日期、预留手机号码等相关信息，核实账户真实性后，在确认账户存款未被支取的前提下办理正式挂失业务
交易处理	↔	柜员输入交易码，进入正式挂失界面，录入挂失账户信息，经主管级柜员审核并授权后确认提交
打印签章	↔	柜员完成系统操作后，打印个人挂失业务申请书，客户填写完毕后在凭证上加盖印章
收取费用	↔	正式挂失，柜员需向客户收取手续费，并打印一式两联挂失手续费收费凭证，由客户签收后收回。同时登记挂失登记簿 借：现金 　　贷：手续费收入——挂失手续费收入
后续处理	↔	柜员递交回单，送别客户，整理凭证

相关知识链接

口 头 挂 失

　　口头挂失是指在银行卡或存单（折）丢失后因紧急需要或其他原因不能立即到银行办理正式挂失时，为了保护资金安全而采取的一项应急挂失措施。口头挂失为临时挂失，客户可通过电话银行、网上银行、手机银行及柜台等渠道办理。口头挂失有效期一般为5天，有效期到期后，如果客户不到银行办理正式挂失，则会自动失效，但客户可以提出多次口头挂失。

动动脑与动动手

1. 什么是口头挂失？口头挂失应如何办理？

2. 说说银行办理正式挂失业务的主要操作过程。

3. 客户顾小英（身份证号：330104198606062122；地址：杭州市解放路105号二单元101室；电话：13571868782）于3月10日持本人身份证来申请其活期存折（账号：120200016886666；挂失金额：2 192元；开户日期：当年1月8日）挂失。

请以银行柜员的身份进行上述相应业务的处理，包括凭证审核、业务数据录入、凭证盖章与凭证处理。

任务活动2　柜面解挂

》》业务背景

客户孙维到模拟银行金苑支行办理储蓄存单解挂业务。

》》具体工作过程

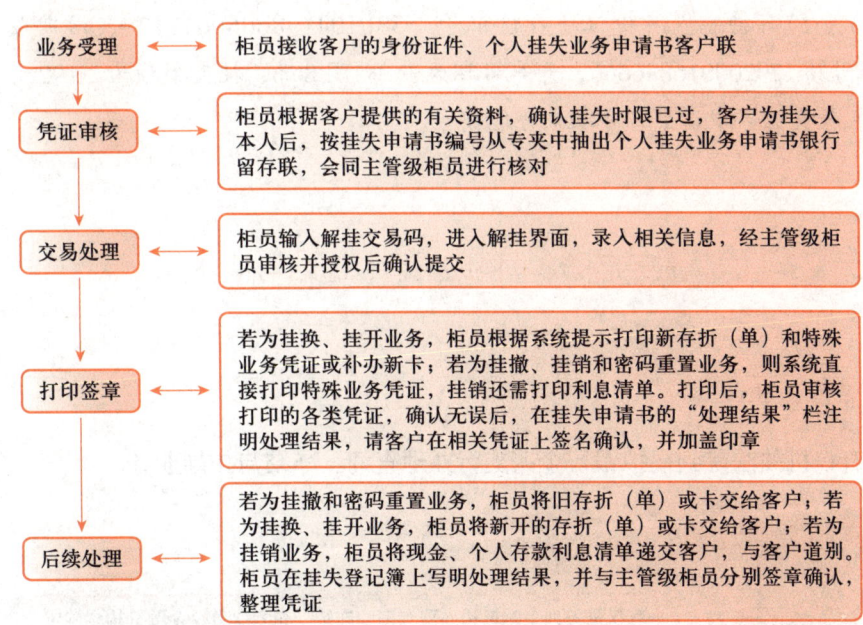

相关知识链接

　　客户办理正式挂失业务时，允许即挂即补和即挂即销，但大于等于10万元人民币或等值外币（具体金额不同银行规定不同）的整存整取、通知存款、定活两便等存单（折）或银行卡除外。客户必须在书面挂失3日后（具体时间不同银行规定不同）才能办理挂失补发或挂失销户手续。

 动动脑与动动手

　　1. 说说银行办理密码重置业务的主要操作过程。

　　2. 说说银行办理客户挂失销户的业务处理。

　　3. 以银行柜员的身份进行下列相应业务的处理，包括凭证审核、业务数据录入、凭证盖章与凭证处理。

　　（1）客户顾小英于3月10日来模拟银行金苑支行申请活期存款挂失后，于3月11日持本人身份证（身份证号为330104198606062122）、活期存折（账号为120200016886666，开户日期为当年1月8日，挂失金额为2 192元）、个人挂失业务申请书客户联来撤销挂失。

　　（2）客户顾小英于3月10日来模拟银行金苑支行申请活期存款挂失后，于3月17日持本人身份证（身份证号为330104198606062122）、活期存折（账号为120200016886666，开户日期为当年1月8日，挂失金额为2 192元）、个人挂失业务申请书客户联来办理销户。

任务活动3　协助查询、冻结与扣划

>> 业务背景

　　有权机关法院到模拟银行金苑支行办理查询、冻结与扣划业务。

>> 具体工作过程

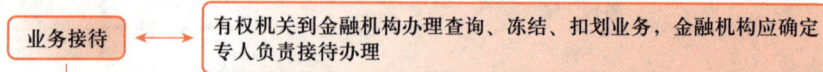

业务接待 ⟷ 有权机关到金融机构办理查询、冻结、扣划业务，金融机构应确定专人负责接待办理

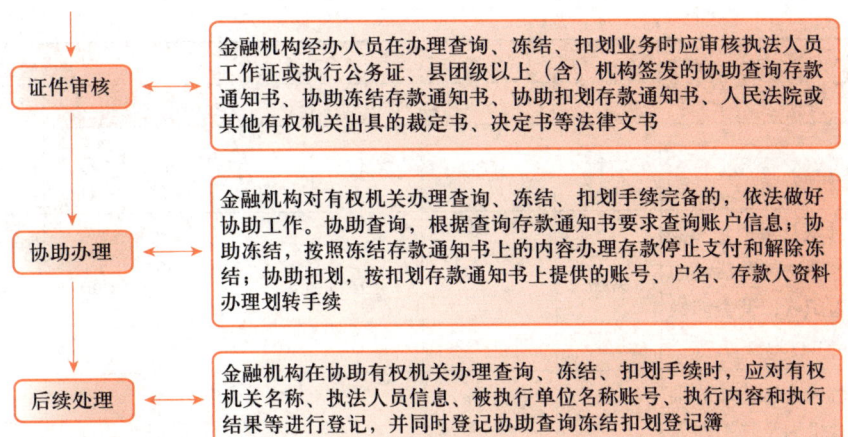

金融机构经办人员在办理查询、冻结、扣划业务时应审核执法人员工作证或执行公务证、县团级以上（含）机构签发的协助查询存款通知书、协助冻结存款通知书、协助扣划存款通知书、人民法院或其他有权机关出具的裁定书、决定书等法律文书

金融机构对有权机关办理查询、冻结、扣划手续完备的，依法做好协助工作。协助查询，根据查询存款通知书要求查询账户信息；协助冻结，按照冻结存款通知书上的内容办理存款停止支付和解除冻结；协助扣划，按扣划存款通知书上提供的账号、户名、存款人资料办理划转手续

金融机构在协助有权机关办理查询、冻结、扣划手续时，应对有权机关名称、执法人员信息、被执行单位名称账号、执行内容和执行结果等进行登记，并同时登记协助查询冻结扣划登记簿

相关知识链接

　　有权机关是指依照法律、行政法规的明确规定，有权查询、冻结、扣划单位或个人在金融机构存款的司法机关、行政机关、军事机关及行使行政职能的事业单位（见表2-5-5）。

表2-5-5　有权查询、冻结、扣划主要机关明细表

单位名称	业务背景	查询		冻结		扣划	
		单位	个人	单位	个人	单位	个人
人民法院	调查核实证据	有权	有权	有权	有权	有权	有权
人民检察院	侦查犯罪	有权	有权	有权	有权	有权	有权
税务机关	税收征收管理	有权	有权	有权	有权	扣缴应纳税款	
海关	走私犯罪侦查	有权	有权	有权	有权	扣缴税款	
公安机关	侦查犯罪	有权	有权	有权	有权	电信网络犯罪冻结资金返还	
监察机关	调查涉嫌贪污贿赂、失职渎职等严重职务违法或者职务犯罪	有权	有权	有权	有权	对违法取得的财物及孳息决定追缴或者责令退赔	
国家安全机关	办理危害国家安全的刑事案件	有权	有权	有权	有权	无权	无权
军队保卫部门	办理刑事案件	有权	有权	有权	有权	无权	无权
监狱	办理刑事案件	有权	有权	有权	有权	无权	无权
走私犯罪侦查机关	走私犯罪侦查	有权	有权	有权	有权	无权	无权
证券监督管理机构	对证券违法案件进行调查、审理或者执行	有权	有权	有权	有权	无权	无权

续表

单位名称	业务背景	查询		冻结		扣划	
		单位	个人	单位	个人	单位	个人
反洗钱行政主管部门	调查可疑交易活动	有权	有权	有权	有权	无权	无权
市场监督管理机关	调查涉嫌从事传销和变相传销等非法经营活动的单位和组织者；调查涉嫌不正当竞争行为	有权	有权	暂停结算		无权	无权
金融监督管理机关	调查涉嫌金融违法的银行业金融机构及其工作人员以及关联行为人与涉嫌违法经营的保险公司、保险代理人、保险经纪人、保险资产管理公司、外国保险机构的代表机构以及涉嫌违法事项有关的单位和个人	有权	有权	可以申请司法机关予以冻结或者查封		无权	无权
军队监察机关	调查贪污、贿赂、挪用公款等违反军队纪律的行为	有权	有权	必要时，可以提请有关法院采取保全措施，依法冻结有违反军队纪律嫌疑的单位和人员在银行或者其他金融机构的存款和有价证券		无权	无权
外汇管理机关	调查外汇违法事件	有权	有权（个人储蓄存款账户除外）	对有证据证明已经或者可能转移、隐匿违法资金等涉案财产或者隐匿、伪造、毁损重要证据的，可以申请人民法院冻结或者查封		无权	无权
审计机关	就审计事项的有关问题展开调查（含专项审计调查）	有权	有权	对其中在金融机构的有关存款需要予以冻结的，应当向人民法院提出申请		无权	无权
军队审计机构	办理审计事项	有权	有权	对其中在金融机构的存款和有价证券，需要予以冻结的，按照有关规定办理		无权	无权
公证机构	在办理继承公证过程中需要核实被继承人银行存款情况	无权	有权	无权	无权	无权	无权

动动脑与动动手

1. 银行经办人员应如何协助有权机关冻结？
2. 银行在协助有权机关查询、冻结、扣划时应当注意什么？
3. 选择一家银行咨询，了解其如何协助有权机关查询。

任务活动4 假 币 收 缴

>> 业务背景

银行柜员王林在办理客户存款业务中发现假币立即收缴。

>> 具体工作过程

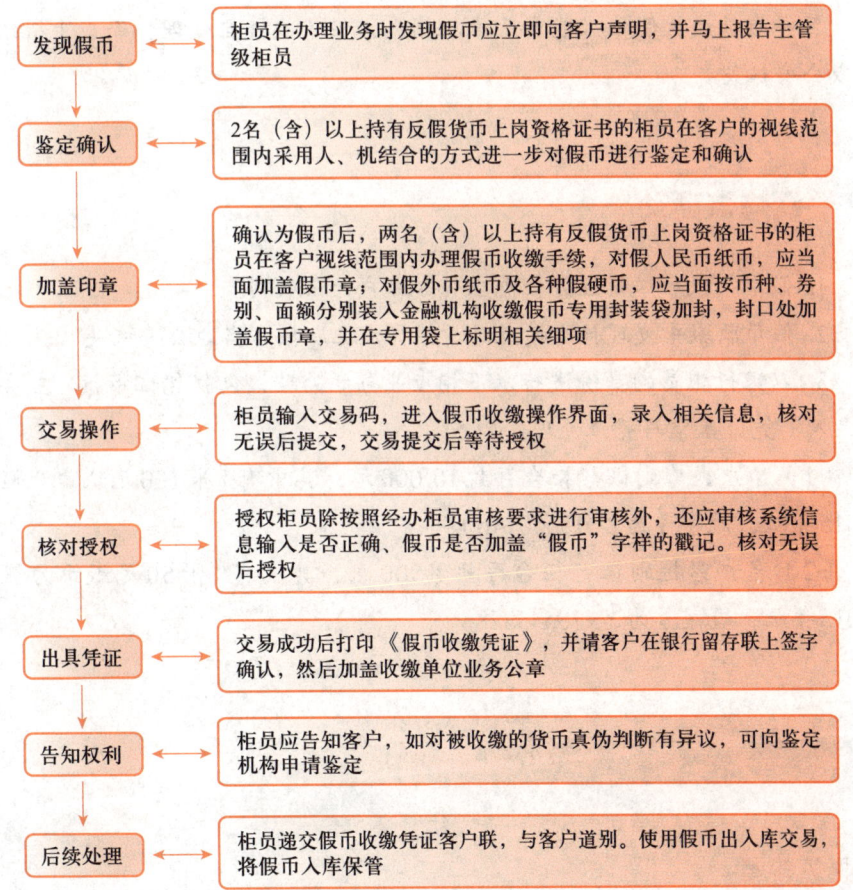

微课：假币
收缴

发现假币	柜员在办理业务时发现假币应立即向客户声明，并马上报告主管级柜员
鉴定确认	2名（含）以上持有反假货币上岗资格证书的柜员在客户的视线范围内采用人、机结合的方式进一步对假币进行鉴定和确认
加盖印章	确认为假币后，两名（含）以上持有反假货币上岗资格证书的柜员在客户视线范围内办理假币收缴手续，对假人民币纸币，应当面加盖假币章；对假外币纸币及各种假硬币，应当面按币种、券别、面额分别装入金融机构收缴假币专用封装袋加封，封口处加盖假币章，并在专用袋上标明相关细项
交易操作	柜员输入交易码，进入假币收缴操作界面，录入相关信息，核对无误后提交，交易提交后等待授权
核对授权	授权柜员除按照经办柜员审核要求进行审核外，还应审核系统信息输入是否正确、假币是否加盖"假币"字样的戳记。核对无误后授权
出具凭证	交易成功后打印《假币收缴凭证》，并请客户在银行留存联上签字确认，然后加盖收缴单位业务公章
告知权利	柜员应告知客户，如对被收缴的货币真伪判断有异议，可向鉴定机构申请鉴定
后续处理	柜员递交假币收缴凭证客户联，与客户道别。使用假币出入库交易，将假币入库保管

相关知识链接

假币收缴业务中常见情况的处理：

（1）假币被收缴人（客户）拒绝在收缴凭证上签字怎么办？

答：若客户拒绝在收缴凭证上签字，柜员应在客户签字栏注明"客户拒签"，并请主管级柜员签字证明。

（2）假币被收缴人（客户）坚持要看被收缴的假币怎么办？

答：如果假币持有人（客户）向银行柜员索要假币，银行柜员根据《中国人民银行货币鉴别及假币收缴、鉴定管理办法》中规定，不得将假币交与该持有人，以防假币重新流入社会。不过，这时候银行柜员可隔着柜台玻璃供持有人辨认，并耐心解释假币特征。同时告知被收缴人，如对鉴定结果有异议，可以自收缴之日起3个工作日内，持《假币收缴凭证》直接或者通过收缴单位向中国人民银行当地分支机构或中国人民银行授权的当地鉴定机构提出书面鉴定申请。

（3）柜员发现自己误收假币怎么办？

答：柜员误收假币只能自己承担损失，但不能擅自处理，而应上缴给银行或公安机关。

 动动脑与动动手

1. 假币收缴后银行经办柜员应告知客户什么权利？

2. 假币收缴中发现什么情况时，银行应立即报告当地公安机关？

3. 以银行柜员的身份进行以下相应业务的处理，包括凭证审核、业务数据录入、凭证盖章与凭证处理。

（1）客户钱勇到银行柜台存款10 000元，其中有1张100元纸币为假币（2015年版，冠字号为ZO13550146）。

（2）客户彭艳到银行柜台存款2 500元，其中有1张50元纸币为假币（2015年版，冠字号为YK78545328）。

任务活动5　票　币　兑　换

>> 业务背景

客户孙维到模拟银行金苑支行办理票币兑换业务。

>> 具体工作过程

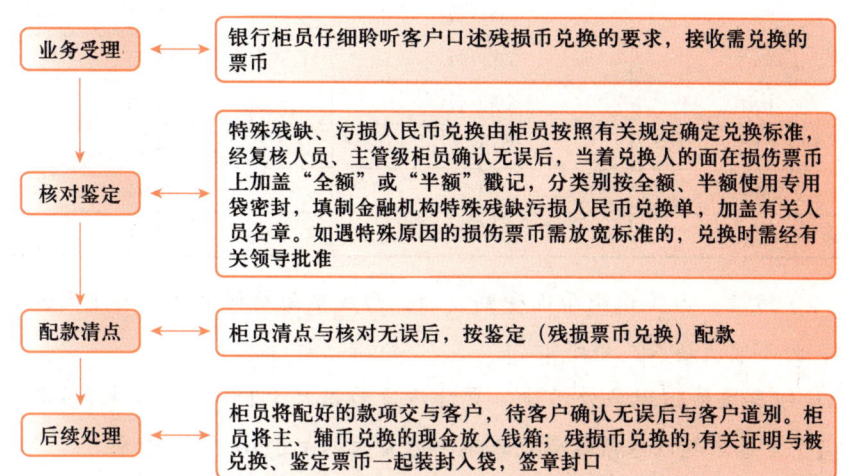

业务受理	→	银行柜员仔细聆听客户口述残损币兑换的要求，接收需兑换的票币
核对鉴定	→	特殊残缺、污损人民币兑换由柜员按照有关规定确定兑换标准，经复核人员、主管级柜员确认无误后，当着兑换人的面在损伤票币上加盖"全额"或"半额"戳记，分类别按全额、半额使用专用袋密封，填制金融机构特殊残缺污损人民币兑换单，加盖有关人员名章。如遇特殊原因的损伤票币需放宽标准的，兑换时需经有关领导批准
配款清点	→	柜员清点与核对无误后，按鉴定（残损票币兑换）配款
后续处理	→	柜员将配好的款项交与客户，待客户确认无误后与客户道别。柜员将主、辅币兑换的现金放入钱箱；残损币兑换的，有关证明与被兑换、鉴定票币一起装封入袋，签章封口

微课：残损币兑换

相关知识链接

不宜流通人民币纸币标准

2022年8月29日中国人民银行发布了金融行业标准《不宜流通人民币纸币》（JR/T 0153-2022），规定了不宜流通人民币纸币的类型、评价准则及检测和评价方法。具体如下：

（1）脏污。人民币纸币在流通过程中自然磨损、老化，使票面整体颜色改变，按照各面额人民币纸币采样点及规定的检测方法，检测人民币纸币的明度值，若人民币纸币的明度值小于等于表2-5-6规定的明度标准，为不宜流通人民币纸币。

表2-5-6 不宜流通人民币纸币明度标准表

面额	版别	明度
100元	2005版	83.39
	2015版	83.54
50元	2005版	83.41
	2019版	84.39
20元	2005版	82.89
	2019版	83.76
10元	2005版	82.85
	2019版	83.37

续表

面额	版别	明度
5元	2005版	83.71
	2020版	83.03
1元	1999版	84.06
	2019版	84.55
5角	1980版	78.94
1角	1980版	78.04

（2）污渍。人民币纸币因受到侵蚀，形成票面局部污渍，有下列情形之一的，为不宜流通人民币纸币。

①印刷区域出现多处污渍，累计污渍面积大于150平方毫米(污渍面积大于4平方毫米起计入累计量)，或单个污渍面积大于100平方毫米。

②非印刷区域出现多处污渍，累计污渍面积大于60平方毫米(污渍面积大于4平方毫米起计入累计量)，或单个污渍面积大于40平方毫米。

③污渍面积虽未超过规定标准，但遮盖重要防伪特征之一，影响防伪功能。

（3）脱墨。人民币纸币票面印刷图文出现部分或全部褪色，有下列情形之一的，为不宜流通人民币纸币。

①票面出现一处脱墨，脱墨面积大于100平方毫米。

②票面出现多处脱墨，累计脱墨面积大于80平方毫米(脱墨面积大于10平方毫米起计入累计量)。

③票面脱墨面积虽未超过规定标准，但任一重要防伪特征处脱墨严重，影响防伪功能。

（4）缺失。人民币纸币票面缺失，有下列情形之一的，为不宜流通人民币纸币。

①票面(不含4个角及安全线)缺失，单处缺失面积大于10平方毫米，或票面多处缺失，累计缺失面积大于12平方毫米(缺失面积大于4平方毫米起计入累计量)。

②票面单个缺角，其缺角面积大于20平方毫米，或票面多个缺角，累计缺角面积大于30平方毫米(缺角面积大于4平方毫米起计入累计量)。

③票面安全线缺失10毫米以上，或其他重要防伪特征之一缺失，影响防伪功能。

（5）粘贴。人民币纸币票面粘贴有胶带、纸张及其他物质，无法在不损害人民币纸币票面的情况下除去，有下列情形之一的，为不宜流通人民币纸币。

①票面出现一处粘贴物，粘贴物面积大于100平方毫米。

②票面出现多处粘贴物，累计粘贴物面积大于60平方毫米(粘贴面积大于10平方毫米起计入累计量)。

③粘贴物面积虽未超过规定标准，但遮盖了任一一处重要防伪特征的，影响防伪功能。

（6）撕裂。人民币纸币票面撕裂，有下列情形之一的，为不宜流通人民币纸币。

①票面出现一处撕裂，撕裂长度大于10毫米。

②票面出现多处撕裂，累计撕裂长度大于9毫米(撕裂长度大于3毫米起计入累计量)。

③撕裂长度虽未超过规定标准，但撕裂了任一一处重要防伪特征的，影响防伪功能。

（7）拼接。一张人民币纸币损坏为2部分(含)以上，通过粘贴等方式，按原样拼接的，为不宜流通人民币纸币。

（8）变形。人民币纸币形状、尺寸发生变化，票幅长边与标准规格相差2%以上，或票幅宽边与标准规格相差4%以上的，为不宜流通人民币纸币。

（9）涂写。人民币纸币票面出现人为涂写的文字、图画、符号或其他标记，有下列情形之一的，为不宜流通人民币纸币。

①票面出现一处涂写，其涂写面积大于100平方毫米。

②票面出现多处涂写，累计涂写面积大于40平方毫米(涂写面积大于4平方毫米起计入累计量)。

③票面涂写面积虽未超过规定标准，但遮盖了任一一处重要防伪特征的，影响防伪功能。

（10）皱折。人民币纸币票面出现皱褶、折痕，有下列情形之一的，为不宜流通人民币纸币。

①票面出现一处皱褶，褶纹明显，皱褶处纸质变软、起毛、无法恢复原状，皱褶长度大于10毫米。

②票面出现4处(含)以上皱褶，褶纹明显，皱褶处纸质变软、起毛、无法恢复原状，累计皱褶长度大于20毫米(皱褶长度大于6毫米起计入累计量)。

③票面出现贯穿人民币纸币的明显折痕，折痕处纸质变软、起毛。

（11）绵软。人民币纸币纸质变软、结构损坏，明显失去挺括度，按照人民币纸币弯曲挺度检测采样点位置及检测方法，检测的人民币纸币的弯曲挺度值，若小于或等于表2-5-7规定的弯曲挺度标准，为不宜流通人民币纸币。

表2-5-7　不宜流通人民币纸币弯曲挺度标准表

单位：牛

面额	弯曲挺度
100元	0.05
50元	0.03
20元	0.02
10元	0.03
5元	0.03
1元	0.04
5角	0.04
1角	0.04

（12）炭化。人民币纸币因受高温作用，形成票面局部炭化，有下列情形之一的，为不宜流通人民币纸币。

①票面出现一处炭化，其炭化面积大于10平方毫米。

②票面出现多处炭化，累计炭化面积大于18平方毫米（炭化面积大于4平方毫米起计入累计量）。

③票面炭化面积虽未超过规定标准，但任一一处重要防伪特征被炭化的，影响防伪功能。

动动脑与动动手

1. 残损币的兑换标准是什么？
2. 说说不宜流通人民币纸币标准。
3. 选择一家银行办理一笔主、辅币兑换业务，观察其票币兑换的操作过程。

德技并修与工匠精神

耐心服务化解假币风波

某日，一位客户来到银行网点办理人民币存款业务，当班柜员在详细为其清点现金时发现一张面值100元的人民币是假币，便告知该客户，并当面进行了假币收缴业务处理。当柜员在假币上盖上"假币"戳记后，这位客户说自己的钱刚从某行柜员机取来，不可能存在假币问题，要求柜员把这张假币拿出柜台给自己看，并在大厅内大声喊道："你们怎么回事？我刚刚取的钱凭什么说有假币呀？"

面对客户的无理举动，当班柜员没有生气，而是面带笑容地对她说："这位客户，对于这张假币，如果您有什么异议，可凭银行没收假币时出具的假币收缴凭证到中国人民银行去进行鉴定，如果有需要我们协助的，我们工作人员可以陪同您一起去，我们是执行反假币的业务单位，遇到假币要严格执行假币收缴制度，请您理解我们的工作，谢谢！"并反复向这位客户解释假币流通对社会带来的危害："如果这张假币继续流通到市场，就会有另外一个跟您一样的受害者。"柜员一番耐心细致的解释工作，化解了这位客户的不满情绪，一场假币风波就这样被成功化解。

银行网点收缴假币虽然是一项十分正常的日常工作，但往往不易得到客户的理解，听到自己的钱有假币时，大部分客户的第一反应往往是不认可或要索回假币。如果银行网点前台柜员为了不影响客户情绪，不严格执行假币收缴制度，把假币再交到客户手中，就有可能会使假币继续在社会上流通，给社会、给他人带来危害。

此案例中的银行柜员严格执行假币收缴制度，面对客户的无理取闹，耐心细致地做好客户思想工作，动之以情，晓之以理，最终得到了客户的理解。在日常工作中，秉持真诚为民的服务理念，养成依法合规操作的职业习惯，是每个银行柜员应该具备的职业素养与基本要求。

项目三

个人贷款业务处理

【学习目标】

素养目标

- 通过个人贷款业务基本规定的学习，强化学生严格遵守个人贷款业务相关制度规范的意识，加深学生对诚实守信的金融职业道德规范的理解
- 通过个人贷款业务具体操作流程规范的学习和训练，培养学生勤勉履职、合规操作的金融职业操守
- 通过个人贷款业务的风险教育，增强学生谨慎负责的金融风险防控意识

知识目标

- 了解个人贷款业务的基本规定
- 熟悉个人质押贷款、个人住房贷款、个人汽车消费贷款和个人信用消费贷款的有关规定和基本流程
- 掌握个人质押贷款和个人住房贷款业务处理规范和贷款利息计算方法

能力目标

- 能够按具体业务操作流程规范办理个人质押贷款的发放和收回、个人住房贷款的放贷与分期收贷等业务操作
- 能够计算个人质押贷款和个人住房贷款的利息
- 能够解答个人汽车消费贷款、个人信用消费贷款和国家助学贷款等其他个人贷款的有关咨询

【内容导航】

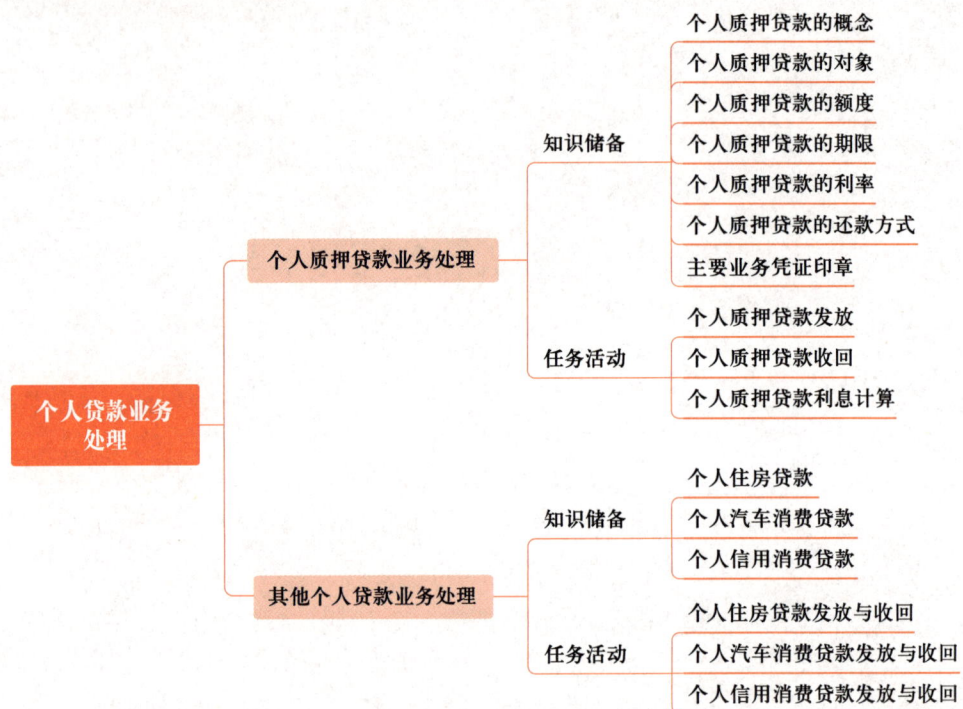

任务一　个人质押贷款业务处理

【知识储备】

一、个人质押贷款的概念

个人质押贷款是指借款人以本人或其他自然人的未到期本外币定期储蓄存单、凭证式国债、电子记账类国债、个人寿险保险单、理财产品以及银行认可的其他权利出质，由银行按权利凭证票面价值或记载价值的一定比例向借款人发放的人民币贷款。

微课：个人存单质押贷款

二、个人质押贷款的对象

个人质押贷款的对象是具有完全民事行为能力的自然人。

三、个人质押贷款的额度

个人质押贷款的最低额度各家银行规定各不相同，如工商银行的最低额度是500元。个人质押贷款的最高额度一般不超过质押权利凭证价值的90%。

四、个人质押贷款的期限

个人质押贷款的期限不超过质押权利凭证的到期日，一般以距离到期日最近的时间确定贷款期限。

五、个人质押贷款的利率

个人质押贷款利率以最近一个月相应期限的贷款市场报价利率（Loan Prime Rate，LPR）为定价基准加点形成。

六、个人质押贷款的还款方式

贷款期限在1年（含）以内的，一般采用一次还本付息的还款方式；贷款期限超过1年的，可采用按月（季）还息、一次还本，或按月等额本息、等额本金的还款方式。具体还款方式由经办银行与借款人协商并在借款合同中约定。

七、主要业务凭证印章

个人质押贷款业务涉及的业务凭证印章包括个人质押贷款申请审批表、质押凭证止付通知书、个人质押贷款借款凭证、还贷凭证、贷款利息凭证、抵（质）押物出入库单、质押凭证处理通知书等。

1. 个人质押贷款申请审批表（见表3-1-1）

适用范围：是客户向银行申请办理个人质押贷款的书面凭证。

联次介绍：一般为单联，由银行留存保管。

填写要求：个人质押贷款申请审批表客户填写栏为客户填写部分，要求凭证各栏内容填写规范、正确、齐全、清晰。

加盖印章：个人质押贷款申请审批表要加盖借款专用章。

表3-1-1 模拟银行个人质押贷款申请审批表

模拟银行个人质押贷款申请审批表

编号：

	借款申请人	出质人	出质人	出质人
姓名	钱慧	钱慧		
身份证件名称	居民身份证	居民身份证		
身份证件号码	330102198105183015	330102198105183015		
家庭地址	钱塘江路122-2-16	钱塘江路122-2-16		
工作单位	海丰科技有限公司	海丰科技有限公司		
联系电话	86732256	86732256		

模拟银行：金苑支行

　　本人申请借款金额 35 000.00 元，期限 2 个月，用途 购买家电 ，并以 壹 份总金额 50 000.00 元的 整整定期存单 作为质押担保。

申请人（签字）钱 慧

2025 年 6 月 20 日

以下内容由银行填写				
贷款金额	叁万伍仟元整	期　限	2个月	
基础利率	3.35%	利率浮动幅度		
调查意见： 　同意贷款 调查责任人：陈 明 2025 年 6 月 20 日		审查意见： 　同意贷款 审查责任人：郭丽文 2025 年 6 月 20 日		审批意见： 　同意贷款 审批责任人：金 全 2025 年 6 月 20 日

（印章：模拟银行金苑支行 借款专用章）

2. 质押凭证止付通知书（见表3-1-2）

适用范围：是记录银行将质押凭证止付的银行专用凭证。

联次介绍：一般为两联，第一联为止付通知，第二联为银行留存联。

填写要求：由办理银行联机打印，各项内容要素与对应办理的个人质押贷款业务内容相符。

加盖印章：贷款行通知存款行存款止付时需加盖借款专用章，存款行办理存款止付后需加盖储蓄专用章。

表3-1-2　质押凭证止付通知书

模拟银行 质押凭证止付通知书

编号：

贷款行行名			模拟银行金苑支行		存款行行名		模拟银行金苑支行		
序号	户名	凭证种类	账号	金额	存入日	到期日	到期日	利率(%)	密码
1	钱慧	整整定期存单	001040256132210	50 000.00	2022.9.25	2025.9.25		2.75	
2									
3									
4									

存款人已将上列质押凭证作为借款的质押，请贵行予以止付。止付期自贵行收到本通知书之日起至收到我行质押凭证处理通知书日止。在止付期内请不予办理上列质押凭证项下款项的支取/挂失等手续。

调查人　陈明　　审批人　金奎　　（借款专用章）（贷款行盖章）2025年6月20日

同意你行本通知书要求，并已于2025年6月20日办妥上列质押凭证止付手续。

经办人　王林　（储蓄专用章(01)）（存款行盖章）2025年6月20日

此联由贷款行贷款前送达存款行，存款行经核实并止付后留存。

第一联 止付通知

3. 个人质押贷款借款凭证（见表3-1-3）

适用范围：是记录银行发放个人质押贷款的银行专用凭证。

联次介绍：一般为六联，第一联为借款人回单；第二联作贷款账户的借方凭证（传票）；第三联作相关个人存款账户的贷方凭证；第四联由信贷部门留存；第五联为收款人收账通知；第六联由银行网点留存。

填写要求：由办理银行联机打印，各项内容要素与对应办理的个人质押贷款业务内容相符。

加盖印章：个人质押贷款借款凭证第二、三联借贷方传票加盖业务清讫章与经办柜员名章，其他联次加盖业务清讫章。

4. 还贷凭证（见表3-1-4）

适用范围：是记录银行收回各类贷款的银行专用凭证。

表3-1-3　个人质押贷款借款凭证

模拟银行 个人质押贷款借款凭证

2025 年 6 月 20 日

借款人	钱慧	收款人账号		331001022804566											
借款凭证号码	35026	委托扣款账号		331001022804566											
借款用途	购买家电	借款种类	个人质押贷款	借款月利率（‰）		2.792									
借款日期	2025 年 6 月 20 日	到期日期	2025 年 8 月 20 日	还款方式		利随本清									
借款金额（人民币大写）	叁万伍仟元整			千	百	十	万	千	百	十	元	角	分		
						¥	3	5	0	0	0	0	0		

银行打印确认栏：　客户姓名：钱慧　　账号：331001022804566　　　日期：20250620
业务种类：个贷　　　金额：35 000.00　　　币种：人民币
科目：个人质押贷款　　网点号：001　　　　柜员号：01002

模拟银行金苑支行
2025.06.20
业务清讫（01）

会计分录：
　　　　借：
　　　　　　贷：
记账：王 林　　　　复核：　　　　　　　　　年　月　日

上列贷款按合同号（　）模银＿＿＿字（　）第（　）号借款合同执行

第二联 会计部门作银行借方传票

表3-1-4　还 贷 凭 证

模拟银行 还贷凭证

还贷日期：　　　　　2025 年 8 月 12 日　　　　编号：

还 款 人	钱慧	借 款 人	钱慧										
存款户账号	331001022804566	贷款户账号	000156902860585										
开户银行	模拟银行金苑支行	开户银行	模拟银行金苑支行										
借款金额（人民币大写）	币种（大写）　叁万伍仟元整		亿	千	百	十	万	千	百	十	元	角	分
					¥	3	5	0	0	0	0	0	

模拟银行金苑支行
2025.8.12
业务清讫（01）

收回＿2025 年＿6 月＿20 日发放，＿2025 年＿8 月
＿20 日到期的贷款，该笔贷款尚欠本金(大写)
＿＿＿＿＿＿＿＿元。

记账：吕 丽　　　　复核：　　　　　　　还款人签章

第二联 作银行借方传票

　　联次介绍：一般为四联，第一联为还款人回单；第二联作银行借方传票；第三联作银行贷方传票；第四联作银行贷款管理凭证。

　　填写要求：由办理银行联机打印，各项内容要素与对应办理的贷款业务内容相符。

加盖印章：还贷凭证第二、第三联借贷方传票加盖业务清讫章与经办柜员名章，其他联次加盖业务清讫章。

5. 贷款利息凭证（见表3-1-5）

适用范围：是记录银行计收各类贷款利息的银行专用凭证。

联次介绍：一般为两联，第一联为银行给客户的回单；第二联由银行作记账凭证。

填写要求：由办理银行联机打印，各项内容要素与对应办理的贷款业务内容相符。

加盖印章：贷款利息凭证银行记账联加盖业务清讫章与经办柜员名章，回单联加盖业务清讫章。

表3-1-5　（个人质押贷款）贷款利息凭证

模拟银行　（个人质押贷款）贷款利息凭证（支款凭证）第一联				
2025 年 8 月 12 日				
付息单位	钱　慧	付息户账号		331001022804566
计息起讫日期	2025 年 6 月 20 日		2025 年 8 月 12 日
贷款户账号	卡片号	利息总积数	利率	利息金额
000156902860585	20386	1 855 000	3.35%	172.62
		（银行盖章）　吕　丽			

（银行盖章处印章：模拟银行金苑支行　2025.8.12　业务清讫（01）　吕丽）

6. 抵（质）押物出入库单（见表3-1-6）

适用范围：是记录银行将抵（质）押物出/入库保管的银行专用凭证。

联次介绍：一般为两联，第一联由会计部门留存；第二联交信贷部门凭以出入库。

填写要求：由办理银行联机打印，各项内容要素与对应办理的业务内容相符。

加盖印章：抵（质）押物出/入库时，两联凭证都需加盖经办部门的业务公章与经办柜员名章。

7. 质押凭证处理通知书（见表3-1-7）

适用范围：是记录银行将质押凭证解除止付的银行专用凭证。

联次介绍：一般为两联，第一联为质押凭证处理通知；第二联为质押凭证处理回单。

填写要求：由办理银行联机打印，各项内容要素与对应办理的个人质押贷款

表3-1-6 抵(质)押物出入库单

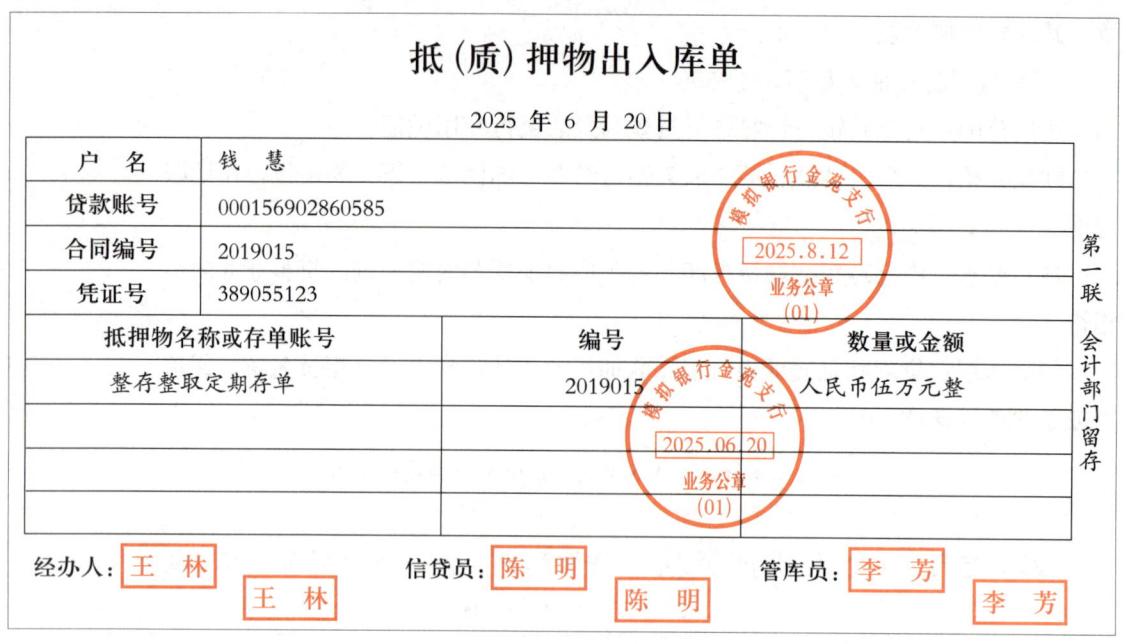

抵(质)押物出入库单

2025 年 6 月 20 日

户 名	钱 慧		
贷款账号	000156902860585		
合同编号	2019015		
凭证号	389055123		
抵押物名称或存单账号	编号		数量或金额
整存整取定期存单	2019015		人民币伍万元整

经办人 王 林　　　信贷员 陈 明　　　管库员 李 芳

第一联 会计部门留存

表3-1-7 质押凭证处理通知书

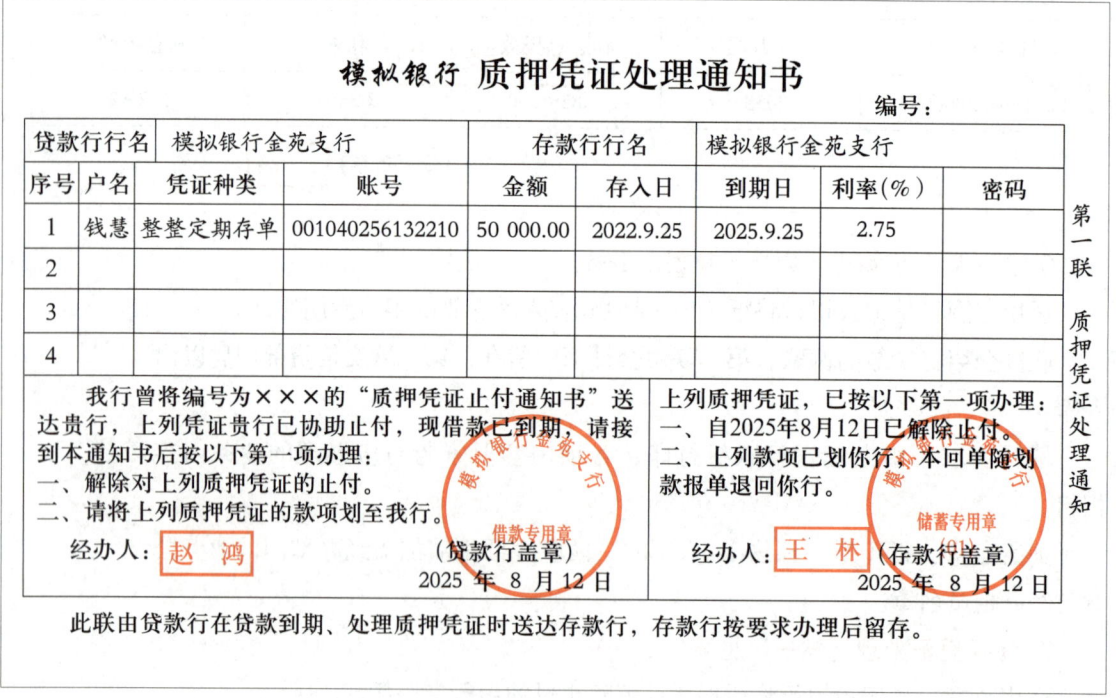

模拟银行 质押凭证处理通知书

编号:

贷款行行名	模拟银行金苑支行			存款行行名	模拟银行金苑支行			
序号	户名	凭证种类	账号	金额	存入日	到期日	利率(%)	密码
1	钱慧	整整定期存单	001040256132210	50 000.00	2022.9.25	2025.9.25	2.75	
2								
3								
4								

我行曾将编号为×××的"质押凭证止付通知书"送达贵行,上列凭证贵行已协助止付,现借款已到期,请接到本通知书后按以下第一项办理:
一、解除对上列质押凭证的止付。
二、请将上列质押凭证的款项划至我行。
经办人 赵 鸿　　　(贷款行盖章)
2025 年 8 月 12 日

上列质押凭证,已按以下第一项办理:
一、自2025年8月12日已解除止付。
二、上列款项已划你行,本回单随划款报单退回你行。
经办人 王 林　(存款行盖章)
2025 年 8 月 12 日

此联由贷款行在贷款到期、处理质押凭证时送达存款行,存款行按要求办理后留存。

第一联 质押凭证处理通知

业务内容相符。

加盖印章:贷款行通知存款行解除存款止付时需加盖借款专用章,存款行办理存款解除止付后需加盖储蓄专用章。

【任务活动】

任务活动1　个人质押贷款发放

>> 业务背景

客户钱慧到模拟银行金苑支行申请办理个人质押贷款。

>> 具体工作过程

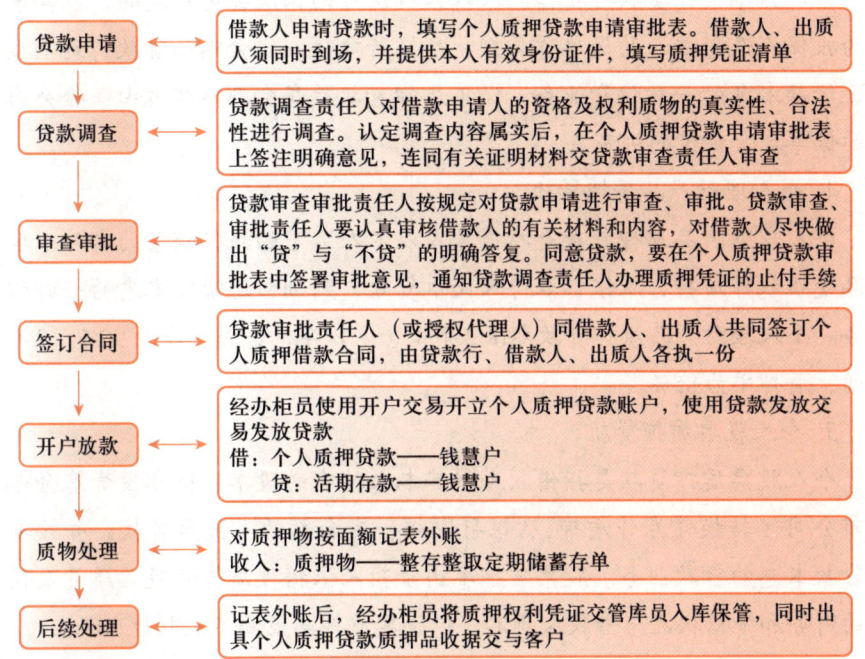

贷款申请	借款人申请贷款时，填写个人质押贷款申请审批表。借款人、出质人须同时到场，并提供本人有效身份证件，填写质押凭证清单
贷款调查	贷款调查责任人对借款申请人的资格及权利质物的真实性、合法性进行调查。认定调查内容属实后，在个人质押贷款申请审批表上签注明确意见，连同有关证明材料交贷款审查责任人审查
审查审批	贷款审查审批责任人按规定对贷款申请进行审查、审批。贷款审查、审批责任人要认真审核借款人的有关材料和内容，对借款人尽快做出"贷"与"不贷"的明确答复。同意贷款，要在个人质押贷款审批表中签署审批意见，通知贷款调查责任人办理质押凭证的止付手续
签订合同	贷款审批责任人（或授权代理人）同借款人、出质人共同签订个人质押借款合同，由贷款行、借款人、出质人各执一份
开户放款	经办柜员使用开户交易开立个人质押贷款账户，使用贷款发放交易发放贷款 借：个人质押贷款——钱慧户 　　贷：活期存款——钱慧户
质物处理	对质押物按面额记表外账 收入：质押物——整存整取定期储蓄存单
后续处理	记表外账后，经办柜员将质押权利凭证交管库员入库保管，同时出具个人质押贷款质押品收据交与客户

相关知识链接

个人质押贷款的种类主要有个人存单质押贷款、个人国债质押贷款、个人保单质押贷款、个人理财产品质押贷款和个人股票质押贷款。

1. 个人存单质押贷款

个人存单质押贷款是借款人以未到期的个人本、外币定期存单作质押，从银行取得一定金额的人民币贷款，并按期偿还贷款本息的贷款业务。以人民币储蓄定期存单出质，贷款期限在1年以内的，贷款额度最高为质押权利凭证面值的90%；贷款期限在1年以上的，贷款额度最高为质押权利凭证面值的80%。以外币定期存单出质的，根据币种的汇率风险等因素确定质押比率，贷款金额最高为存单面值按当日公布外汇买入价折合人民币价值的80%。

2. 个人国债质押贷款

个人国债质押贷款是指借款人以银行承销的未到期的国债作质押，从银行取得人民币贷款，到期归还贷款本息的一种贷款业务。个人国债质押贷款可接受的国债包括凭证式国债、记账式国债和储蓄式国债。凭证式国债（电子记账），贷款期限在1年以内的，金额不得高于国债面值的90%；贷款期限在1年以上的，金额不得高于国债面值的80%。记账式国债，贷款金额不超过发行价、质押当日市场价和面值三者中最低者的80%。

3. 个人保单质押贷款

个人保单质押贷款是指借款人以银行认可的保险公司签发的、以其本人作为投保人及受益人的保单作质押，从银行取得一定金额的贷款，到期按约归还贷款本息的一种信贷业务。保单质押贷款最高金额不超过由保险公司确认的保单现金价值的90%。

4. 个人理财产品质押贷款

个人理财产品质押贷款是指借款人以本人名下的银行销售的本外币理财产品受益权作质押，从银行取得人民币贷款，到期归还贷款本息的一种信贷业务。个人理财产品质押贷款期限2年（含）以下的，质押率为90%；2年以上的，质押率为85%。

5. 个人股票质押贷款

个人股票质押贷款是指借款人以其本人持有的股票、证券投资基金券和上市公司可转换债券作质押，从银行取得一定金额的人民币贷款，并按期偿还贷款本息的贷款业务。股票质押率由贷款人依据被质押的股票质量及借款人的财务和资信状况与借款人商定，但股票质押率最高不能超过60%。

 动动脑与动动手

1. 什么是个人理财产品质押贷款？

2. 个人存单质押贷款业务的相关规定有哪些？

3. 8月18日上午，方琼持一张存期为两年的80 000元面额的整存整取定期储蓄存单（开户日期为前年12月10日，本银行存单）申请办理个人质押贷款，贷款金额为50 000元，贷款期限为3个月（收款账号：331008006457133）。

以银行柜员的身份进行上述相应业务的处理，包括凭证审核、业务数据录入、凭证盖章与凭证处理。

任务活动2　个人质押贷款收回

>> 业务背景

客户钱慧到模拟银行金苑支行办理个人质押贷款还贷事宜。

>> 具体工作过程

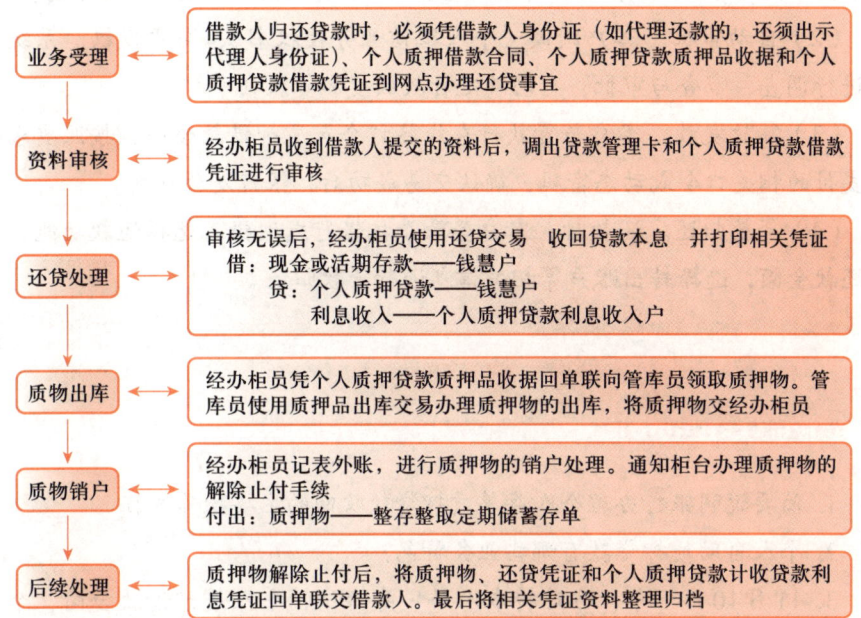

业务受理	借款人归还贷款时，必须凭借款人身份证（如代理还款的，还须出示代理人身份证）、个人质押借款合同、个人质押贷款质押品收据和个人质押贷款借款凭证到网点办理还贷事宜
资料审核	经办柜员收到借款人提交的资料后，调出贷款管理卡和个人质押贷款借款凭证进行审核
还贷处理	审核无误后，经办柜员使用还贷交易　收回贷款本息　并打印相关凭证 　　借：现金或活期存款——钱慧户 　　贷：个人质押贷款——钱慧户 　　　　利息收入——个人质押贷款利息收入户
质物出库	经办柜员凭个人质押贷款质押品收据回单联向管库员领取质押物。管库员使用质押品出库交易办理质押物的出库，将质押物交经办柜员
质物销户	经办柜员记表外账，进行质押物的销户处理。通知柜台办理质押物的解除止付手续 付出：质押物——整存整取定期储蓄存单
后续处理	质押物解除止付后，将质押物、还贷凭证和个人质押贷款计收贷款利息凭证回单联交借款人。最后将相关凭证资料整理归档

相关知识链接
个人自助质押贷款

　　为了让广大客户更方便的办理贷款业务，银行推出了个人自助质押贷款，个人自助质押贷款是指个人客户以其本人在银行的金融资产设定质押，通过"在线自助申请、系统自动审批、实时发放"的程序办理的个人贷款业务。

　　1. 业务特色

　　（1）网络办理。通过网上银行、手机银行完成申请、审批、签约、放款流程。

　　（2）随借随还。可通过网上银行、手机银行随时申请用款，办理提前还款。

　　（3）贷款额度。贷款额度不超过金融资产价值的90%，单户最高1000万元。

　　（4）贷款期限。贷款期限不超过金融资产到期日，具体各家银行规定不同。

　　2. 申办条件

　　（1）年满18周岁且不超过65周岁，具有中华人民共和国国籍、具有完全民事行为能力。

（2）银行电子银行客户，持有银行颁发的安全认证工具。

（3）能够提供合格的金融资产设定质押。

（4）申请贷款时不存在逾期贷款和逾期信用卡透支。

3. 办理流程

（1）在线申请。客户登录手机银行或网银，选择质押贷款功能，选择质押物类型，输入贷款金额，选择贷款用途等相关信息进行个人质押贷款申请。

（2）自动审批。客户阅读《个人征信业务授权书》，同意授权。系统自动进行调查、审查与审批，自动确定贷款额度和贷款利率。

（3）贷款发放。客户与贷款行在线签订个人质押借款合同，按照要求输入支付的相关口令或动态密码，确认交易成功后，银行发放贷款。

（4）贷款归还。还款时，客户登录手机银行或网银，选择还款功能，输入还款金额，选择转出账户等相关信息进行贷款归还。

 动动脑与动动手

1. 简要说明银行办理个人存单质押贷款收回的主要操作过程。

2. 个人自助质押贷款有哪些业务特色？

3. 11月10日下午，方琼持本人居民身份证、个人质押借款合同、个人质押贷款质押品收据和个人质押贷款借款凭证，到模拟银行金苑支行归还在8月18日所贷的50 000元个人质押贷款（贷款账号：200185366927006）。

以银行柜员的身份进行上述相应业务的处理，包括凭证审核、业务数据录入、凭证盖章与凭证处理。

任务活动3　个人质押贷款利息计算

》 业务背景

模拟银行金苑支行核算个人质押贷款利息。

》 相关操作实例

例1　2025年7月15日，客户李枫持一份期限为三年在本行购买的100 000

元面额的凭证式国债（开户日期为2022年10月20日）来行申请办理个人质押贷款，贷款金额为90 000元，贷款期限为1个月，假设贷款利率为3.35%。2025年8月15日，李枫到银行归还到期贷款。请计算贷款利息。

　　解：90 000×1×3.35%÷12＝251.25（元）

　　例2　2025年6月20日，客户钱慧持一张存期为三年的50 000元面额的人民币整存整取定期储蓄存单（开户日期为2022年9月25日的本行存单）来行申请办理个人质押贷款，贷款金额为35 000元，贷款期限2个月，假设贷款利率3.35%。2025年8月12日钱慧到银行归还贷款。请计算贷款利息。

　　解：35 000×53×3.35%÷360＝172.62（元）

相关知识链接　　　计算个人质押贷款利息的注意事项

　　（1）关于个人质押贷款期限的计算，按月归还的每期按30天计算，按季归还的每期按90天计算，按年归还的每期按360天计算，不满一个月的按实际天数计算（如果贷款银行规定个人质押贷款期限按实际天数计算的，则应根据实际天数计算贷款利息）。

　　（2）个人质押贷款采用一次还本付息方式还贷的，其计算公式：

　　贷款利息＝贷款本金×贷款天数×贷款利率

　　（3）借款人未按期偿还贷款本息时，自约定还款日次日起按中国人民银行的规定计收逾期利息；采用到期一次还本付息方式且贷款逾期超过1个月的，采用其他还款方式且拖欠已到期贷款3个月以上的，银行有权处置存单和凭证式国债等质押权利凭证，用于抵偿贷款本息。

　　（4）借款人提前还款时，按原定利率和实际天数计收利息，不随期限、利率的变化而调整。

动动脑与动动手

　　1. 个人质押贷款利息计算时利率应如何确定？

　　2. 个人质押贷款若发生逾期应如何处理？

　　3. 8月18日，方琼持一张存期为二年的80 000元面额的人民币整存整取定期储蓄存单（开户日期为前年12月10日，本银行存单）申请个人质押贷款，贷款金额为50 000元，贷款期限为3个月，假设贷款利率为4.5%。11月10日方琼到银行归还贷款。请计算贷款利息。

4. 7月25日，赵宇持一张存期为二年的50 000元面额的人民币整存整取定期储蓄存单（开户日期为前年10月19日，本银行存单）申请个人质押贷款，贷款金额为28 000元，贷款期限为2个月，假设贷款利率为4.5%。9月25日赵宇到期归还贷款。请计算贷款利息。

任务二　其他个人贷款业务处理

【知识储备】

一、个人住房贷款

个人住房贷款是银行向借款人发放的用于购买自用普通住房的贷款。

（1）贷款对象：凡具有完全民事行为能力的自然人，在符合下列条件的情况下都可以申请银行个人住房贷款。

① 合法有效的身份或居留证明；② 有稳定的经济收入、良好的信用和偿还贷款本息的能力；③ 有合法有效的购买住房的合同、协议以及贷款银行要求提供的其他证明文件；④ 有贷款银行认可的资产进行抵押或质押，或有足够代偿能力的法人、其他经济组织或自然人作为保证人；⑤ 贷款银行规定的其他条件。

（2）贷款额度：申请个人住房贷款购买第一套自住住房的，贷款额度一般不超过购房总价或银行认可的房地产评估机构评估价值的85%；对购买第二套以上(含第二套)住房的，应适当提高首付款比例。

（3）贷款期限：银行可根据实际情况，合理确定贷款期限，但最长不得超过30年。

（4）担保方式：个人住房贷款可实行抵押、质押和保证三种担保方式。贷款银行可根据借款人的具体情况，采用一种或同时采用几种贷款担保方式。

（5）贷款利率：根据贷款期限长短，以最近一个月相应期限的贷款市场报价利率（LPR）为定价基准加点形成。

二、个人汽车消费贷款

个人汽车消费贷款是商业银行向申请购买汽车的借款人发放的担保贷款。

（1）贷款对象：年龄在18-60周岁，具有完全民事行为能力的自然人，符合下列条件的情况下都可以申请个人汽车消费贷款。

① 具有当地常住户口或有效身份证明，有固定的住址；② 具有稳定、合法的收入来源或个人合法资产，足够偿还贷款本息；③ 具备贷款银行认可的信用资格，并能够提供有效担保；④ 能够支付规定的首期付款；⑤ 如所购车辆为商用车的，借款人应具备合法运营资格；⑥ 贷款人规定的其他条件。

（2）贷款额度：所购车辆为自用车的，贷款金额不超过所购汽车价格的80%；所购车辆为商用车的，贷款金额不超过所购汽车价格的70%，其中，商用载货车贷款金额不超过所购汽车价格的60%；自用新能源汽车贷款最高发放比例为85%，商用新能源汽车贷款最高发放比例为75%；二手车贷款最高发放比例为70%。2024年4月3日中国人民银行、国家金融监管总局联合印发《关于调整汽车贷款有关政策的通知》，此次通知将自用传统动力汽车自用新能源汽车贷款发放比例调整为由金融机构自主确定，贷款最高发放比例可达到100%，即按所购汽车价格全额发放。

（3）贷款期限：借款人所购车辆为自用车的，贷款期限（含展期）不得超过5年；所购车辆为商用车或二手车，贷款期限（含展期）不得超过3年。

（4）贷款担保：申请个人汽车贷款，借款人须提供一定的担保措施，包括质押、以贷款所购车辆作抵押、房地产抵押、第三方保证等。还可采用购买个人汽车消费贷款履行保证保险的方式。

（5）贷款利率：根据贷款期限长短，以最近一个月相应期限的贷款市场报价利率（LPR）为定价基准加点形成。

（6）贷款偿还：采用按月(季)偿还贷款本息的方式，具体还款方式可采取等额本息还款法和等额本金还款法。贷款期限在1年以内(含1年)的可采用到期一次性偿还贷款本息的方式。

三、个人信用消费贷款

个人信用消费贷款是指银行以信用方式，向符合条件的借款人发放的，用于其本人及家庭具有明确消费用途的贷款。

（1）贷款对象:① 在中国境内有固定住所、有当地城镇常住户口、具有完全民事行为能力的中国公民；② 有正当且有稳定经济收入的良好职业，具有按期偿还贷款本息的能力；③ 遵纪守法，没有违法行为及不良信用记录；④ 在银行取得A-级（含）以上个人资信等级；⑤ 在银行开立个人结算账户；⑥ 银行规定的其他条件。

除具备以上基本条件外，还具备以下特定准入条件之一的借款人为信用贷款特定准入客户：① 为银行优质法人客户的中高级管理人员及高级专业技术人员；② 个人拥有自有资产达200万元（含）以上；③ 银行白金卡客户；④ 持有银行个人理财账户1年（含）以上且账户年度存款平均余额20万元（含）以上；⑤ 为银行个人贷款客户，贷款金额在50万元（含）以上且连续2年以上没有违约还款记录（含贷款已结清客户）。

（2）申请资料：① 本人有效身份证件；② 居住地址证明（户口簿等）；③ 个人职业证明；④ 借款申请人本人及家庭成员的收入证明；⑤ 银行规定的其他资料。

依借款人特定准入条件不同还需提供以下资料之一：① 优质法人客户单位人事部门出具的职务及专业技术级别的书面证明；② 个人拥有的各类金融资产如银行存款、债券和基金等凭证；个人（或配偶）名下房产所有权证；③ 银行白金卡客户资料；④ 银行理财账户客户证明资料；⑤ 银行个人贷款借款合同文本。

（3）贷款额度：贷款额度起点为1万元，具体贷款额度由各家银行根据客户的资信状况确定。

（4）贷款期限：贷款期限最长为5年。

（5）贷款利率：贷款利率以最近一个月相应期限的贷款市场报价利率（LPR）为定价基准加点形成。

（6）贷款偿还：贷款期限在1年（含）以内的采取按月付息，按月、按季或一次还本的还款方式；贷款期限超过1年的，采取按月还本付息的还款方式。

【任务活动】

任务活动1　个人住房贷款发放与收回

≫ 业务背景

客户朱明到模拟银行金苑支行申请办理个人住房贷款，银行经审查审批后同意发放该笔个人住房贷款，并按时分期收回该笔贷款。

≫ 具体工作过程

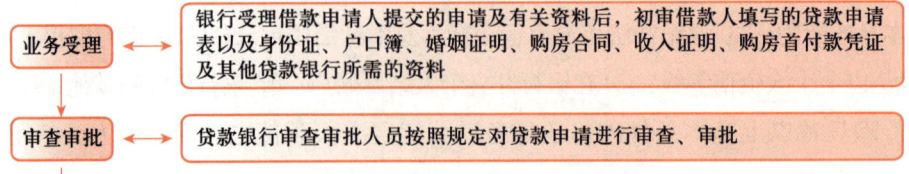

业务受理 ⟷ 银行受理借款申请人提交的申请及有关资料后，初审借款人填写的贷款申请表以及身份证、户口簿、婚姻证明、购房合同、收入证明、购房首付款凭证及其他贷款银行所需的资料

审查审批 ⟷ 贷款银行审查审批人员按照规定对贷款申请进行审查、审批

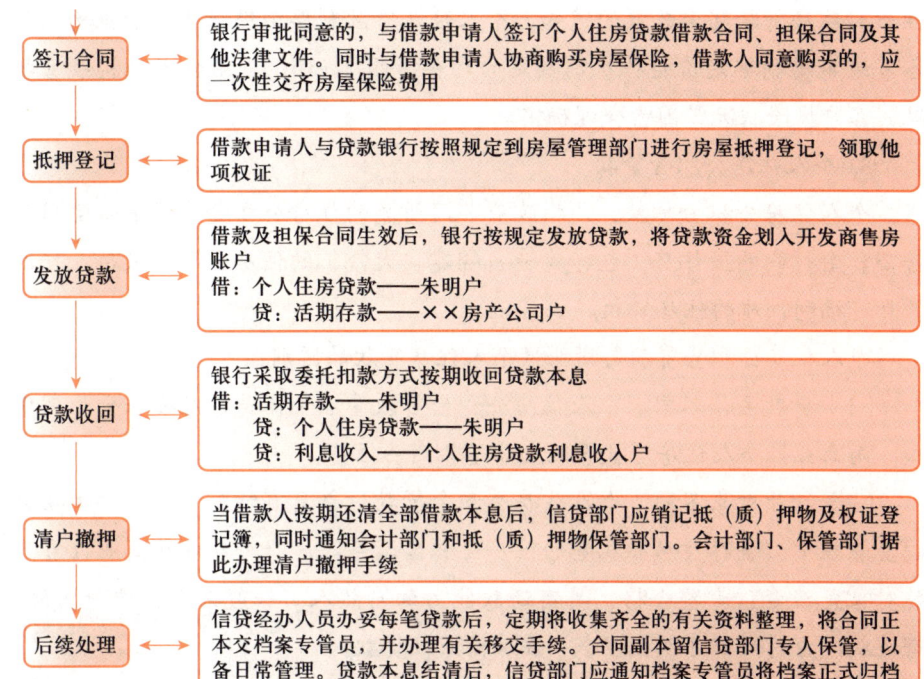

签订合同 ↔ 银行审批同意的，与借款申请人签订个人住房贷款借款合同、担保合同及其他法律文件。同时与借款申请人协商购买房屋保险，借款人同意购买的，应一次性交齐房屋保险费用

抵押登记 ↔ 借款申请人与贷款银行按照规定到房屋管理部门进行房屋抵押登记，领取他项权证

发放贷款 ↔ 借款及担保合同生效后，银行按规定发放贷款，将贷款资金划入开发商售房账户
借：个人住房贷款——朱明户
　　贷：活期存款——××房产公司户

贷款收回 ↔ 银行采取委托扣款方式按期收回贷款本息
借：活期存款——朱明户
　　贷：个人住房贷款——朱明户
　　贷：利息收入——个人住房贷款利息收入户

清户撤押 ↔ 当借款人按期还清全部借款本息后，信贷部门应销记抵（质）押物及权证登记簿，同时通知会计部门和抵（质）押物保管部门。会计部门、保管部门据此办理清户撤押手续

后续处理 ↔ 信贷经办人员办妥每笔贷款后，定期将收集齐全的有关资料整理，将合同正本交档案专管员，并办理有关移交手续。合同副本留信贷部门专人保管，以备日常管理。贷款本息结清后，信贷部门应通知档案专管员将档案正式归档

相关知识链接

1. 个人住房贷款的还款方式

个人住房贷款的还款方式主要有以下两种：

（1）等额本息还款法，即每月以相等的额度平均偿还贷款本息，直至期满还清为止。

其每月还款额的计算公式是：

$$每月还款额 = \frac{本金 \times 利率 \times (1+利率)^{还款总期数}}{(1+利率)^{还款总期数}-1}$$

（2）等额本金还款法，即每月等额偿还贷款本金，贷款利息随本金逐月递减。其每月还款额的计算公式是：

每月还款额 = 每月还款本金 + 每月还款利息

= 贷款本金/贷款期月数 + （本金 − 已归还累计本金）× 月利率

借款人可以根据自己不同情况和需要选择还款方式。但一笔贷款合同只能选择一种还款方式，合同签订后不得更改。

2. 商业性个人住房贷款利率有关规定

商业性个人住房贷款以相应期限的贷款市场报价利率（LPR）为定价基准加点形成（各银行规定的基点数不同），而基点数一经确定在之后的贷款期限内就会保持固定不变。根据2024年5月17日中国人民银行关于调整商业

性个人住房贷款利率政策的通知，个人住房贷款利率由银行业金融机构根据各省级市场利率定价自律机制确定的利率下限（如有），结合本机构经营状况、客户风险状况等因素合理确定。

3. 个人住房公积金贷款

个人住房公积金贷款，是指政府部门所属的住房公积金管理中心运用住房公积金，向购买住房（包括建造、翻建、大修）的住房公积金缴存人发放的具有福利性质的住房贷款。

个人住房公积金贷款与商业性个人住房贷款的区别：

（1）贷款主体不同。个人住房公积金贷款管理主体是住房公积金管理中心，而商业性个人住房贷款管理主体是各商业银行。

（2）贷款对象不同。个人住房公积金贷款对象具有特定性，主要为在公积金管理中心缴存住房公积金的住房公积金缴存人。而个人住房商业性贷款的对象是经资信考察合格，具有还款能力的自然人。一般来说，信用良好，有还款能力的人都可以办理个人住房商业性贷款。

（3）贷款资金来源不同。个人住房公积金贷款是以住房公积金为资金来源，向缴存住房公积金的职工发放的用于购买自住住房的住房保障型贷款，是一种不以营利为目的的政策性贷款。商业性个人住房贷款是以房产作为抵押物，向银行等金融机构获得一次性借款的交易，是以营利为目的，由商业银行审核发放的一种贷款方式。

（4）贷款利率不同。个人住房公积金的贷款利率比商业贷款利率低。目前贷款期限在5年以上的，首套个人住房公积金贷款利率为2.85%；而5年以上的商业性个人住房贷款利率是以5年以上的贷款市场报价利率（LPR）为定价基准加点形成的。

（5）贷款风险承担主体不同。商业性个人住房贷款风险由发放贷款的商业银行承担，个人住房公积金贷款风险由确定发放贷款的住房公积金管理机构承担。

 动动脑与动动手

1. 个人住房贷款的相关规定有哪些？
2. 什么是等额本息还款法和等额本金还款法？
3. 请去银行具体咨询了解个人住房贷款业务的办理过程。

任务活动2 个人汽车消费贷款发放与收回

>> 业务背景

客户方瑛到模拟银行金苑支行申请办理个人汽车消费贷款，银行经审核审批后同意发放该笔个人汽车消费贷款，并按时分期收回该笔贷款。

>> 具体工作过程

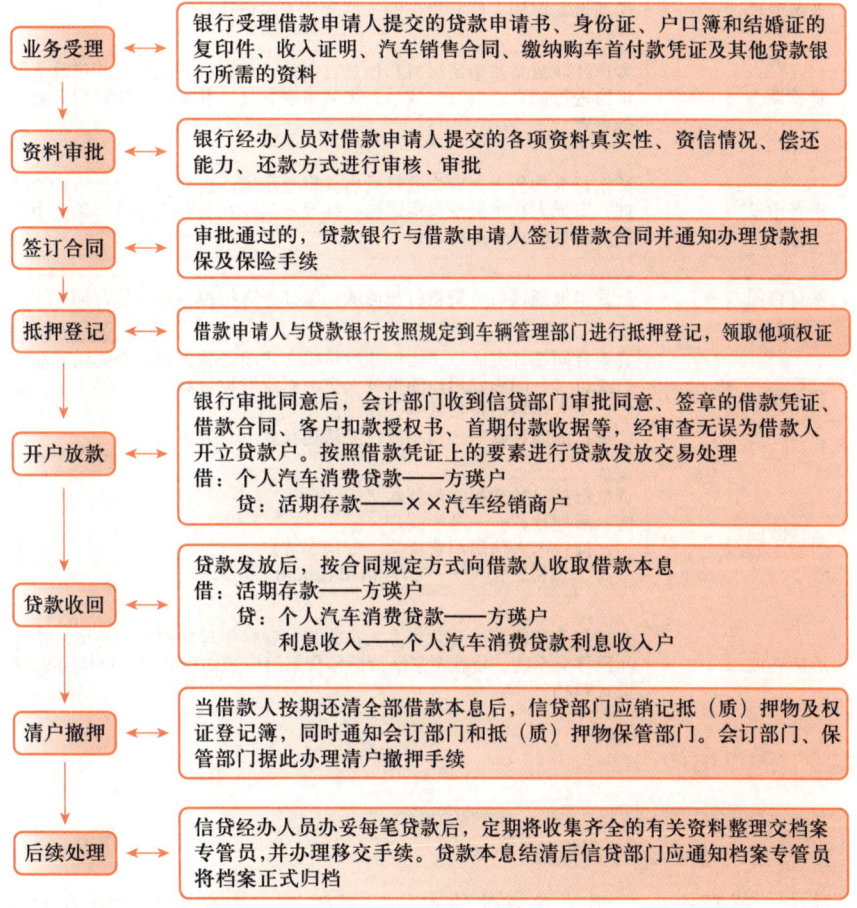

| 业务受理 | 银行受理借款申请人提交的贷款申请书、身份证、户口簿和结婚证的复印件、收入证明、汽车销售合同、缴纳购车首付款凭证及其他贷款银行所需的资料 |

| 资料审批 | 银行经办人员对借款申请人提交的各项资料真实性、资信情况、偿还能力、还款方式进行审核、审批 |

| 签订合同 | 审批通过的，贷款银行与借款申请人签订借款合同并通知办理贷款担保及保险手续 |

| 抵押登记 | 借款申请人与贷款银行按照规定到车辆管理部门进行抵押登记，领取他项权证 |

| 开户放款 | 银行审批同意后，会计部门收到信贷部门审批同意、签章的借款凭证、借款合同、客户扣款授权书、首期付款收据等，经审查无误为借款人开立贷款户。按照借款凭证上的要素进行贷款发放交易处理
借：个人汽车消费贷款——方瑛户
　贷：活期存款——××汽车经销商户 |

| 贷款收回 | 贷款发放后，按合同规定方式向借款人收取借款本息
借：活期存款——方瑛户
　贷：个人汽车消费贷款——方瑛户
　　利息收入——个人汽车消费贷款利息收入户 |

| 清户撤押 | 当借款人按期还清全部借款本息后，信贷部门应销记抵（质）押物及权证登记簿，同时通知会订部门和抵（质）押物保管部门。会订部门、保管部门据此办理清户撤押手续 |

| 后续处理 | 信贷经办人员办妥每笔贷款后，定期将收集齐全的有关资料整理交档案专管员，并办理移交手续。贷款本息结清后信贷部门应通知档案专管员将档案正式归档 |

动动脑与动动手

1. 个人汽车消费贷款的相关规定有哪些？
2. 简要说明银行办理个人汽车消费贷款业务的操作过程。
3. 请去银行具体咨询了解个人汽车消费贷款业务的办理过程。

任务活动3　个人信用消费贷款发放与收回

>> **业务背景**

客户马小波到模拟银行金苑支行申请个人信用消费贷款，银行经审查审批后同意发放该笔个人信用消费贷款，并按时收回该笔贷款。

>> **具体工作过程**

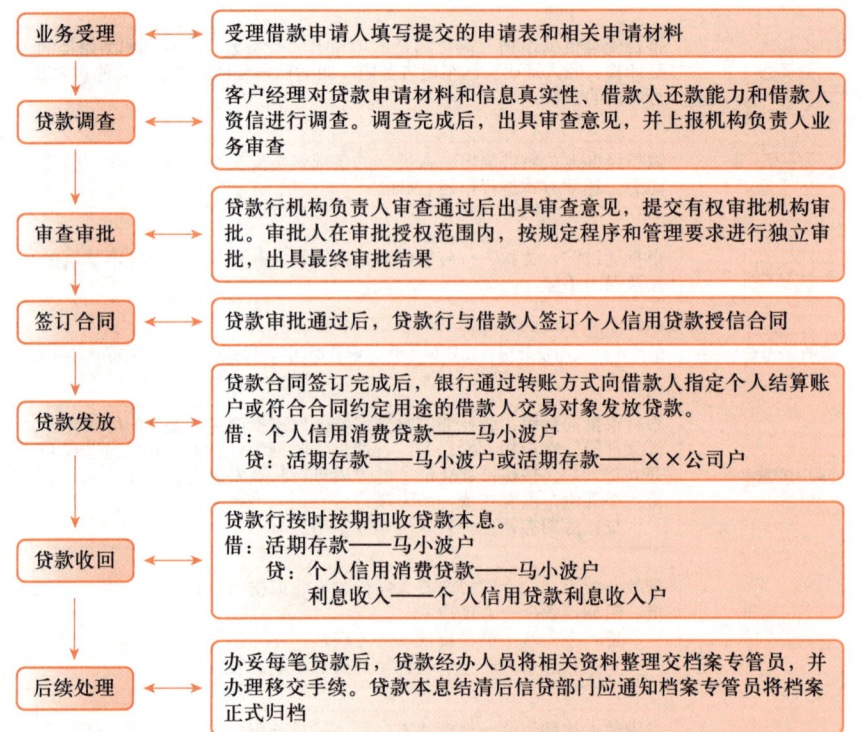

业务受理	受理借款申请人填写提交的申请表和相关申请材料
贷款调查	客户经理对贷款申请材料和信息真实性、借款人还款能力和借款人资信进行调查。调查完成后，出具审查意见，并上报机构负责人业务审查
审查审批	贷款行机构负责人审查通过后出具审查意见，提交有权审批机构审批。审批人在审批授权范围内，按规定程序和管理要求进行独立审批，出具最终审批结果
签订合同	贷款审批通过后，贷款行与借款人签订个人信用贷款授信合同
贷款发放	贷款合同签订完成后，银行通过转账方式向借款人指定个人结算账户或符合合同约定用途的借款人交易对象发放贷款。 借：个人信用消费贷款——马小波户 　贷：活期存款——马小波户或活期存款——××公司户
贷款收回	贷款行按时按期扣收贷款本息。 借：活期存款——马小波户 　贷：个人信用消费贷款——马小波户 　　　利息收入——个人信用贷款利息收入户
后续处理	办妥每笔贷款后，贷款经办人员将相关资料整理交档案专管员，并办理移交手续。贷款本息结清后信贷部门应通知档案专管员将档案正式归档

相关知识链接

1. 信用消费贷款的新做法

过去，银行个人信用消费贷款的申请门槛颇高。主要考虑贷款人的工作性质，申请人的工作性质必须满足优质单位的条件，如有些银行规定信用消费贷款只面向国企正式员工、公务员、教师以及医生等职业开放。近些年，随着越来越多银行的加入，各家银行纷纷推出各种以信用贷款为主的个人消费贷款产品，降低申请门槛，以吸引更多优质客户。除了降低申请门槛，各家银行还主推线上模式的个人信用消费贷款，从申请到放款的全流程均可通过线上渠道办理，更加方便、简捷。

2. 信用卡透支消费

信用卡是由商业银行对信用合格的消费者发行的信用证明。信用卡分为贷记卡和准贷记卡，贷记卡是指持卡人拥有一定的信用额度、可在信用额度内先消费后还款的信用卡；准贷记卡是指持卡人按要求交存一定金额的备用金，当备用金账户余额不足支付时，可在规定的信用额度内透支的信用卡。

信用卡透支是指信用卡发卡机构允许持卡人在持卡购物消费时在规定限额内短期透支。对于贷记卡，允许"先消费，后还款"的透支是其重要特征。对于准贷记卡，应"先存款，后消费"，但在经审核确定属于善意透支并且还款有保证的前提下，也允许持卡人在急需用款时在较短时限内透支适量金额。信用卡透支利息一般比同期银行贷款高得多，发卡机构还有一整套措施防范和追索透支风险损失。

信用卡透支消费后，只要在免息期内还款，是不收取利息的。超过免息期还款，银行从当期账单记账日开始收取每日万分之五的利息。信用卡透支取现，银行要收取贷款金额一定比例的手续费（各家银行规定不一样）和每日万分之五的利息。

信用卡透支是银行为信用卡持有人所提供的短期贷款，在持有人急需时可助其灵活调度资金。

动动脑与动动手

1. 个人信用消费贷款的相关规定有哪些？
2. 简要说说银行办理个人信用消费贷款业务的操作过程。
3. 请通过手机银行或网银自助办理一笔个人信用消费贷款业务。

德技并修与劳模精神

用实干谱写模范精神

姜丹，毕业于浙江金融职业学院，现任职于中国工商银行黄岩支行。

入职伊始，姜丹便立志苦练业务技能，很快成为业务精英，曾连续三届在工行浙江分行技术比赛（个人点钞项目）中荣获前六的好成绩。初涉管理岗位，她虚心向专家求教，逐字逐句研究规章制度。在其不懈努力下，在她担任网点负责人的次年，所在网点内控考核就达到 A 级，在工行黄岩支行网点中排名第一。接着，连续三年她负责的网点全年无风险事件、可控风险暴露水平为"0"、内控案防工作几乎零差错。

姜丹始终保持着一股不怕苦、不服输的冲劲，把夯实业务基础、用心服务客户作为自己的岗位准则。姜丹秉承着"组织安排有目标，过程管理重监督，有始有终要结果"的工作作风，在做好服务的基础上，她积极思索创新，探索线上营销方法，建立微信客户服务群、开办学习微课堂、举办线上微沙龙，通过主动服务唤醒睡眠客户、维护老客户、获取新客户，让客户足不出户就可以体验数字金融服务带来的方便与快捷，得到了广大客户的交口称赞。

在近 20 年的职业历练中，姜丹不忘初心，苦干实干，追求极致，先后荣获"全国金融五一劳动奖章"、工商银行总行"五一劳动奖章"、首届"合规先锋""客户最满意员工"等荣誉称号，被工行浙江分行评为"个人工银卓越奖""经营行家""合规有实招"优秀网点负责人、"合规"标兵、青年岗位服务明星、服务"五星级员工"等荣誉称号。她还荣获浙江省金融机构人民币点钞及反假货币技能竞赛手工点钞项目第一名。

初心不改，方得始终。面对未来，姜丹说："尽心尽责做好本职工作，带动身边的伙伴共同成长，为客户提供更贴心、更高效、更温暖的服务，就是我扎根基层网点始终未变的初心"。

个人结算业务处理

【学习目标】

素养目标

- 通过银行支付结算业务规范内容的学习，强化学生严格遵守个人支付结算业务相关制度规范的意识
- 通过对银行主要支付结算业务的操作训练，培养学生尽心服务、认真负责的银行柜员岗位工作态度
- 通过对银行主要支付结算业务的风险教育，增强学生的社会责任意识和支付结算风险防范意识，培养学生坚守合规操作的金融职业操守

知识目标

- 了解银行支付结算业务基本规定，熟悉个人汇兑业务、个人银行汇票业务和个人银行本票业务的基本规定
- 掌握个人汇兑、个人银行汇票和个人银行本票等业务的处理规范

能力目标

- 能够按照支付结算业务操作流程规范办理个人汇兑汇出与汇入、个人银行汇票签发兑付与结清、个人银行本票签发兑付与结清等业务
- 能够解答客户关于支付结算业务的咨询
- 能够指导客户通过自助设备办理汇款

【内容导航】

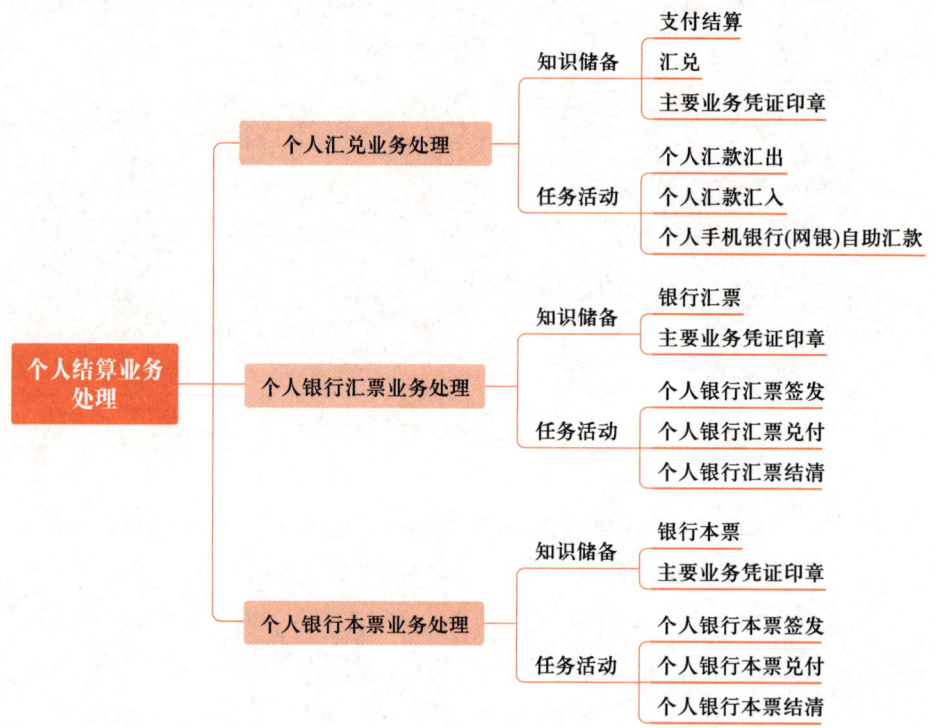

任务一　个人汇兑业务处理

【知识储备】

一、支付结算

支付结算是指单位、个人在社会经济活动中使用票据、信用卡、汇兑、托收承付、委托收款等结算方式进行货币给付及资金清算的行为。支付结算按支付方式不同分为现金结算和转账结算。现行的支付结算工具包括汇兑、委托收款、托收承付等结算方式和支票、汇票、本票等结算票据。

支付结算原则是银行和客户在办理支付结算业务时应共同遵守的行为准则。现行的支付结算原则是："恪守信用，履约付款；谁的钱进谁的账，由谁支配；银行不垫款。"

二、汇兑

汇兑是汇款人委托银行将其款项支付给收款人的结算方式。汇兑适用于单位和个人的各种款项的结算。

汇兑业务根据汇出行与汇入行联系方式的不同分为信汇、电汇两种，目前各家商业银行均通过其系统内的电子汇划系统或中国现代化支付系统（简称"支付系统"）办理汇兑业务。

汇兑业务包括汇款汇出与汇款汇入两个操作环节。个人通过银行办理汇兑业务，转账汇款金额5万元（含）以上、现金汇款金额1万元（含）以上的，本人办理时应出示本人身份证件，代理人办理时应出示本人及代理人身份证件。经办银行按照一定的标准收取手续费（各家银行收费标准不一）。

三、主要业务凭证印章

主要业务凭证印章包括个人结算业务申请书、业务收费凭证、资金汇划补充凭证、现金付出传票等。

1. 个人结算业务申请书（见表4-1-1）

适用范围：是个人通过银行申请办理汇兑、银行汇票、银行本票等结算业务的书面凭证。

联次介绍：一般为三联，第一联由银行作记账凭证；第二联由银行凭以发报或作为出票依据；第三联为银行给客户的回单。

填写要求：个人结算业务申请书由客户填写，要求凭证各栏内容填写规范、正确、齐全、清晰，特别是申请人、收款人的姓名、大小写金额等关键要素要准确无误。

表4-1-1　个人结算业务申请书

模拟银行 个人结算业务申请书

申请日期：2025 年 7 月 20 日　　　序号：

业务类型：(每栏必选一项打钩)	☑现金 □转账 □加急汇兑 ☑普通汇兑 □汇票 □本票 □其他＿＿

客户填写	申请人	全　称	郑 捷	收款人	全　称	毛 彦
		账号或地址			账号或地址	
		开户行名称	模拟银行金苑支行		开户行名称	模拟银行永州支行
		身份证件类型及号码	身份证 330350197405160221		附加信息及用途： 往来款	
		联系电话	□居民身份证 □其他 住宅电话 号码：0571-88651090			

银行打印	金额（大写）人民币 壹拾贰万元整	亿 千 百 十 万 千 百 十 元 角 分 ¥ 1 2 0 0 0 0 0 0 0

模拟银行金苑支行
2025.07.20
业务清讫（01）

本人确认以上结算业务信息真实有效。客户签名：郑 捷　　复核：李 冰　　记账：周 虹

第一联 银行记账联

加盖印章：业务终了，银行记账凭证加盖业务清讫章与经办柜员名章，回单联加盖业务清讫章。

2. 业务收费凭证（见表4-1-2）

适用范围：是银行办理各项结算等业务时收取手续费、工本费等费用的银行专用凭证。

联次介绍：一般为两联，第一联由银行作记账凭证；第二联为给客户的回单。

填写要求：由办理银行联机打印或手工填写，客户签字确认，各项信息的填写与对应办理的结算业务内容相符，金额标准计算无误。

加盖印章：业务终了，银行记账凭证加盖业务清讫章与经办柜员名章，回单联加盖业务清讫章。

表4-1-2　业务收费凭证

模拟银行 业务收费凭证

户名　郑捷　　　　　　　　　2025 年 7 月 20 日　　　账号＿＿＿＿＿＿＿＿

项　目	起止号码	单价	数量	金　额				
				工本费	邮电费	手续费	其他	小计
个人汇款			1			￥36.00		￥36.00
合　计			1			￥36.00		￥36.00

大写金额（币种）人民币叁拾陆元整

划款方式 ☑现金 □转账

（交费单位签章）　郑捷

支付密码

科目（借）

对方科目的贷款

模拟银行金苑支行
2025.07.20
业务清讫（01）

事后监督：　　　　授权：　　　　复核：　　　　经办： 周 虹

第一联 银行记账联

3. 资金汇划补充凭证（见表4-1-3）

适用范围：是反映银行之间资金汇划的具体业务内容并凭以记账的银行专用凭证。

联次介绍：一般为两联，第一联由银行作记账凭证；第二联为给客户的回单。

表4-1-3　资金汇划补充凭证

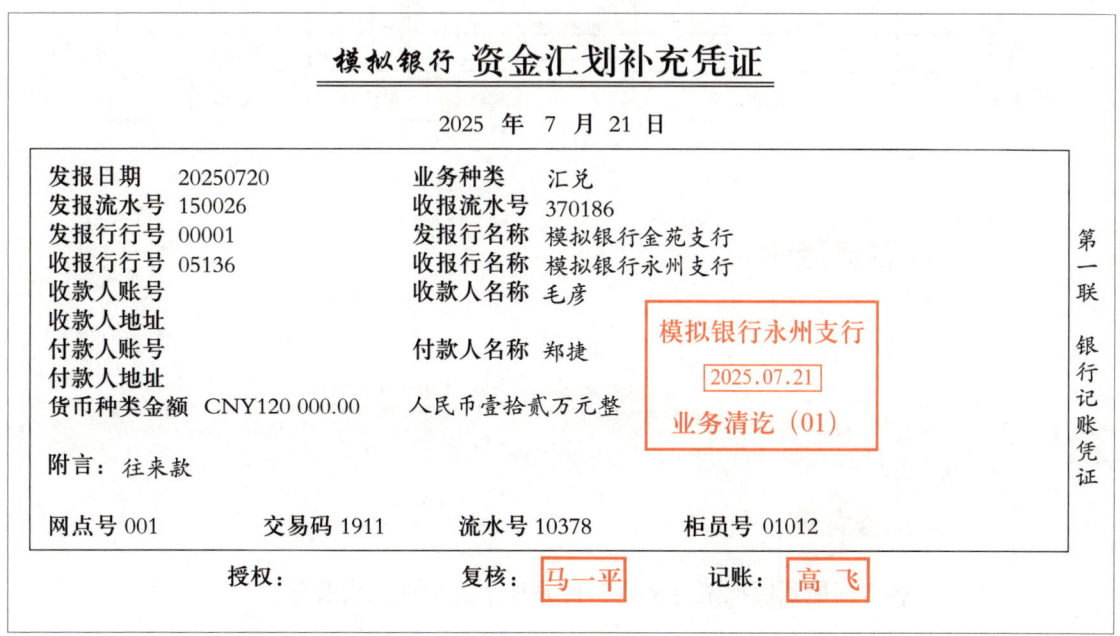

模拟银行 资金汇划补充凭证

2025 年 7 月 21 日

发报日期　20250720　　　业务种类　汇兑
发报流水号　150026　　　收报流水号　370186
发报行行号　00001　　　发报行名称　模拟银行金苑支行
收报行行号　05136　　　收报行名称　模拟银行永州支行
收款人账号　　　　　　　收款人名称　毛彦
收款人地址
付款人账号　　　　　　　付款人名称　郑捷
付款人地址
货币种类金额　CNY120 000.00　　人民币壹拾贰万元整

附言：往来款

网点号 001　　　交易码 1911　　　流水号 10378　　　柜员号 01012

授权：　　　　复核： 马一平　　　记账： 高 飞

第一联 银行记账凭证

填写要求：由办理资金汇划业务接收银行根据接收的来账信息联机打印，各项信息的填写与接收的来账信息内容一致。

加盖印章：银行记账凭证加盖业务清讫章与经办柜员名章，回单联加盖业务清讫章。

4. 现金付出传票（见表4-1-4）

适用范围：是记录银行除现金支票业务以外的现金支付业务，是银行通用的业务凭证之一。

联次介绍：单联式凭证，作银行记账凭证用。

填写要求：由银行业务经办柜员根据业务事实填写或联机打印，各项信息的填写要与对应办理的现金支付业务内容相符，金额标准无误。

加盖印章：业务终了，需加盖业务清讫章和经办柜员名章。

表4-1-4　现金付出传票

模拟银行 现金付出传票

借　应解汇款
贷　现金　　　　2025 年 7 月 21 日

铜牌或对号单第　号
总字第　号
字第　号

户名或账号	摘　要	金　额 亿 千 百 十 万 千 百 十 元 角 分	附件张
毛彦户	汇兑付现	¥ 1 2 0 0 0 0 0 0	
		模拟银行永州支行 2025.07.21 业务清讫（01）	
合计		¥ 1 2 0 0 0 0 0 0	

会计：　　出纳：　　复核：马一平　　记账：高 飞

【任务活动】

任务活动1　个人汇款汇出

>> 业务背景

客户郑捷到模拟银行金苑支行办理个人款项汇出业务。

>> 具体工作过程

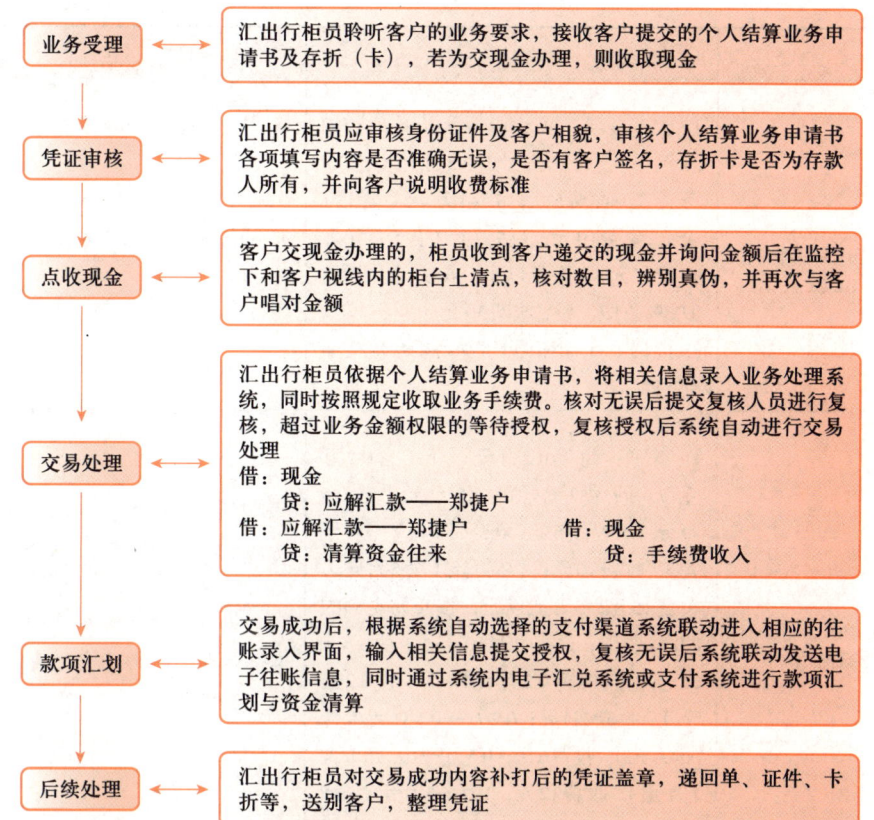

业务受理	汇出行柜员聆听客户的业务要求，接收客户提交的个人结算业务申请书及存折（卡），若为交现金办理，则收取现金
凭证审核	汇出行柜员应审核身份证件及客户相貌，审核个人结算业务申请书各项填写内容是否准确无误，是否有客户签名，存折卡是否为存款人所有，并向客户说明收费标准
点收现金	客户交现金办理的，柜员收到客户递交的现金并询问金额后在监控下和客户视线内的柜台上清点，核对数目，辨别真伪，并再次与客户唱对金额
交易处理	汇出行柜员依个人结算业务申请书，将相关信息录入业务处理系统，同时按照规定收取业务手续费。核对无误后提交复核人员进行复核，超过业务金额权限的等待授权，复核授权后系统自动进行交易处理
款项汇划	交易成功后，根据系统自动选择的支付渠道系统联动进入相应的往账录入界面，输入相关信息提交授权，复核无误后系统联动发送电子往账信息，同时通过系统内电子汇兑系统或支付系统进行款项汇划与资金清算
后续处理	汇出行柜员对交易成功内容补打后的凭证盖章，递回单、证件、卡折等，送别客户，整理凭证

交易处理栏目中的分录：
借：现金
　　贷：应解汇款——郑捷户
借：应解汇款——郑捷户　　借：现金
　　贷：清算资金往来　　　　贷：手续费收入

相关知识链接

各银行跨行转账手续费

各家银行跨行转账手续费标准不一，参考标准见表4-1-5。

表4-1-5　银行跨行转账手续费

银行机构名称	收费标准	备注
中国工商银行	1. 个人转账汇款（含本行异地、跨行）：每笔0.2万元（含）以下的，2元；0.2万–0.5万元（含）的，5元；0.5万–1万元（含）的，10元；1万–5万元（含）的，15元；5万元以上的，按转账金额的0.03%，最高50元/笔。跨行转账汇款要求实时到账的，上浮20%收取，最高50元/笔。使用他行自助渠道办理的加收4元/笔。 2. 速汇款：按汇款金额的1%收取，最低10元/笔，最高200元/笔。 3. 汇款跨行查询：10元/笔	1. 个人转账汇款（本行异地）手续费：暂免费。 2. 跨行转账汇款：六星级以上（含）客户最高15元/笔，五星级客户最高25元/笔。 3. 个人网上银行本行转账汇款：暂免费。 4. 个人网上银行跨行转账汇款：网上银行渠道单笔0.5万元（含）以下暂免，单笔0.5万元以上按照柜面标准的5折优惠。 5. 个人手机银行转账汇款：暂免

续表

银行机构名称	收费标准	备注
中国建设银行	1. 柜台办理：每笔0.2万元以下（含0.2万元），收费2元；0.2-0.5万元（含0.5万元），收费5元；0.5-1万元（含1万元），收费10元；1-5万元（含5万元），收费15元；5万元以上，按交易金额的0.03%收取，最高收费50元。 2. 电话银行、网银办理执行柜台价格标准5折	1. 本行异地人民币转账免费。 2. 通过手机银行办理跨行人民币转账免费。 3. 通过网上银行办理的单笔0.5万元（含0.5万元）以下的跨行人民币转账免费
中国银行	1. 普通：每笔0.2万元以下（含0.2万元），收费2元；0.2-0.5万元（含0.5万元），收费5元；0.5-1万元（含1万元），收费10元；1-5万元（含5万元），收费15元；5万元以上，按交易金额的0.03%收取，最高收费50元。 2. 实时：每笔0.2万元以下（含0.2万元），收费2.4元；0.2万—0.5万元（含0.5万元），收费6元；0.5万—1万元（含1万元），收费12元；1万—5万元（含5万元），收费18元；5万元以上，按交易金额的0.036%收取，最高收费50元	本行异地人民币转账暂免费
中国农业银行	1. 柜台跨行：每笔0.2万元以下（含0.2万元），收费2元；0.2-0.5万元（含0.5万元），收费5元；0.5-1万元（含1万元），收费10元；1-5万元（含5万元），收费15元；5万元以上，按交易金额的0.03%收取，最高收费50元。 2. 非柜台跨行： ATM：（1）普通汇款（24小时后到账)：按柜台标准收费；（2）实时到账：按普通汇款收费标准上浮20%执行，最高不超过50元/笔； POS：（1）普通汇款：按柜台标准收费；（2）实时到账：按普通汇款收费标准上浮20%执行，最高不超过50元/笔； （3）个人网银：按柜台标准的4折收取，最高不超过20元/笔	1. 个人网银0.5万元（含）以下免费。 2. 掌上银行暂不收取

续表

银行机构名称	收费标准	备注
中国邮政储蓄银行	1. 柜台渠道、手机银行跨行汇款、商易通等渠道：每笔0.2万元以下（含0.2万元），收费2元；0.2-0.5万元（含0.5万元），收费5元；0.5-1万元（含1万元），收费10元；1-5万元（含5万元），收费15元；5万元以上，按交易金额的0.03%收取，最高收费50元。 2. 跨行跨省ATM转账： 天津、福建（厦门）地区：交易金额在1万元（含）以下的3元/笔；1万元到5万元（含）的5元/笔； 其他开通该业务的地区：交易金额在2 000元以下（含2 000元）的2元/笔；2 000元至5 000元（含5 000元）的5元/笔；5 000元至1万元（含1万元）的10元/笔；1万元至5万元（含5万元）的15元/笔；5万元以上的每笔按交易金额的0.03%收取，最高不超过50元。 3. 跨行省内跨地市ATM转账：不高于相应地区"跨行跨省ATM转账手续费"标准。 4. 跨行同地市ATM转账：交易金额在1万元（含）以下的3元/笔；1万元到5万元（含）的5元/笔	1. 柜面渠道：向救灾专用账户捐款的跨行汇款免费。 2. 柜台渠道、手机银行跨行汇款：自2020年5月1日起，通过个人网银办理单笔5 000元以下（含5 000元）的人民币转账汇款手续费免费，单笔5 000元以上的人民币转账汇款手续费在柜面基础上5折优惠；手机银行免费。

 动动脑与动动手

1. 支付结算原则具体包括哪些内容？

2. 说说银行汇款时汇出行的主要操作过程。

3. 以银行柜员的身份进行下列相应业务的处理，包括凭证审核、业务数据录入、凭证盖章与凭证处理。

（1）客户周州提交现金200 000元及个人结算业务申请书申请办理汇兑业务，收款人为李晔，汇入行为模拟银行广元支行。

（2）客户王非提交银行卡及汇兑业务委托书申请办理汇兑业务，金额89 000元，收款人为齐小明，汇入行为模拟银行泰顺支行。

任务活动2　个人汇款汇入

>> **业务背景**

客户毛彦接到银行通知，到模拟银行永州支行办理汇兑款项支取手续。

>> **具体工作过程**

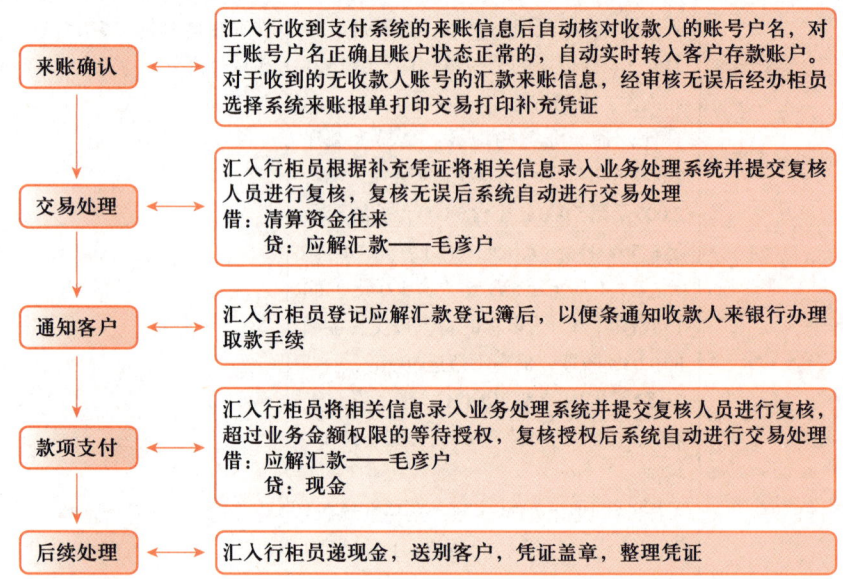

来账确认	汇入行收到支付系统的来账信息后自动核对收款人的账号户名，对于账号户名正确且账户状态正常的，自动实时转入客户存款账户。对于收到的无收款人账号的汇款来账信息，经审核无误后经办柜员选择系统来账报单打印交易打印补充凭证
交易处理	汇入行柜员根据补充凭证将相关信息录入业务处理系统并提交复核人员进行复核，复核无误后系统自动进行交易处理 借：清算资金往来 　　贷：应解汇款——毛彦户
通知客户	汇入行柜员登记应解汇款登记簿后，以便条通知收款人来银行办理取款手续
款项支付	汇入行柜员将相关信息录入业务处理系统并提交复核人员进行复核，超过业务金额权限的等待授权，复核授权后系统自动进行交易处理 借：应解汇款——毛彦户 　　贷：现金
后续处理	汇入行柜员递现金，送别客户，凭证盖章，整理凭证

相关知识链接

个人汇款汇入特殊情况处理

（1）收款人需要分次支取的，银行要审核收款人填制的支款凭证，在其预留签章和收款人身份证件审核无误后，为其办理分次支付手续。待最后结清时，将补充报单第二联凭证作借方凭证附件。

（2）需要转汇的，应重新办理汇款手续，其收款人及汇款用途必须是原汇款人的收款人和汇款用途，补充报单第一联备注栏注明不得转汇的，不予办理转汇。

（3）个人汇款在汇入行没有解付的情况下汇款人可以申请办理退汇。汇入行对于超过两个月仍无法解付的个人汇款，可以主动办理退汇手续。

动动脑与动动手

1. 请说明现行的支付结算工具有哪几种。

2. 请说明银行汇款时汇入行的主要操作过程。

3. 以银行柜员的身份进行下列相应业务的处理，包括凭证审核、业务数据录入、凭证盖章与凭证处理。

（1）模拟银行广元支行收到一笔个人现金汇入款，金额 200 000 元，汇款人周州，汇出行是模拟银行金苑支行，收款人李晔。审核无误办理记账手续，后经通知当日收款人来行办理取现手续。

（2）模拟银行泰顺支行收到一笔个人转账汇入款，金额 890 000 元，汇款人王非，汇出行是模拟银行金苑支行，收款人为齐小明。审核无误后由系统自动办理入账手续，并通知收款人。

任务活动 3　个人手机银行（网银）自助汇款

>> 业务背景

客户何燕通过手机银行向方芳汇款。

>> 具体工作过程

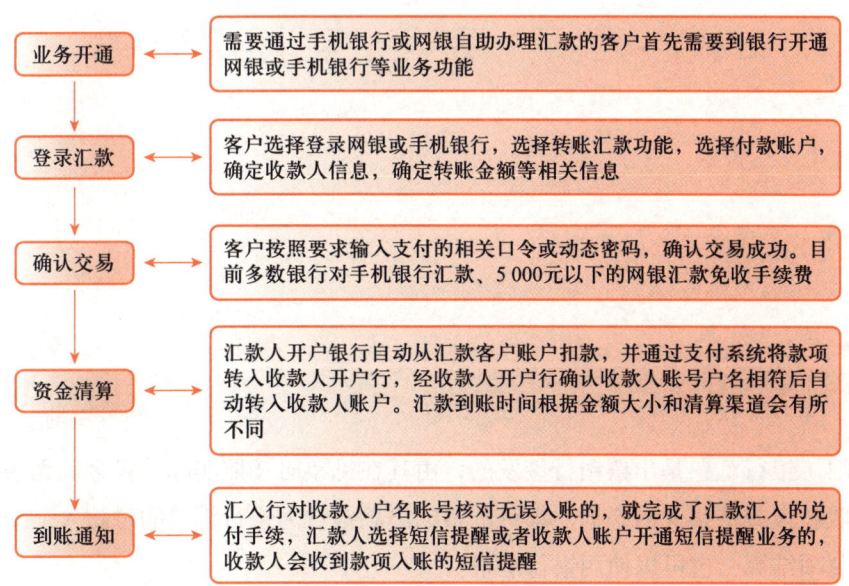

相关知识链接

　　电子银行业务的迅猛发展极大地方便了客户的业务办理，如果客户已经申请开通了网银或手机银行业务，就可以利用这些便捷的电子设备通过银行专设的功能平台通道进行个人汇划款项的划转。

　　相对于银行柜面汇款，客户通过网银、手机银行办理汇款时，可以享受手续费优惠甚至是免费办理，而且还不受时间的限制。一般情况下，汇款实时到账，使用非常便捷实惠。

动动脑与动动手

　　1. 相对于银行柜面汇款，客户通过网银、手机银行办理汇款，有什么优点？

　　2. 个人汇款在什么情况下可以办理退汇？

　　3. 以银行工作人员的身份指导以下客户进行自助汇款。

　　（1）客户李子通过手机银行办理一笔1 000元的汇款给王翰。

　　（2）客户宋萍通过网银办理一笔30 000元的汇款给江玲。

任务二　个人银行汇票业务处理

【知识储备】

一、银行汇票

　　（1）银行汇票是出票银行签发的，由其在见票时按照实际结算金额无条件支付给收款人或持票人的票据。银行汇票的出票银行为银行汇票的付款人。个人的各种款项结算，也可以使用银行汇票。

（2）银行汇票的提示付款期限自出票日起1个月。如果逾期，则代理付款行不予受理。申请人与收款人均为个人，并且交存现金办理的，可以申请签发现金银行汇票。

（3）银行汇票可以转账，也可以支取现金。转账汇票允许背书转让，转让时以实际结算金额为准。银行汇票的实际结算金额不得更改，更改则汇票无效。银行汇票的实际结算金额低于出票金额的，其多余金额由出票银行退交申请人。

（4）银行汇票的核算过程包括出票、付款和结清三个阶段。

（5）个人客户申请银行汇票业务，办理金额5万元（含）以上转账、金额1万元（含）以上现金业务的，本人办理时应出示本人身份证件，代理人办理时应出示本人及代理人身份证件。

二、主要业务凭证印章

个人银行汇票业务涉及的凭证印章主要有个人结算业务申请书、银行汇票、进账单、业务收费凭证、资金汇划补充凭证、现金付出传票等。

1. 个人结算业务申请书（见表4-1-1）

适用范围、联次介绍、填写要求、加盖印章等内容详见前述。

2. 银行汇票

适用范围：是单位或个人通过银行存款账户支付款项的专用记账凭证。

联次介绍：一式四联，第一联为卡片联（见表4-2-1），第二联为银行汇票联（见表4-2-2），第三联为解讫通知联（见表4-2-3），第四联为多余款收账通知联（见表4-2-4）。华东三省一市（江苏省、浙江省、安徽省和上海市）的银行汇票只有第一联、第二联。

填写要求：银行汇票由出票银行依据客户填写的个人结算业务申请书相关内容填写，出票日期和金额必须大写；签发转账银行汇票的，一律不得填写代理付款行名称；签发现金银行汇票的，应填写代理付款行名称、行号，并在出票金额大写栏先写现金字样再写大写金额；申请书注明"不得转让"字样的，应在银行汇票备注栏内注明。其他各栏内容也均要填写规范、正确、齐全、清晰。

加盖印章：银行汇票一式四联，在不同业务处理阶段业务终了时分别加盖不同银行业务印章：第一联卡片联，签发时加盖经办人员与复核人员名章，结清时加盖出票行业务清讫章与经办柜员名章；第二联银行汇票联，签发时加盖银行汇票专用章与授权经办人员名章，兑付时加盖代理付款行业务清讫章、附件章与经办柜员名章；第三联解讫通知联，兑付时加盖代理付款行业务清讫章、附件章、经办柜员与复核人员名章；第四联多余款收账通知联，结清时有多余款的，加盖

表4-2-1　银行汇票第一联

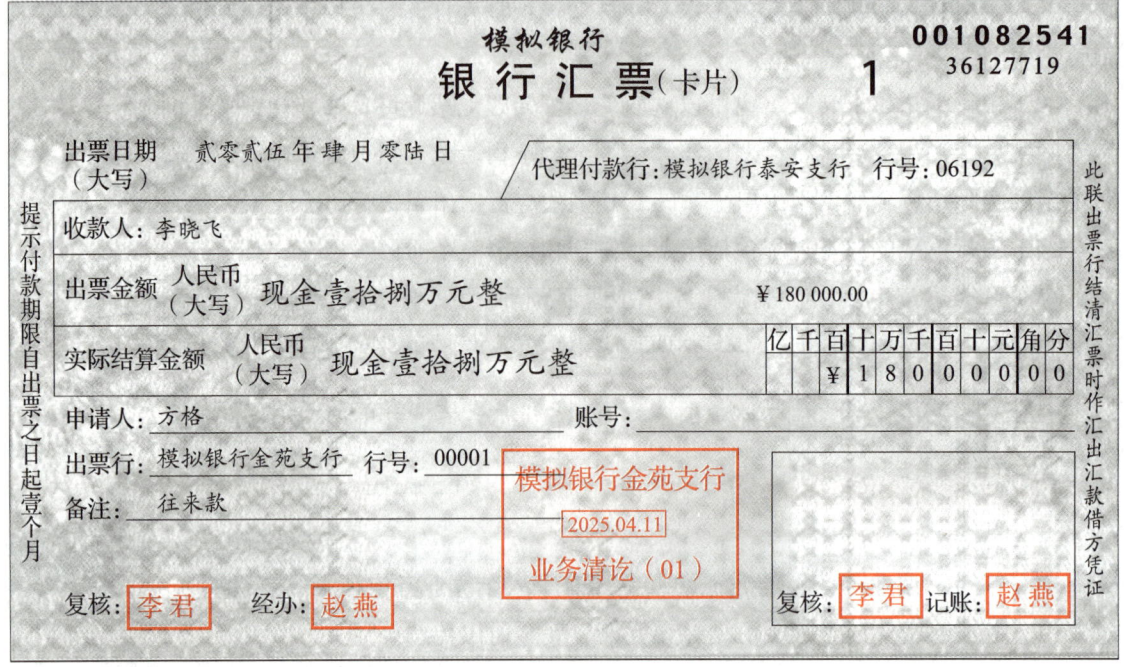

表4-2-2　银行汇票第二联

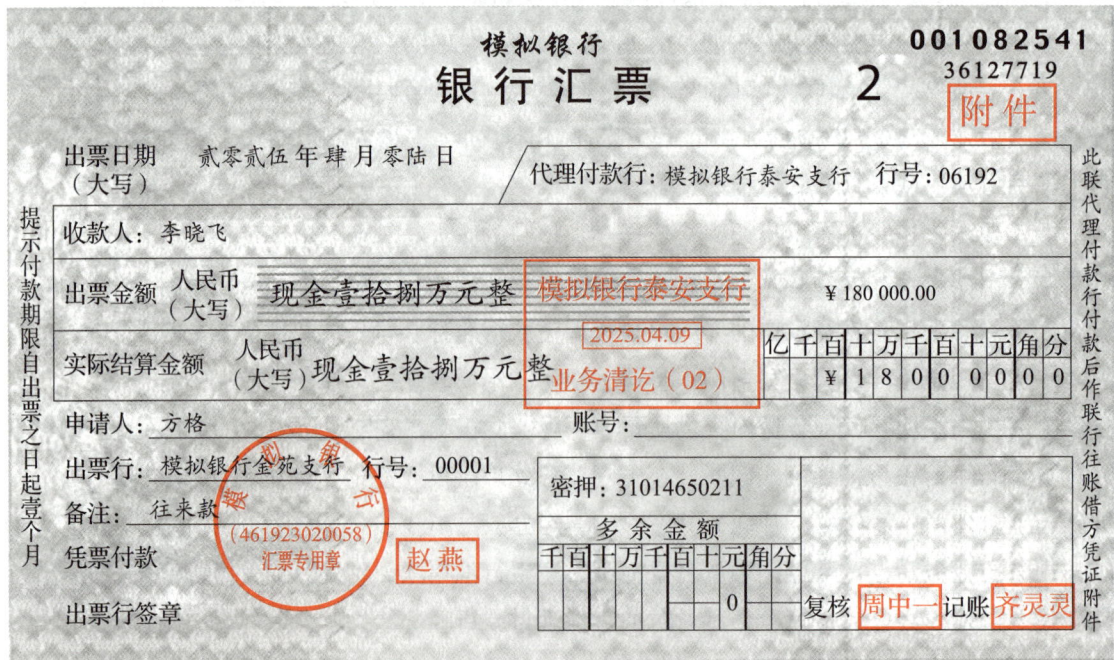

表4-2-3　银行汇票第三联

模拟银行

银行汇票（解讫通知）　**3**

001082541
36127719
附件

出票日期（大写）　贰零贰伍年肆月零陆日

代理付款行：模拟银行泰安支行　行号：06192

此联代理付款行兑付后随报单寄出票行

由出票行作多余款贷方凭证付款

提示付款期限自出票之日起壹个月

收款人：李晓飞

出票金额 人民币（大写）　现金壹拾捌万元整　　　　￥180 000.00

实际结算金额 人民币（大写）　现金壹拾捌万元整

亿	千	百	十	万	千	百	十	元	角	分
		￥	1	8	0	0	0	0	0	0

申请人：方格　　　　　　账号：

出票行：模拟银行金苑支行行号：00001

备注：往来款

模拟银行泰安支行
2025.04.09
业务清讫（02）

代理付款行签章

复核：　经办：

密押：31014650211

多余金额

千	百	十	万	千	百	十	元	角	分
							0		

复核：周中一　记账：齐灵灵

表4-2-4　银行汇票第四联

模拟银行

银行汇票（多余款收账通知）　**4**

001082541
36127719
附件

出票日期（大写）　贰零贰伍年肆月零陆日

代理付款行：模拟银行泰安支行　行号：06192

此联出票行结清多余款后交申请人

提示付款期限自出票之日起壹个月

收款人：李晓飞

出票金额 人民币（大写）　现金壹拾捌万元整　　　　￥180 000.00

实际结算金额 人民币（大写）　现金壹拾捌万元整

亿	千	百	十	万	千	百	十	元	角	分
		￥	1	8	0	0	0	0	0	0

申请人：方格　　　　　　账号：

出票行：模拟银行金苑支行行号：00001

备注：往来款

出票行签章

密押：31014650211

多余金额

千	百	十	万	千	百	十	元	角	分
							0		

左列退回多余金额已收入你账户内。

年　月　日

出票行业务清讫章退申请人，无多余款时则加盖附件章。

3. 进账单

适用范围：是单位或个人通过银行汇票、银行本票、转账支票等结算工具将资金转入银行存款账户的专用凭证。

联次介绍：一般为三联，第一联作银行业务受理回单（见表4-2-5），第二联由银行作贷方凭证（见表4-2-6），第三联为给收款人的收账通知（见表4-2-7）。

表4-2-5　进账单（回单）

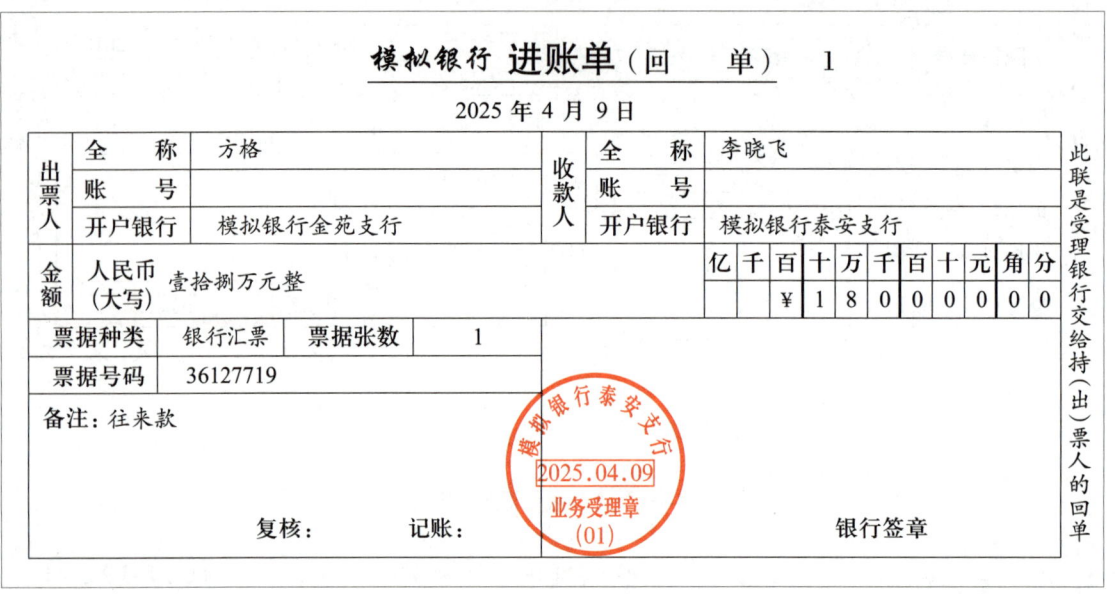

表4-2-6　进账单（贷方凭证）

表4-2-7 进账单（收账通知）

模拟银行 进账单（收账通知） 3															

2025 年 4 月 9 日

出票人	全　　称	方格	收款人	全　　称	李晓飞
	账　　号			账　　号	
	开户银行	模拟银行金苑支行		开户银行	模拟银行泰安支行

金额	人民币（大写）	壹拾捌万元整	亿	千	百	十	万	千	百	十	元	角	分
					¥	1	8	0	0	0	0	0	0

票据种类	银行汇票	票据张数	1
票据号码	36127719		

备注：往来款

模拟银行泰安支行
2025.04.09
业务清讫（01）

复核：　　　　记账：　　　　　　　　　　　收款人开户银行签章

（此联是收款人开户银行交给收款人的收账通知）

填写要求：进账单由客户根据相关票据内容填写，要素齐全，字迹清晰，各项填写内容要素与相关票据内容一致。

加盖印章：第一联受理回单加盖业务受理章；第二联银行记账凭证加盖业务清讫章与经办柜员名章；第三联收账通知加盖业务清讫章。

4. 业务收费凭证（见表4-1-2）

适用范围、联次介绍、填写要求、加盖印章等详见前述。

5. 资金汇划补充凭证（见表4-1-3）

适用范围、联次介绍、填写要求、加盖印章等详见前述。

6. 现金付出传票（见表4-1-4）

适用范围、联次介绍、填写要求、加盖印章等详见前述。

【任务活动】

任务活动1　个人银行汇票签发

>> 业务背景

客户方格到模拟银行金苑支行提交现金和个人结算业务申请书，申请签发银行汇票。

>> 具体工作过程

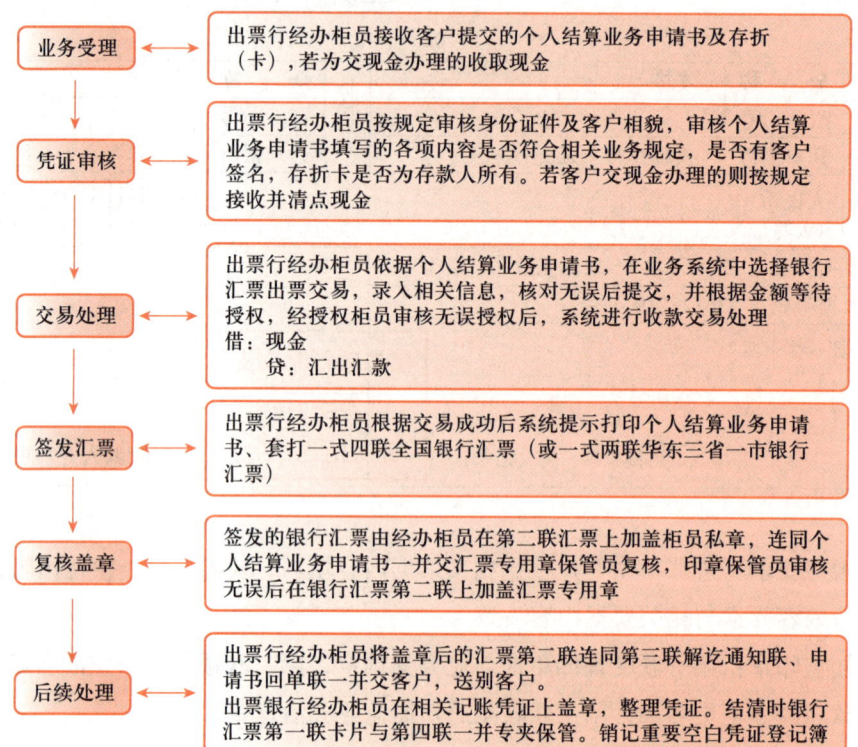

业务受理	出票行经办柜员接收客户提交的个人结算业务申请书及存折（卡），若为交现金办理的收取现金
凭证审核	出票行经办柜员按规定审核身份证件及客户相貌，审核个人结算业务申请书填写的各项内容是否符合相关业务规定，是否有客户签名，存折卡是否为存款人所有。若客户交现金办理的则按规定接收并清点现金
交易处理	出票行经办柜员依据个人结算业务申请书，在业务系统中选择银行汇票出票交易，录入相关信息，核对无误后提交，并根据金额等待授权，经授权柜员审核无误授权后，系统进行收款交易处理 借：现金 　　贷：汇出汇款
签发汇票	出票行经办柜员根据交易成功后系统提示打印个人结算业务申请书、套打一式四联全国银行汇票（或一式两联华东三省一市银行汇票）
复核盖章	签发的银行汇票由经办柜员在第二联汇票上加盖柜员私章，连同个人结算业务申请书一并交汇票专用章保管员复核，印章保管员审核无误后在银行汇票第二联上加盖汇票专用章
后续处理	出票行经办柜员将盖章后的汇票第二联连同第三联解讫通知联、申请书回单联一并交客户，送别客户。 出票银行经办柜员在相关记账凭证上盖章，整理凭证。结清时银行汇票第一联卡片与第四联一并专夹保管。销记重要空白凭证登记簿

相关知识链接

1. 银行汇票的种类

目前，银行汇票主要包括全国银行汇票、华东三省一市银行汇票和各省省辖银行汇票三大类。其基本的核算流程相似，主要区别在于：

全国银行汇票在全国范围内仅在各商业银行系统内通用，跨系统不能直接使用，需要通过出票行在持票人所在地的同系统银行代为审核后才能使用，具体的使用规定由各商业银行总行负责制定。

华东三省一市银行汇票只能在浙江省、江苏省、安徽省、上海市范围内使用，背书转让也不能超出此范围，但可以跨系统使用，即在此范围内的各商业银行可以互签互兑，具体的使用规定由中国人民银行负责制定。

各省省辖银行汇票只能在本省范围使用，与华东三省一市银行汇票相比，各省省辖银行汇票使用范围缩小，使用银行的资格要求也作了降低，达到基本安全标准的银行均可以直接签发兑付使用。

2. 印章控制仪

印章控制仪是指内置单枚或多枚印章的特制机具（如图4-2-1所示）。通过印章管理系统对用印信息进行管理。目前多家商业银行在银行汇票、银行本票等需要加盖实物印章的业务中利用交易驱动型印章控制仪设备防范风险。

使用印章控制仪的优点有：

（1）实物印章交给机器管理，杜绝了由人直接保管和使用印章所存在的道德风险。

（2）管理部门可以实时控制业务部门的用印盖章，也可以事后审核业务部门的盖章凭证信息。

（3）系统自动对盖章记录强制性采集，在盖章的同时可记录盖章人员、盖章影像、盖章环境等，并且可以通过印控仪的影像设备进行对凭证、证件、环境的拍照留存等，有效规避业务人员的违规操作。

（4）印章控制仪详细记录所有系统操作人员的操作行为轨迹，形成完备的用印过程记录，有效弥补了传统印章管理方式的缺陷，可以真实、完整地记录用印情况。

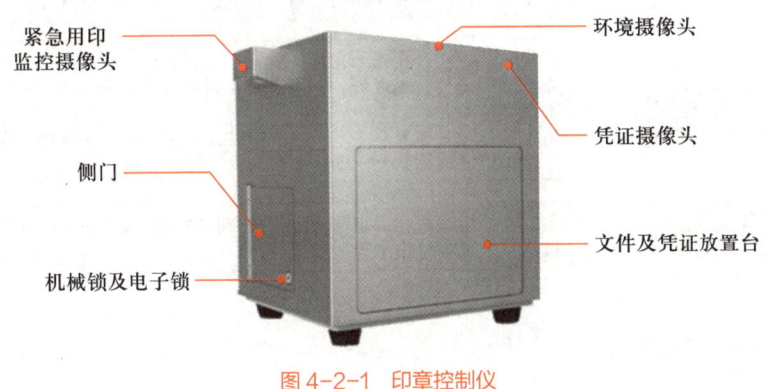

图 4-2-1 印章控制仪

 动动脑与动动手

1. 个人申请签发现金银行汇票有什么具体规定？

2. 出票行签发银行汇票时填写要求有哪些？

3. 银行汇票的四联各自的用途是什么？

4. 以模拟银行金苑支行（00001）柜员的身份进行以下相应业务的处理，包括凭证审核、业务数据录入、凭证盖章与凭证处理。

（1）客户华凌提交现金300 000元及银行汇票申请书申请签发现金银行汇票一份，收款人为古杰，代理付款行为模拟银行长安市分行营业部（00310）。

（2）章晓飞提交现金160 000元及银行汇票申请书申请签发现金银行汇票一份，收款人为李剑，代理付款行为模拟银行沈阳市分行城北支行（00421）。

任务活动2　个人银行汇票兑付

>> 业务背景

客户李晓飞到模拟银行泰安支行提交银行汇票和进账单，办理汇票兑付业务。

>> 具体工作过程

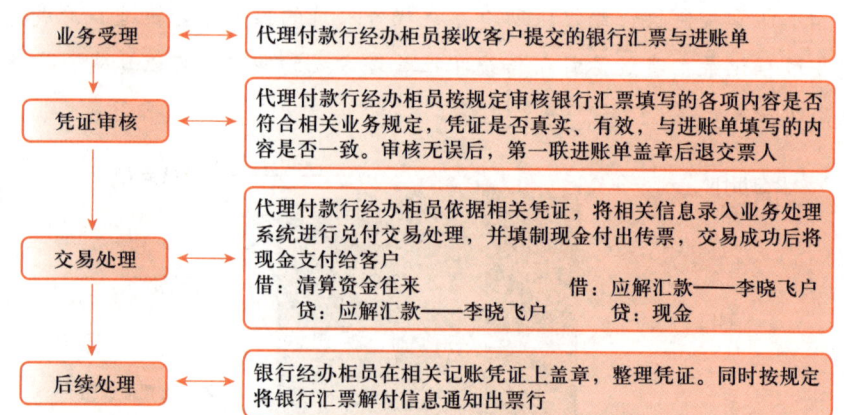

业务受理	⟷	代理付款行经办柜员接收客户提交的银行汇票与进账单
凭证审核	⟷	代理付款行经办柜员按规定审核银行汇票填写的各项内容是否符合相关业务规定，凭证是否真实、有效，与进账单填写的内容是否一致。审核无误后，第一联进账单盖章后退交票人
交易处理	⟷	代理付款行经办柜员依据相关凭证，将相关信息录入业务处理系统进行兑付交易处理，并填制现金付出传票，交易成功后将现金支付给客户 借：清算资金往来　　　　　借：应解汇款——李晓飞户 　贷：应解汇款——李晓飞户　　贷：现金
后续处理	⟷	银行经办柜员在相关记账凭证上盖章，整理凭证。同时按规定将银行汇票解付信息通知出票行

相关知识链接

银行汇票的审核要点如下：

（1）审核汇票和解讫通知的号码、内容是否一致。

（2）审核汇票是否超过提示付款期限。

（3）审核汇票填明的持票人是否在本行开户，与进账单上的名称是否一致。

（4）审核汇票必须记载的事项是否齐全，出票金额、实际结算金额、出票日期、收款人名称等是否更改，其他记载事项的更改是否由出票行签章证明。

（5）审核出票行的签章是否符合规定，加盖的汇票专用章是否与印模相符。

（6）审核汇票的实际结算金额是否在出票金额以内，与进账单金额是否一致，多余金额结计是否正确。

（7）审核持票人是否在背面签章（见表4-2-8），背书转让汇票背书是否连续。

（8）审核汇票是否真实，2010年版银行汇票防伪特征如图4-2-2所示。

（9）对于未在本行开户的持票人交来的银行汇票、解讫通知和三联进账单，除认真审核上述有关内容外，还必须审核持票人的身份证件，并要求提交持票人的身份证件复印件留存备查。

表4-2-8　经持票人签章的银行汇票背面

被背书人	被背书人	（贴粘单处）
背书人签章 年　月　日	背书人签章 年　月　日	
持票人向银行 提示付款签章　李晓飞 ［李晓飞印］	身份证件名称：身份证　发证机关：杭州市公安局 3 3 0 3 5 0 1 9 7 1 0 6 1 2 0 2 3 5	

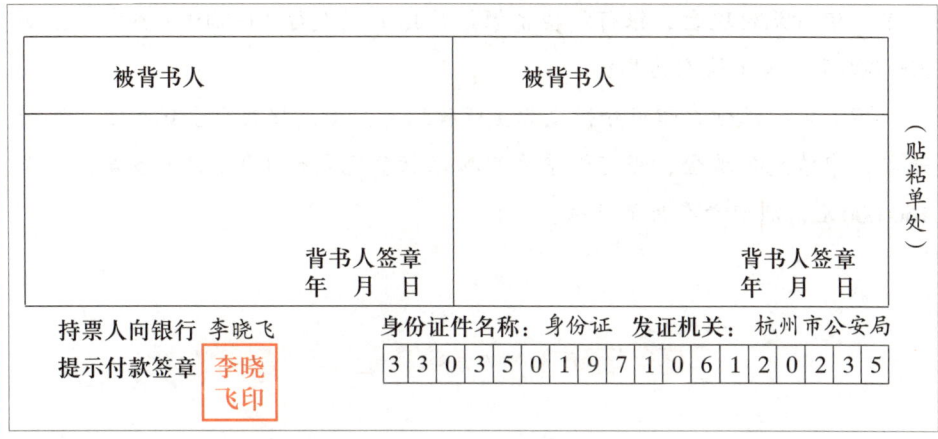

纸张：
　　汇票第二联用纸为满版梅花及"P""J"字母变形图案的黑白水印纸

荧光纤维：
　　所有汇票第二联纸张中含有无色荧光纤维，在紫外线灯的光照下呈红、蓝双色

行徽：
　　采用红色荧光油墨印制，在紫外线灯的光照下呈现橘色

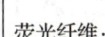
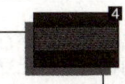

水线：
　　采用水溶性红色荧光油墨印刷，在紫外线灯的光照下有微弱的红色荧光反应，被涂改后会发生变化

号码：
　　采用棕黑色渗透性油墨印制。号码正面显示为棕黑色，背面有红色渗透效果

无色荧光：
　　在紫外线灯的光照下可见团花及主题花卉的荧光图案

安全线：
　　纸张中采用全埋式安全线，透光可见"P""J"字样

微缩文字：
　　由汉语拼音字母"HUIPIAO"组成

图4-2-2　2010版银行汇票防伪特征

动动脑与动动手

1. 代理付款行受理客户提交的银行汇票应重点审核哪些内容？

2. 2010版银行汇票有哪些防伪特征？

3. 以银行柜员的身份进行以下相应业务的处理，包括凭证审核、业务数据录入、凭证盖章与凭证处理。

（1）模拟银行长安市分行营业部收到客户古杰提交的现金银行汇票和进账单，申请兑付现金，银行汇票系模拟银行金苑支行（00001）签发，金额300 000元，原申请人为华凌。

（2）模拟银行沈阳市分行城北支行收到客户李剑提交现金银行汇票和进账单，申请兑付现金，银行汇票系模拟银行金苑支行（00001）签发，金额160 000元，原申请人为章晓飞。

任务活动3 个人银行汇票结清

>> 业务背景

出票银行模拟银行金苑支行收到了代理付款行泰安支行的兑付信息，办理银行汇票结清手续。

>> 具体工作过程

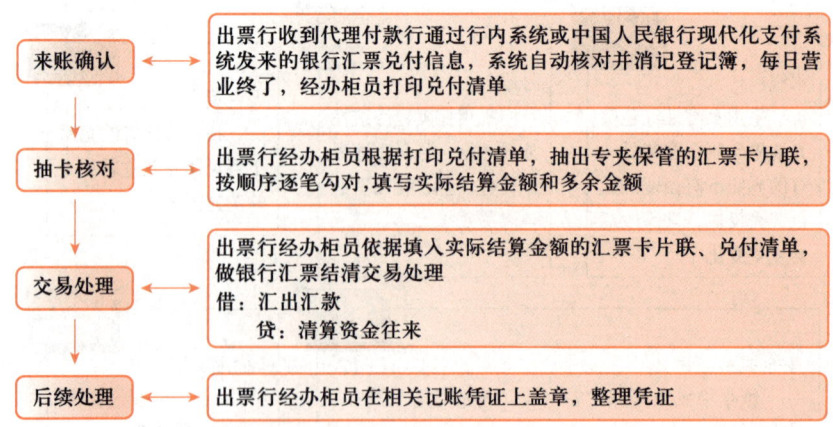

相关知识链接

现金银行汇票挂失的注意事项

　　确系填明"现金"字样和代理付款行的汇票丧失，失票人到出票行或代理付款行挂失时，应提交两联挂失止付通知书（见表4-2-9）。代理付款行先受理的，应在登记挂失登记簿后立即通知出票行。出票行先受理或接到代理付款行通知后，应查对汇出汇款账和汇票卡片，经核对相符，确属本行签发并未注销的，方可受理。挂失止付通知书登记挂失登记簿后，应与原汇票卡片联与多余款收账通知联一并专夹保管，凭以控制付款。如失票人委托出票行通知代理付款行挂失，出票行应立即向代理付款行发出挂失通知。

表4-2-9　挂失止付通知书

模拟银行 挂失止付通知书		
填写日期　　　年　　月　　日		
挂失止付人：	丧失票据记载的主要内容	票据种类
票据丧失时间：		号　码
票据丧失地点：		金　额
票据丧失事由：		付款人
		收款人
		出票日期
失票人签章		付款日期
年　　月　　日	挂失止付人联系地址（电话）：	
会计主管：　　　授权：　　　复核：　　　经办：		

第一联　银行给挂失止付人的受理回单

动动脑与动动手

　　1. 出票行结清银行汇票款项的业务处理包括哪几步？

　　2. 要求以模拟银行金苑支行（00001）柜员的身份进行以下相应业务的处理，包括凭证审核、业务数据录入、凭证盖章与凭证处理。

　　（1）收到模拟银行长安市分行营业部的银行汇票解讫信息，报单金额300 000元，实际结算金额300 000元。汇票系客户华凌10天前申请签发的现金银行汇票，收款人为古杰。审核无误予以结清。

（2）收到模拟银行沈阳市分行城北支行的银行汇票解讫信息，报单金额160 000元，实际结算金额160 000元。汇票系客户章晓飞5天前申请签发的现金银行汇票，收款人为李剑。审核无误予以结清。

任务三　个人银行本票业务处理

【知识储备】

一、银行本票

个人在同一票据交换区域的各种款项结算可以使用银行本票。银行本票的出票人为经中国人民银行当地分支行批准办理银行本票业务的银行机构。申请人与收款人均为个人，且交存现金办理的，可以申请签发现金银行本票。

银行本票的提示付款期限自出票日起最长不超过2个月，逾期代理付款行不予受理。例如，浙江省银行本票为1个月，其他省份参照当地人民银行规定。用于支取现金的银行本票，仅限于向出票行或其系统内营业机构提示付款。银行本票可以在同一票据交换区域内背书转让，但用于支取现金的银行本票不能背书转让。其中，浙江省银行本票可以在全省范围内背书转让和使用，其他省份参照当地人民银行规定。

银行本票的核算过程包括出票、付款和结清三个阶段。

二、主要业务凭证印章

个人银行本票业务涉及的凭证印章主要有个人结算业务申请书、银行本票、进账单、业务收费凭证。

1. 个人结算业务申请书（见表4-1-1）

适用范围、联次介绍、填写要求、加盖印章等内容详见前述。

2. 银行本票

适用范围：是单位或个人通过银行存款账户支付款项的专用记账凭证。

联次介绍：一式两联，第一联卡片联（见表4-3-1），第二联银行本票联（见表4-3-2）。

填写要求：银行本票由出票银行依据客户填写的个人结算业务申请书相关内容填写，出票日期和金额必须大写；签发转账银行本票的，应在票面转账选择框前打钩，反之在现金选择框前打钩。申请书注明"不得转让"字样的，应在银行本票备注栏内注明。其他各栏内容均要填写规范、正确、齐全、清晰。

表4-3-1 银行本票卡片联

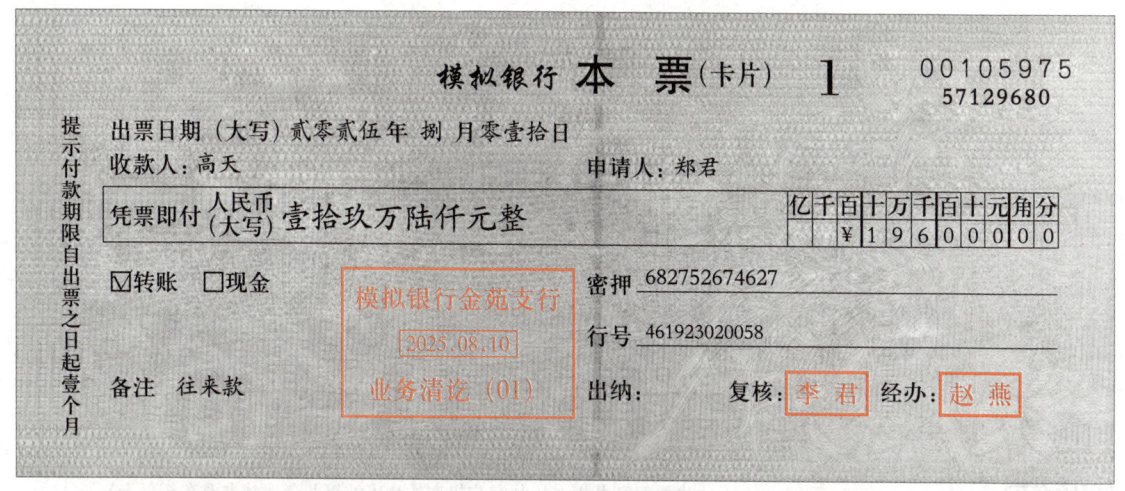

表4-3-2 银行本票联

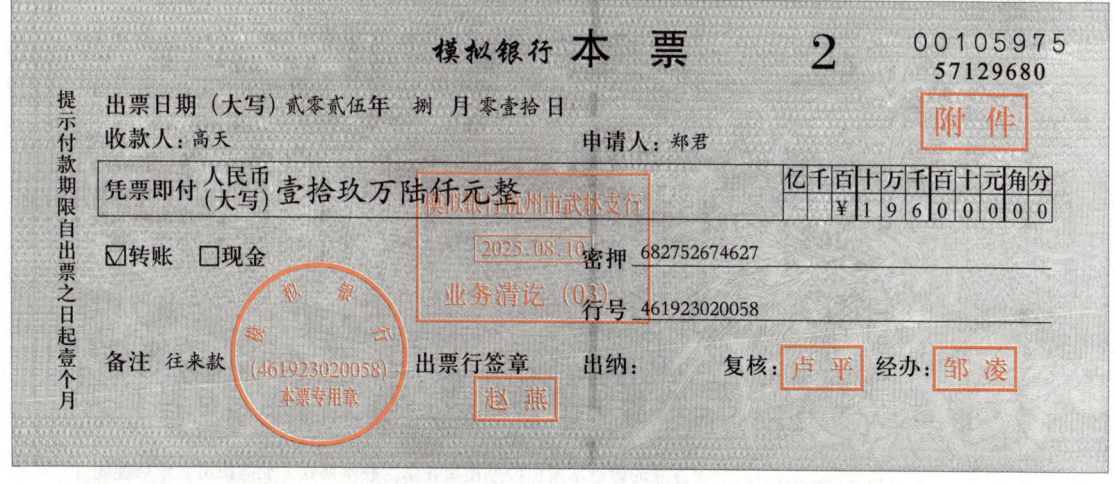

加盖印章：银行本票一式两联在不同业务处理阶段业务终了时，分别加盖不同银行业务印章。第一联卡片联，签发时加盖经办人员与复核人员名章，结清时加盖出票行业务清讫章与经办柜员名章；第二联银行本票联，签发时加盖银行本票专用章与授权经办人员名章，兑付时加盖代理付款行业务清讫章、附件章与经办柜员名章。

3. 进账单（见表4-2-5～表4-2-7）

适用范围、联次介绍、填写要求、加盖印章等详见前述。

4. 业务收费凭证（见表4-1-2）

适用范围、联次介绍、填写要求、加盖印章等内容详见前述。

【任务活动】

任务活动1　个人银行本票签发

>> 业务背景

客户郑君到模拟银行金苑支行提交个人结算业务申请书，申请签发银行本票。

>> 具体工作过程

微课：签发个人银行本票

业务受理	↔	出票行经办柜员接收客户提交的个人结算业务申请书及存折（卡）（若为交现金办理的收取现金）
凭证审核	↔	出票行经办柜员按规定审核身份证件及客户相貌，审核个人结算业务申请书填写的各项内容是否符合相关业务规定，是否有客户签名，存折卡是否为存款人所有（若客户交现金办理的则按规定接收并清点现金）
交易处理	↔	出票行经办柜员依据个人结算业务申请书，在业务系统中选择银行本票出票交易，录入相关信息，核对无误后提交，并根据金额等待授权，经授权柜员审核无误授权后，系统进行收款交易处理 借：活期存款——郑君户 　　贷：开出本票
签发本票	↔	出票行经办柜员根据交易成功后系统提示打印个人结算业务申请书、套打一式两联银行本票
复核盖章	↔	签发的银行本票由经办柜员在第二联本票联上加盖柜员名章后连同个人结算业务申请书一并交本票专用章保管员复核，印章保管员审核无误后在第二联本票联上加盖本票专用章
后续处理	↔	出票行经办柜员将盖章后的第二联本票联、个人结算业务申请书回单联一并交客户，送别客户。 出票行经办柜员在相关记账凭证上盖章，整理凭证。第一联本票卡片专夹保管。销记重要空白凭证登记簿

动动脑与动动手

1. 个人申请签发现金银行本票有什么具体流程？

2. 出票行签发银行本票时应注意哪些方面？

3. 银行本票的两联各自的用途是什么？

4. 以模拟银行金苑支行（00001）柜员的身份进行以下相应业务的处理，包括凭证审核、业务数据录入、凭证盖章与凭证处理。

（1）客户王自立提交现金360 000元及个人结算业务申请书申请签发现金银行本票一份，收款人为方晓。

（2）客户童易晓提交金额为400 000元的个人结算业务申请书申请签发转账银行本票一份，收款人为孙玲玲。

任务活动2　个人银行本票兑付

>> 业务背景

客户高天到模拟银行武林支行提交银行本票和进账单办理本票兑付业务。

>> 具体工作过程

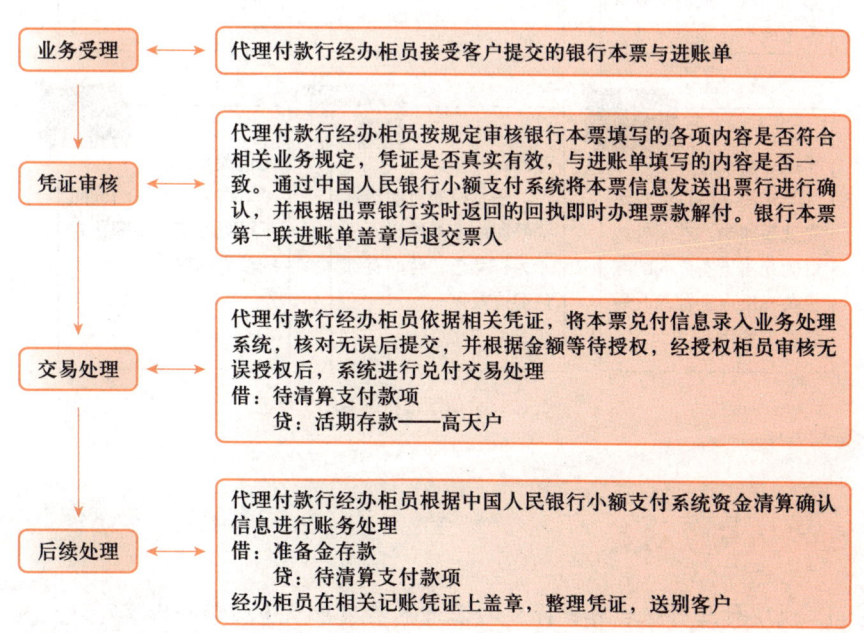

相关知识链接

银行本票的审核要点：

（1）审核银行本票是否真实，是否超过提示付款期限。

（2）审核本票填明的持票人是否在本行开户，与进账单上的名称是否一致。

（3）审核本票必须记载的事项是否齐全，金额、出票日期、收款人名称等是否更改，其他记载事项的更改是否由出票行签章证明。

（4）审核出票行的签章是否符合规定，加盖的票据专用章是否与印模相符。

（5）审核持票人是否在背面签章。

（6）审核持票人的身份证件，并要求持票人提交身份证件复印件留存备查。

（7）银行本票是否真实，2010年版银行本票防伪特征如图4-3-1所示。

纸张：
　　非清分机本票第二联用纸为满版梅花及"P""J"字母变形图案的黑白水印纸；清分机本票第二联用纸为清分机专用纸

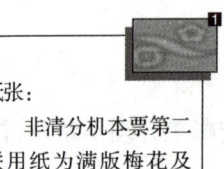

荧光纤维：
　　所有本票第二联纸张中含有无色荧光纤维，在紫外线灯的光照下呈红、蓝双色

安全线：
　　非清分机本票第二联纸张中采用全埋式安全线，透光可见"PJ"字样

水线：
　　采用水溶性红色荧光油墨印制。在紫外线灯的光照下有微弱的红色荧光反应，被涂改后会发生变化

号码：
　　采用棕黑色渗透性油墨印制。号码正面显示为棕黑色，背面有红色渗透效果

无色荧光：
　　在紫外线灯的光照下可见团花及主题花卉的荧光图案

图4-3-1　2010年版银行本票防伪特征

 动动脑与动动手

1. 代理付款行受理客户提交的银行本票应重点审核哪些内容？

2. 2010年版银行本票有哪些防伪特征?

3. 市建行收到客户孙玲玲提交的金额为400 000元的银行本票一份申请兑付,出票行为模拟银行金苑支行,原申请人为童易晓。

以银行柜员的身份进行上述相应业务的处理,包括凭证审核、业务数据录入、凭证盖章与凭证处理。

任务活动3 个人银行本票结清

>> 业务背景

出票银行模拟银行根据代理付款行武林支行的兑付信息,办理银行本票结清手续。

>> 具体工作过程

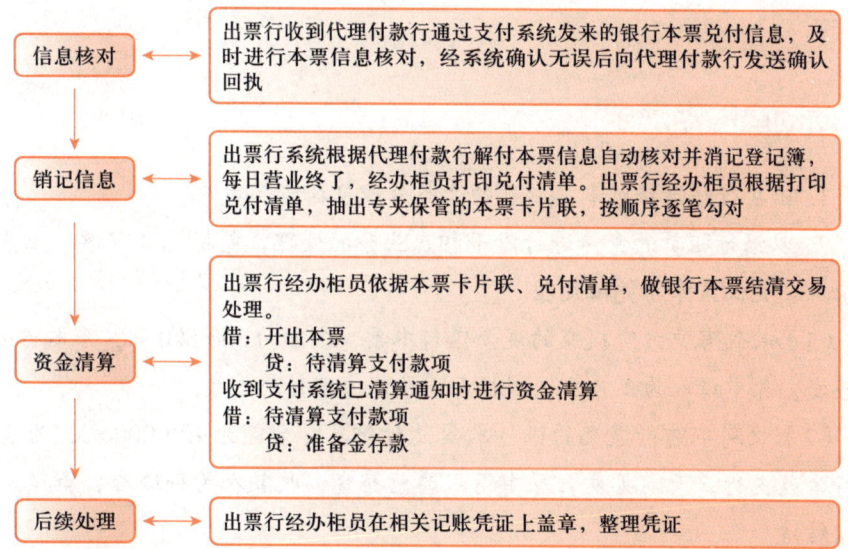

信息核对	⟷	出票行收到代理付款行通过支付系统发来的银行本票兑付信息,及时进行本票信息核对,经系统确认无误后向代理付款行发送确认回执
销记信息	⟷	出票行系统根据代理付款行解付本票信息自动核对并消记登记簿,每日营业终了,经办柜员打印兑付清单。出票行经办柜员根据打印兑付清单,抽出专夹保管的本票卡片联,按顺序逐笔勾对
资金清算	⟷	出票行经办柜员依据本票卡片联、兑付清单,做银行本票结清交易处理。 借:开出本票 　　贷:待清算支付款项 收到支付系统已清算通知时进行资金清算 借:待清算支付款项 　　贷:准备金存款
后续处理	⟷	出票行经办柜员在相关记账凭证上盖章,整理凭证

相关知识链接

1. 现金银行本票挂失

未解付的银行本票丧失,失票人可以在填写挂失止付通知书并签章后,向出票行挂失止付。出票行在接到失票人提交的挂失止付通知书后,应审核挂失止付通知书填写是否符合要求,并抽出原专夹保管的本票卡片联核对,确属本行签发并确未注销时方可受理。出票行受理失票人挂失止付申请后，在计算机系统中登记挂失止付信息，凭以控制付款或退款。

2. 现金银行本票处理

现金银行本票需要到出票行或其系统内营业机构直接兑付现金。

出票行或出票行系统内银行接到持票人交来的现金银行本票时，抽出专夹保管的本票卡片联进行核对，或通过中国人民银行小额支付系统进行现金银行本票信息的实时比对。

经核对银行本票相关信息相符后，还必须认真审核现金银行本票上填写的申请人和收款人是否均为个人，审核持票人的身份证件，持票人在本票背面"持票人向银行提示付款签章"处是否签章和注明身份证件名称、号码及发证机关，并要求持票人提交身份证件复印件留存备查。

审核无误后，办理付款手续（超过柜员操作权限的，需要授权）。本票联作借方凭证，本票卡片联作附件，进行相应账务处理。其会计分录为：

借：开出本票

    贷：现金

 动动脑与动动手

1. 出票行结清银行本票款项的业务处理包括哪几步？

2. 以银行柜员的身份进行以下相应业务的处理，包括凭证审核、业务数据录入、凭证盖章与凭证处理。

（1）收到客户方晓提交的现金银行本票，金额为360 000元，系本行2天前签发，原申请人为王自立，审核无误予以办理付现手续。

（2）收到市建行提交的银行本票兑付信息，金额为400 000元，为模拟银行金苑支行三天前签发，原申请人为童易晓，收款人为孙玲玲，审核无误予以结清。

德技并修与工匠精神 —— 中国银行最美一线员工

俞娜佳，毕业于浙江金融职业学院，先后任职于中国工商银行嵊州支行、中国银行海宁支行，现为中国银行海宁营业部储蓄专柜/理财中心主任。先后荣获中行嘉兴分行服务明星、嘉兴分行"最美一线员工"、中行省分行

"青年能手岗"、海宁市总工会"技能带头人"、中行全省业务技能比武对私项目第一名、浙江省金融系统业务技能比赛二等奖、全国金融系统业务技能比赛二等奖、中国银行浙江省分行"五一"劳动模范、"五四"优秀青年员工以及全省核心专业人才等荣誉，被评为"中国银行总行最美一线员工"，于2018年获得了全国金融五一劳动奖章。

2008年1月，俞娜佳正式入职中国银行海宁支行，从入行第一天起，她就深知作为一线员工技能的重要性，每天下班就在家苦练，入行不到三个月，她就在中国银行海宁支行举办的业务技能比武中取得对私项目和储蓄传票项目第一名的好成绩，这对一个刚入行的员工来说，实属不易。第二年在全省测评中她继续发挥所长，一人考取对私项目、储蓄传票项目、计算器项目以及中文录入项目四个一级能手，首次参加中国银行浙江省分行业务技能大赛便在对私项目上一举夺魁。2016年11月，在全国金融系统的比赛中，她再次荣获对私项目全国第七名（个人二等奖）的好成绩，在该项目上也是浙江省选手里唯一一个获奖的代表。

工作不只有技能，在耀眼的技能光辉之下，自身的服务能力也要很出色。俞娜佳一直信奉"服务无止境，服务要创新，服务要持久"这三句箴言，扎根在银行基层服务第一线，得到了众多客户的一致好评。工匠的成功必然是先苦后甜的，不历寒冬，何来梅香芬芳？古语云："玉不琢，不成器"，俞娜佳对待工作的这份态度落在个人层面上，就是一种认真精神、敬业精神，是树立起对工作敬畏、对事业执着、对产品负责的态度，极度注重细节，不断追求完美和极致，努力给客户无可挑剔的体验。俞娜佳虽然一直拼搏在一线，但是她的精神，她的努力，她的态度代表着一大批银行从业人员的精神面貌，这是一种永不磨灭的职业情怀，更是广大青年学习的榜样。

个人代理业务处理

【学习目标】

素养目标

- 通过个人代理业务基本规定的学习，培育学生经世济民的金融职业素养，引导学生深入社会实践，关注群众现实金融需求
- 通过个人代理业务具体操作流程规范的学习和训练，培养学生合规操作的金融职业操守，增强学生普惠金融服务意识

知识目标

- 了解银行个人代理业务的种类
- 掌握代理国债业务、代理基金业务、代理保险业务、代理贵金属业务、代理缴费业务的种类与基本规定
- 熟悉储蓄国债（凭证式）认购与兑付，基金开户、认（申）购与赎回，保险购买与退保，贵金属认购、赎回与提货，代理缴费自动转账付款申请与续交费等业务的处理规范

能力目标

- 能够按照银行个人代理业务操作流程规范办理储蓄国债（凭证式）认购与兑付，基金账户开立、认（申）购与赎回，保险购买与退保，贵金属认购、赎回与提货，代理缴费自动转账付款申请与续交费等业务
- 能够指导客户正确通过手机银行、超级柜员机等渠道自助办理代理国债、代理基金、代理保险、代理贵金属、代理缴费等业务
- 能够解答客户关于个人代理业务的相关咨询

【内容导航】

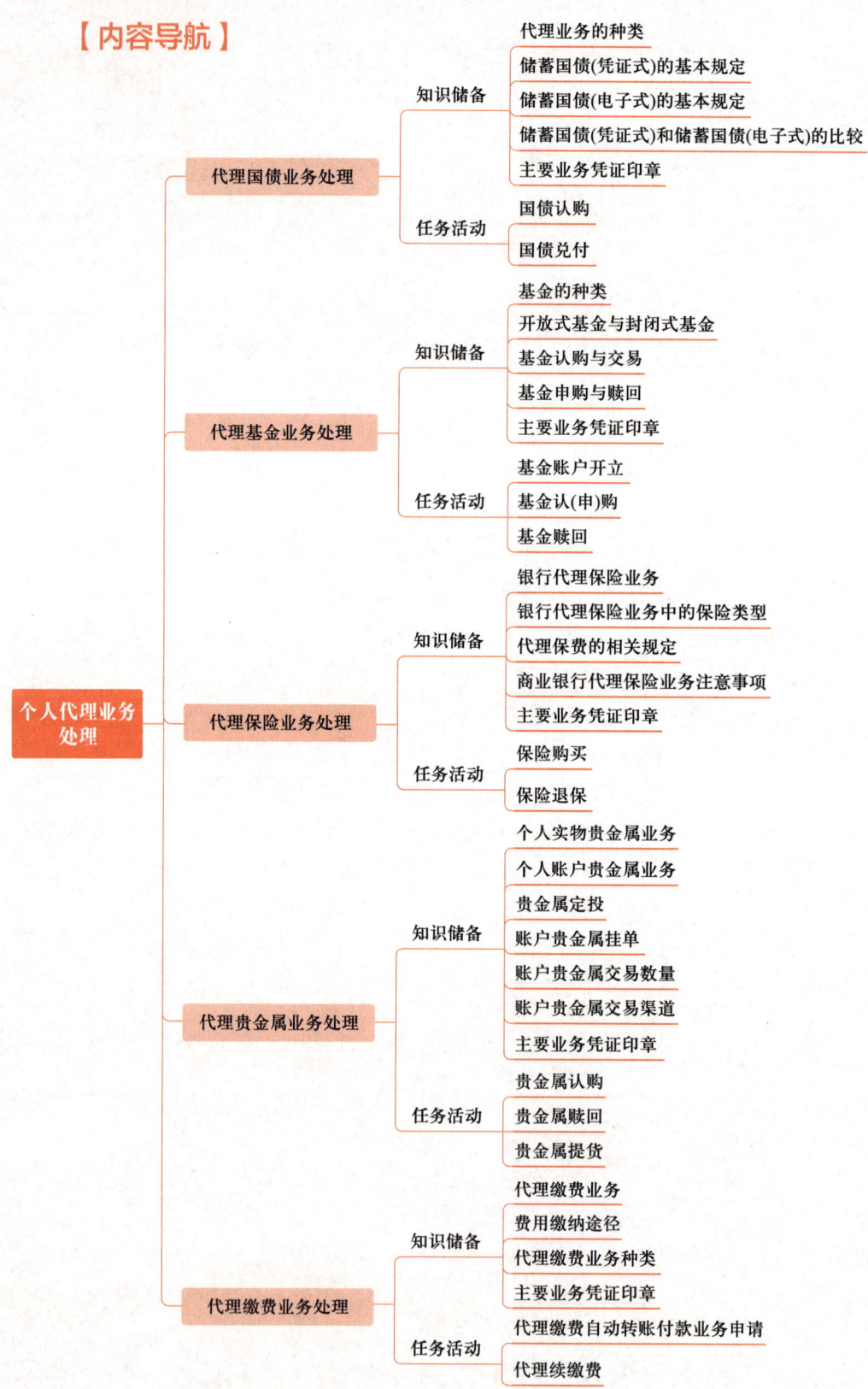

任务一　代理国债业务处理

【知识储备】

一、代理业务的种类

代理业务，是指商业银行接受客户的委托、代为办理客户指定的经济事务、提供金融服务并收取一定费用的业务，包括代理中央银行业务、代理政策性银行业务、代理商业银行业务、代理证券业务、代理保险业务、代收代付业务和其他代理业务。代理业务是典型的中间业务。

（1）代理中央银行业务，是指根据政策法规应由中央银行承担，但是由于机构设置、专业优势等方面的原因，由中央银行指定或委托商业银行承担的业务，主要包括财政性存款代理业务、国库代理业务、发行库代理业务等。

（2）代理政策性银行业务，是指商业银行接受政策性银行的委托，代为办理政策性银行因服务功能和网点设置等方面的限制而无法办理的业务，包括代理政策性结算业务、代理专项资金管理业务、代理政策性现金支付业务等。

（3）代理商业银行业务，是指商业银行之间相互代理业务，主要是指代理资金清算业务，如代理银行汇票业务等。

（4）代理证券业务，是指银行接受委托办理的银证转账业务、第三方存管业务、代理债券发行与兑付业务、代理债券结算业务、代理开放式证券投资基金销售业务等。

（5）代理保险业务，是指银行接受保险公司的委托代其办理保险业务，主要包括代理人寿保险、代理财产保险、代理收取保费、代理支付保险金、代理保险公司结算资金等。

（6）代收代付业务，是指商业银行利用自身结算的便利，接受客户的委托，代为办理指定款项收付的业务，如代发工资业务、代扣住房按揭消费贷款还款业务、代收交通违章罚款等。

（7）其他代理业务，包括委托贷款业务、代理黄金交易业务、银期转账业务等。

二、储蓄国债（凭证式）的基本规定

（1）2017年1月1日起，凭证式国债更名为储蓄国债（凭证式），指不印制实物债券，采用填制"中华人民共和国储蓄国债（凭证式）收款凭证"的方式，通过储蓄国债承销团成员（具体名单见表5-1-1）的网点柜台，面向城乡居民个人和各类投资者发行的国债。储蓄国债（凭证式）可记名，可以办理挂失、质押贷款、出具资产证明书、约定转存等业务，但不可上市转让。

表5-1-1　2024—2026年储蓄国债承销团成员名单

序号	机构名称	序号	机构名称
1	中国工商银行股份有限公司	21	杭州银行股份有限公司
2	中国农业银行股份有限公司	22	青岛银行股份有限公司
3	中国银行股份有限公司	23	成都银行股份有限公司
4	中国建设银行股份有限公司	24	西安银行股份有限公司
5	交通银行股份有限公司	25	宁波银行股份有限公司
6	中国邮政储蓄银行股份有限公司	26	徽商银行股份有限公司
7	中信银行股份有限公司	27	长沙银行股份有限公司
8	中国光大银行股份有限公司	28	汉口银行股份有限公司
9	华夏银行股份有限公司	29	乌鲁木齐银行股份有限公司
10	上海浦东发展银行股份有限公司	30	晋商银行股份有限公司
11	兴业银行股份有限公司	31	浙商银行股份有限公司
12	招商银行股份有限公司	32	江苏银行股份有限公司
13	平安银行股份有限公司	33	苏州银行股份有限公司
14	中国民生银行股份有限公司	34	北京农村商业银行股份有限公司
15	北京银行股份有限公司	35	上海农村商业银行股份有限公司
16	上海银行股份有限公司	36	青岛农村商业银行股份有限公司
17	南京银行股份有限公司	37	重庆农村商业银行股份有限公司
18	广发银行股份有限公司	38	广州农村商业银行股份有限公司
19	天津银行股份有限公司	39	东莞农村南业银行股份有限公司
20	河北银行股份有限公司	40	成都农村商业银行股份有限公司

（2）储蓄国债（凭证式）的起购金额为100元（含100元），并且购买的金额必须是100的整数倍。

（3）储蓄国债（凭证式）自购买之日开始计息，到期一次性还本付息，不计复利，逾期支取不加计利息。投资人可以提前兑取，但只能全部支取，且只能按照规定的当期国债提前兑取条件计息，并按照规定的当期国债提前兑取本金的一定比例（一般为1‰）向承销团成员支付手续费。

三、储蓄国债（电子式）的基本规定

储蓄国债（电子式）是财政部面向个人投资者在中华人民共和国境内发行的，以电子方式记录债权的一种不可上市流通的人民币债券。

储蓄国债（电子式）在发行期内按面值向个人发行，以100元为单位办理各项相关业务。储蓄国债（电子式）不可流通转让，但可以办理提前兑取、质押贷款、非交易过户、开立储蓄国债（电子式）持有证明(财产证明)等业务。

储蓄国债（电子式）从开始发行之日起计息，付息方式分为到期一次性还本付息和定期付息。财政部于指定付息日或到期日通过试点商业银行向投资者支付利息和本金。

在储蓄国债（电子式）发行期内，如遇人民银行调整或取消3年期金融机构存款基准利率，便从调息之日起停止发行，未售出发行额度由财政部收回注销。

储蓄国债（电子式）兑付资金由原售出机构直接支付至投资者资金清算账户；提前支取储蓄国债（电子式）只能通过承销团成员营业网点柜台办理，按当期国债发行文件规定的提前兑取扣息方式扣息后支付本息，可按提前兑取本金的一定比例（一般为1‰）向投资者收取手续费。

四、储蓄国债（凭证式）和储蓄国债（电子式）的比较

储蓄国债（凭证式）或储蓄国债（电子式）的相同点主要包括以下三点：

（1）都属于金边债券[①]，均以国家信用为基础。

（2）购买起存金额为100元，且以100元为单位办理各项业务。

（3）同期内，期限相同的储蓄国债（凭证式）和储蓄国债（电子式）收益水平基本相当。

储蓄国债（凭证式）和储蓄国债（电子式）的不同点如表5-1-2所示。

---

① 金边债券是一种高信用等级的债券，通常由中央政府发行，具有高安全性和稳定性。

表5-1-2　储蓄国债（凭证式）和储蓄国债（电子式）的不同点

比较项目	储蓄国债（凭证式）	储蓄国债（电子式）
认购手续	用现金或银行存款直接购买	需要开立个人国债账户并指定对应的资金账户后，使用资金账户中的存款购买
购买情况记录方式	以"中华人民共和国储蓄国债（凭证式）收款凭证"记录购买情况	以电子记账方式记录购买情况
购买渠道	承销团成员银行柜台	承销团成员银行柜台、获得资格的网上银行或手机银行
起息日	购买当日起息	发行期首日起息
付息周期和方式	到期一次性还本付息	按年付息，到期还本并支付最后一年利息
发行期内可否提前兑取	是	否
到期兑付方式	需前往柜台办理兑付（签立约定转存协议的除外）	本息资金按时自动划入投资者的资金账户，不需要前往柜台办理

五、主要业务凭证印章

代理国债业务涉及的业务凭证印章主要包括储蓄国债（凭证式）购买申请表、储蓄国债（凭证式）收款凭证。

1. 储蓄国债（凭证式）购买申请表（见表5-1-3）

适用范围：是客户申请购买储蓄国债（凭证式）时所提供的银行专业凭证。

联次介绍：一般为二联，第一联由银行作记账凭证；第二联为银行给客户的回单。

填写要求：储蓄国债（凭证式）购买申请表为客户填写和银行联机打印两部分，要求客户填写内容应规范、正确、齐全、清晰，特别是客户的身份证件号码和购买国债的金额等。

加盖印章：业务终了，银行记账凭证加盖业务清讫章与经办柜员名章，回单联加盖业务清讫章。

2. 储蓄国债（凭证式）收款凭证（见表5-1-4）

适用范围：是记录存款人购买储蓄国债（凭证式）的银行收款凭证（注：

表5-1-3　储蓄国债（凭证式）购买申请表

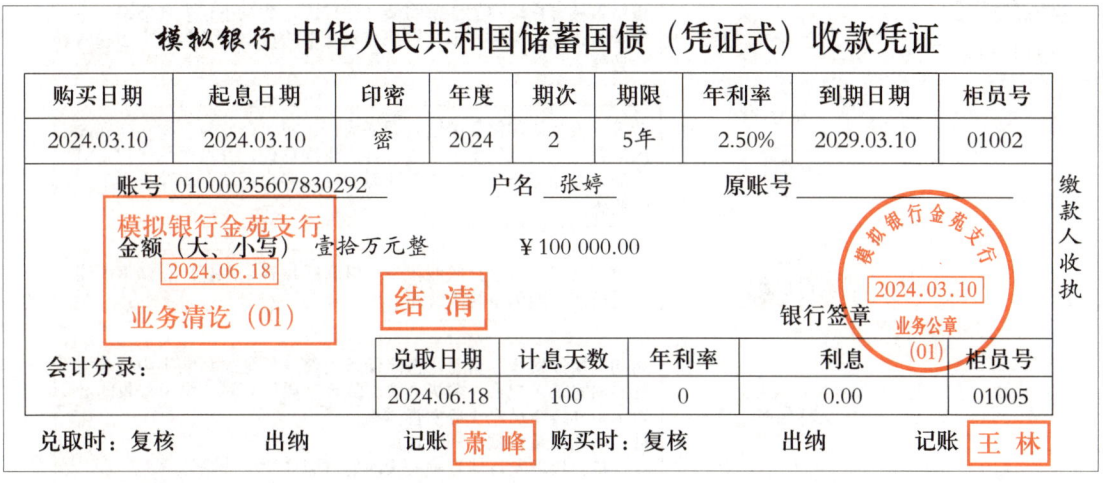

表5-1-4　储蓄国债（凭证式）收款凭证

2017年以前发行的凭证式国债使用的"中华人民共和国凭证式国债收款凭证"继续有效）。

联次介绍：单联，由银行出具给客户作为购买储蓄国债（凭证式）的收款凭证。

填写要求：由办理银行联机打印，要求打印的内容必须规范、正确、齐全、清晰，特别是客户的姓名和购买国债的金额等。

加盖印章：客户购买储蓄国债（凭证式）时需在打印好的储蓄国债（凭证式）收款凭证上加盖业务公章和经办柜员章；客户兑付储蓄国债（凭证式）时需在收回的储蓄国债（凭证式）收款凭证上加盖业务清讫章、经办柜员章和结清章。操作柜员印章加盖端正清晰，交易日期完整、清晰、准确。

【任务活动】

任务活动1　国 债 认 购

>> **业务背景**

客户张婷到模拟银行金苑支行认购储蓄国债（凭证式）。

>> **具体工作过程**

微课：储蓄
国债（凭证
式）认购

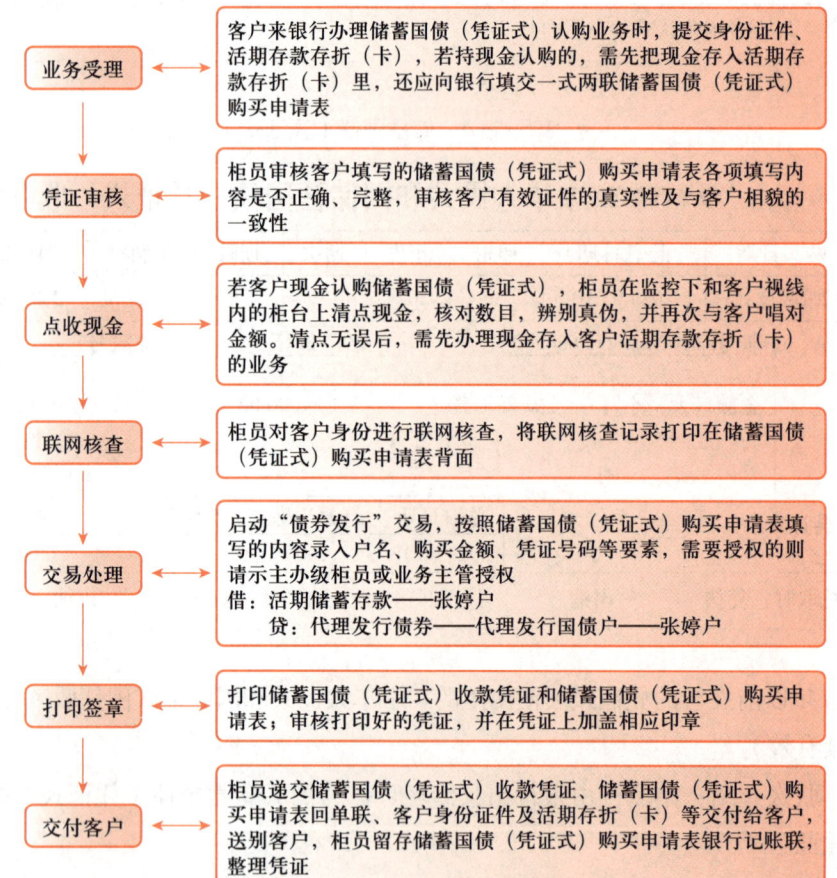

业务受理	客户来银行办理储蓄国债（凭证式）认购业务时，提交身份证件、活期存款存折（卡），若持现金认购的，需先把现金存入活期存款存折（卡）里，还应向银行填交一式两联储蓄国债（凭证式）购买申请表
凭证审核	柜员审核客户填写的储蓄国债（凭证式）购买申请表各项填写内容是否正确、完整，审核客户有效证件的真实性及与客户相貌的一致性
点收现金	若客户现金认购储蓄国债（凭证式），柜员在监控下和客户视线内的柜台上清点现金，核对数目，辨别真伪，并再次与客户唱对金额。清点无误后，需先办理现金存入客户活期存款存折（卡）的业务
联网核查	柜员对客户身份进行联网核查，将联网核查记录打印在储蓄国债（凭证式）购买申请表背面
交易处理	启动"债券发行"交易，按照储蓄国债（凭证式）购买申请表填写的内容录入户名、购买金额、凭证号码等要素，需要授权的则请示主办级柜员或业务主管授权 借：活期储蓄存款——张婷户 　贷：代理发行债券——代理发行国债户——张婷户
打印签章	打印储蓄国债（凭证式）收款凭证和储蓄国债（凭证式）购买申请表；审核打印好的凭证，并在凭证上加盖相应印章
交付客户	柜员递交储蓄国债（凭证式）收款凭证、储蓄国债（凭证式）购买申请表回单联、客户身份证件及活期存折（卡）等交付给客户，送别客户，柜员留存储蓄国债（凭证式）购买申请表银行记账联，整理凭证

相关知识链接

1. 对投资者提前兑取国债产生的额度的处理

储蓄国债（凭证式）发行期内，承销团成员对投资者提前兑取当期国债产生的额度可以继续销售。发行期结束后，承销团成员对投资者提前兑取当期国债产生的额度自行持有至到期，不得再行销售；未售出的额度由财政部收回注销，不得自行持有或者继续销售。

2. 储蓄国债（电子式）手机银行销售业务

2021年3月，财政部会同中国人民银行制定了《手机银行销售储蓄国债（电子式）试点办法》，结合储蓄国债承销团成员以往储蓄国债工作情况、手机银行业务开展情况、客户结构、规模、地域等因素，按照国有大型商业银行、股份制商业银行、城市商业银行和农村商业银行四类，分别选择储蓄国债承销团成员参与试点。储蓄国债（电子式）手机银行销售业务办理起止时间不得超出柜面业务办理起止时间。投资者用于办理储蓄国债（电子式）手机银行相关业务使用的人民币结算账户的手机银行功能，须通过柜面渠道开通。

动动脑与动动手

1. 储蓄国债（凭证式）逾期支取是否加计利息？

2. 说说储蓄国债（凭证式）与整存整取定期储蓄存款的相同点和不同点。

3. 以银行柜员的身份进行以下相应业务的处理，包括凭证审核、业务数据录入、凭证盖章与凭证处理，或指导客户通过超级柜员机办理储蓄国债（电子式）的认购。

（1）客户于海于3月10日持现金50 000元购买第二期5年期储蓄国债（凭证式），利率为2.50%，其身份证号码为330102198802242031，银行卡号：6282000033214567，储蓄国债（凭证式）账号：11000368974521。

（2）客户李东于4月10日持活期储蓄存折（国债资金账户）转账100 000元通过超级柜员机认购第一期3年期储蓄国债（电子式），利率为2.38%，其身份证号码为330106196605072029。

任务活动2　国债兑付

>> 业务背景

客户张婷到模拟银行金苑支行兑付储蓄国债（凭证式）。

>> 具体工作过程

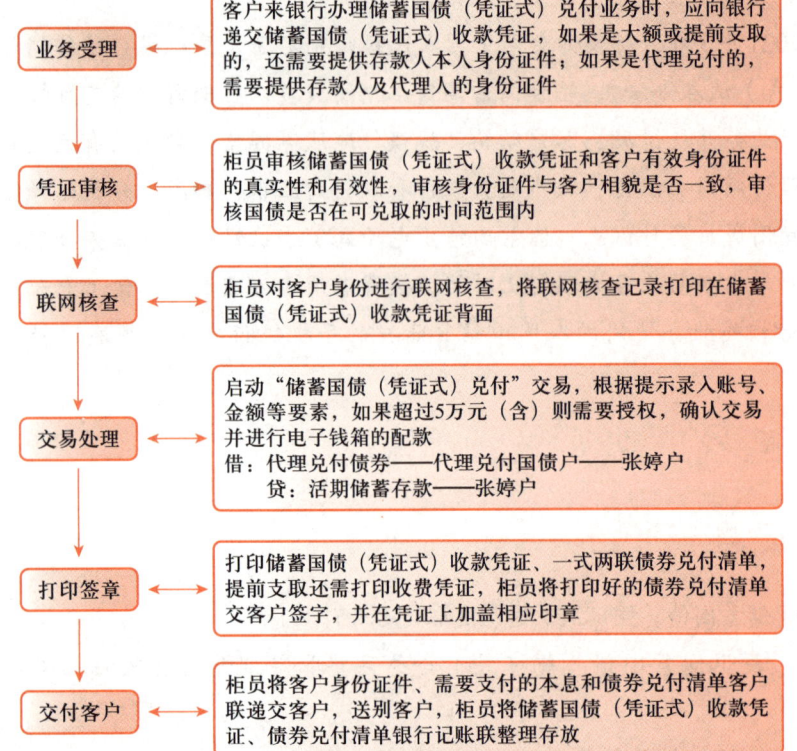

业务受理	客户来银行办理储蓄国债（凭证式）兑付业务时，应向银行递交储蓄国债（凭证式）收款凭证，如果是大额或提前支取的，还需要提供存款人本人身份证件；如果是代理兑付的，需要提供存款人及代理人的身份证件
凭证审核	柜员审核储蓄国债（凭证式）收款凭证和客户有效身份证件的真实性和有效性，审核身份证件与客户相貌是否一致，审核国债是否在可兑取的时间范围内
联网核查	柜员对客户身份进行联网核查，将联网核查记录打印在储蓄国债（凭证式）收款凭证背面
交易处理	启动"储蓄国债（凭证式）兑付"交易，根据提示录入账号、金额等要素，如果超过5万元（含）则需要授权，确认交易并进行电子钱箱的配款 借：代理兑付债券——代理兑付国债户——张婷户 　贷：活期储蓄存款——张婷户
打印签章	打印储蓄国债（凭证式）收款凭证、一式两联债券兑付清单，提前支取还需打印收费凭证，柜员将打印好的债券兑付清单交客户签字，并在凭证上加盖相应印章
交付客户	柜员将客户身份证件、需要支付的本息和债券兑付清单客户联递交客户，送别客户，柜员将储蓄国债（凭证式）收款凭证、债券兑付清单银行记账联整理存放

相关知识链接

1. 储蓄国债（凭证式）的优点

储蓄国债（凭证式）不能上市，提前兑取时的价格（本金和利息）不随市场利率的变动而变动，可以避免市场价格风险。购买储蓄国债（凭证式）不失为一种安全、灵活、收益适中的理想投资方式，是集国债和储蓄的优点于一体的投资品种。

2. 储蓄国债作为质押品的业务处理

储蓄国债（凭证式）或储蓄国债（电子式）均可作为质押贷款的质押品。以储蓄国债（电子式）为例，各试点银行办理以储蓄国债（电子式）为质押品的贷款时，其质押品应为本系统售出的储蓄国债。借款人申请办理质押贷款业务时，应向原购买银行提出申请。经审核批准后，由借贷双方签订质押贷款合同，作为质押的储蓄国债（电子式）的债权由贷款人予以冻结，贷款人同时向借款人出具债权冻结证明。作为质押贷款质押品的储蓄国债（电子式）应是未到期的合格储蓄国债。凡所有权有争议、已作挂失或被依法止付的储蓄国债（电子式），不得作为质押品。

 动动脑与动动手

1. 储蓄国债（电子式）采用什么付息方式？

2. 客户如果提前兑取储蓄国债，需缴纳的手续费标准是什么？

3. 以银行柜员的身份进行以下相应业务的处理，包括凭证审核、业务数据录入、凭证盖章与凭证处理，或指导客户通过超级柜员机办理储蓄国债（电子式）的兑付。

（1）客户于海于6月30日来兑付3月10日购买的第二期5年期储蓄国债（凭证式），金额50 000元，请办理相关的兑付事项并计算利息，其身份证号码为330102198802242031。

（2）客户李东于7月8日通过超级柜员机兑付4月10日购买的第一期3年期储蓄国债（电子式），金额100 000元，其身份证号码为330106196605072029，请指导客户办理相关的兑付事项并计算利息。

任务二　代理基金业务处理

【知识储备】

一、基金的种类

基金按投资区域及投资对象分类及各类风险收益特征如表5-2-1所示。

二、开放式基金与封闭式基金

1. 开放式基金

开放式基金是指基金发行总额不固定，基金单位总数可以根据市场供求情况

表5-2-1　基金的种类

投资区域	类别		投资对象	风险收益特征
国内	股票基金	股票型	60%以上投资于股票	较大
		指数型		
	混合基金	偏股型	股票、债券等，分类标准与股票型基金、债券型基金不一致	中等
		灵活配置型		
		股债平衡型		
		偏债型		
		保本型		
		特殊策略混合型		
	债券基金	标准债券型	80%以上投资于债券	较低
		普通债券型		
	货币市场基金		货币市场	最低
国外	DQII（Qualified Domestic Institutional Investor）		全球范围或特定区域内的股票等权益类产品、债券等固定收益类产品、基金以及证监会允许的其他金融工具	取决于投资市场特性、持仓配置比例

增加或减少，投资人可以按基金的净值在规定的营业场所申购或者赎回基金单位的一种基金。目前银行营业网点办理的基金均为开放式基金。

开放式基金的收益分配形式有现金分红和红利再投资两种。现金分红是指基金红利以现金形式直接转入投资人的资金账户；红利再投资是指基金持有人将分红所得的现金直接用于购买该基金，将分红转为增持新的基金单位。

2. 封闭式基金

封闭式基金是指基金发行总额和发行期在设立时已确定，在发行完毕后的规定期限内发行总额固定不变的证券投资基金。

3. 开放式基金与封闭式基金的区别

（1）基金规模的可变性不同。封闭式基金均有明确的存续期限（我国为不得少于5年），在此期限内已发行的基金单位不能被赎回。而开放式基金所发行的基金单位是可赎回的，而且投资者在基金的存续期间内也可随意申购基金单位，导致基金的资金总额每日都会不断地变化。

（2）基金单位的买卖方式不同。封闭式基金发起设立时，投资者可以向基金管理公司或销售机构认购；当封闭式基金上市交易时，投资者又可委托券商在证券交易所按市价买卖。而投资者投资于开放式基金时，则可以随时向基金管理公司或销售机构申购或赎回。

（3）基金单位的买卖价格形成方式不同。封闭式基金在交易所上市，其买卖价格受市场供求关系影响较大。开放式基金的买卖价格以基金单位的资产净值为基础计算，可直接反映基金单位资产净值的高低。

（4）基金的投资策略不同。封闭式基金在发行后规模固定不变，没有赎回压力，所募集的资金可以全部用于投资。而开放式基金的规模不是固定不变的，必须保留一部分现金以应对投资者随时赎回的需求。

三、基金认购与交易

基金发行期间，投资人必须在发行期内办理认购手续；发行期结束，营业网点立即停止接收认购申请。基金续存期内，投资人必须在规定的基金开放日内提交基金交易申请。对于开放式基金来说，投资者可以在基金存续期内的每一个工作日办理申购、赎回等业务。

四、基金申购与赎回

投资人在封闭式基金的发行期结束一段时间后才可办理基金申购、赎回业务，间隔时间依据"基金招募说明书"中的规定执行，基金销售机构应当以基金投资人的结算账户作为其申购基金的银行账户。

五、主要业务凭证印章

代理基金业务涉及的主要业务凭证印章包括代理基金开/销户申请书、证券业务回单、证券买入（基金认购/申购）委托单、证券卖出（基金赎回/预约赎回）委托单。

1. 代理基金开/销户申请书（见表5-2-2）

适用范围：是个人申请开立和撤销基金账户的银行专用凭证。

联次介绍：一般为两联，第一联由银行作记账凭证；第二联为给客户的回单。

填写要求：代理基金开/销户申请书包括客户填写和银行联机打印两部分，客户填写的内容要规范、正确、齐全、清晰，填写完整并由经办柜员受理打印后，客户应签字确认。

加盖印章：业务终了，银行记账凭证加盖业务公章与经办柜员名章，回单联加盖业务公章。

2. 证券业务回单（见表5-2-3）

适用范围：是客户办理基金业务的银行通用打印凭证，包括基金账户的申

表5-2-2 代理基金开/销户申请书

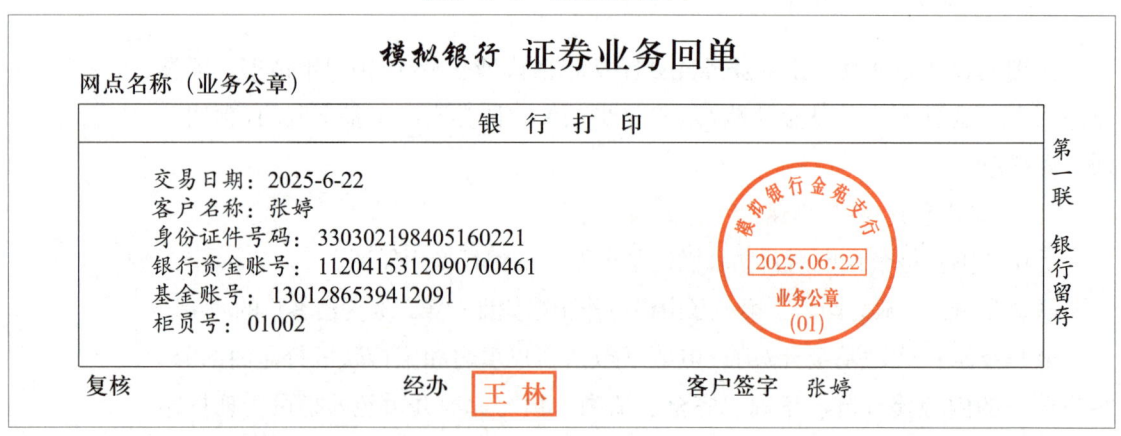

模拟银行 代理基金开/销户申请书

2025 年 6 月 22 日

业务种类	开户☑		销户□		
申请人	张婷			经办人	张婷
借记卡号	1120415312090700461				
投资者证件种类	居民身份证			证件号码	330302198405160221
经办人证件种类	居民身份证			证件号码	330302198405160221
基金账号（开户免填）					
基金注册登记人名称	张婷				
申请人	张婷			经办人	王林
投资者证件种类	居民身份证			证件号码	330302198405160221
经办人证件种类	居民身份证			证件号码	330302198405160221
借记卡号	1120415312090700461		业务种类	基金账户申请	
基金账号	1301286539412091		客户签名：张婷		
基金注册登记人名称	张婷				
委托号	38161	受理时间	2025.6.22	机构投资人预留印鉴：	
银行签章		复核		经办 王 林	

（盖章：模拟银行金苑支行 2025.06.22 业务公章 (01)）

银行填写

第一联 银行留存

表5-2-3 证券业务回单

模拟银行 证券业务回单

网点名称（业务公章）

银 行 打 印

交易日期：2025-6-22
客户名称：张婷
身份证件号码：330302198405160221
银行资金账号：1120415312090700461
基金账号：1301286539412091
柜员号：01002

（盖章：模拟银行金苑支行 2025.06.22 业务公章 (01)）

复核　　　　　　经办 王 林　　　　客户签字 张婷

第一联 银行留存

请、基金认（申）购、基金赎回等业务。

联次介绍：一般为两联，第一联由银行作记账凭证，第二联为给客户的回单。

填写要求：由办理银行联机打印，客户签字确认，各项信息的填写与对应办理的业务内容相符。

加盖印章：业务终了，银行记账凭证加盖业务公章与经办柜员名章，回单联加盖业务公章。

3. 证券买入（基金认购/申购）委托单（见表5-2-4）

适用范围：是客户办理证券买入、基金认购/申购业务的银行专用凭证。

联次介绍：一般为两联，第一联由银行作记账凭证，第二联为给客户的回单。

填写要求：证券买入（基金认购/申购）委托单为客户填写和银行联机打印两部分，客户填写内容应规范、正确、齐全、清晰，填写完整后由客户签字确认。

加盖印章：业务终了，银行记账凭证加盖业务公章与经办柜员名章，回单联加盖业务公章。

表5-2-4　证券买入（基金认购/申购）委托单

模拟银行　证券买入（基金认购/申购）委托单				
☑基金　□债券　□账户金			2025 年 6 月 28 日	
客　户　填　写				
客户名称	张婷	证券卡号	1301286539412091	
被授权人姓名		市场代码		
证券代码	002001	证券名称	华夏回报混合A	
基金客户填写□认购　☑申购		债券客户填写	账户金客户填写	
金额（元）	50 000.00	价格（元/百元）	价格（元/克）	
份额（份基金单位）		数量（百元）	数量（克）	
银　行　打　印				
客户名称　张婷 申购日期　2025-6-28 基金名称　华夏回报混合A 基金代码　002001 申购金额　¥50 000.00		银行预留印鉴（机构）	模拟银行金苑支行 2025.06.28 业务公章 (01)	
复核		经办　王 林	客户签字　张婷	

第一联　银行留存

4. 证券卖出（基金赎回/预约赎回）委托单（见表5-2-5）

适用范围：是客户办理证券卖出、基金赎回/预约赎回的银行专用凭证。

联次介绍：一般为两联，第一联由银行作记账凭证，第二联为给客户的回单。

填写要求：证券卖出（基金赎回/预约赎回）委托单为客户填写和银行联机打印两部分，要求客户填写内容应规范、正确、齐全、清晰，填写完整后由客户签字确认。

加盖印章：业务终了，银行记账凭证加盖业务公章与经办柜员名章，回单联加盖业务公章。

表5-2-5　证券卖出（基金赎回/预约赎回）委托单

模拟银行 证券卖出（基金赎回/预约赎回）委托单

特别提示：投资莫忘风险，买卖更需谨慎。请您仔细阅读背面客户须知。

☐债券　☑基金　　　　　　　　　　　　　　　　　　　2025 年 8 月 20 日

客 户 填 写			
客 户 名 称	张婷	证 券 卡 号	1301286539412091
被授权人姓名		市 场 代 码	
证 券 代 码	002001	证 券 名 称	华夏回报混合A
卖出/赎回数量(百元/份基金单位)	10 000份	债券卖出价格（元）	
基 金 赎 回 方 式	☑赎回　☐预约赎回	确 认 编 号	
		确 认 日 期	
巨额赎回未成交部分选择	☐延迟到下一开放日 ☐撤销	预约赎回指定日期	年 月 日
银 行 打 印			

客户名称　张婷
赎回日期　2025-08-20
基金名称　华夏回报混合A
基金代码　002001
赎回份额　10 000

银行预留印鉴（机构）

（印章：模拟银行金苑支行 2025.08.20 业务公章 (01)）

复核　　　　　经办　王林　　　　客户签字　张婷

（竖排：第一联　银行留存）

【任务活动】

任务活动1　基金账户开立

>> 业务背景

客户张婷到模拟银行金苑支行办理基金账户开立申请。

>> 具体工作过程

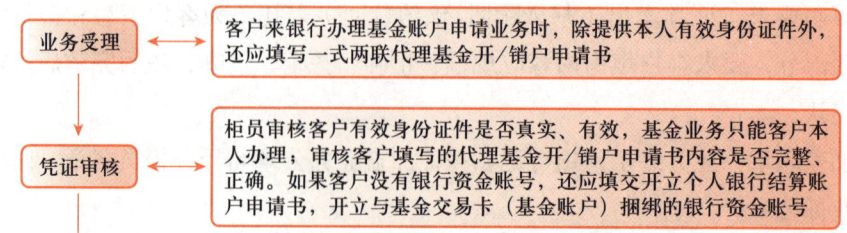

业务受理 ←→ 客户来银行办理基金账户申请业务时，除提供本人有效身份证件外，还应填写一式两联代理基金开/销户申请书

凭证审核 ←→ 柜员审核客户有效身份证件是否真实、有效，基金业务只能客户本人办理；审核客户填写的代理基金开/销户申请书内容是否完整、正确。如果客户没有银行资金账号，还应填交开立个人银行结算账户申请书，开立与基金交易卡（基金账户）捆绑的银行资金账号

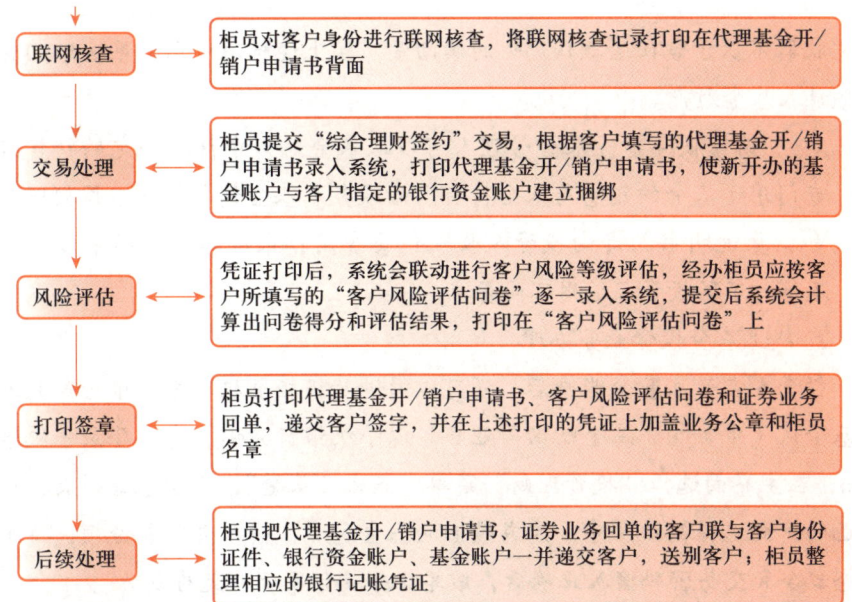

微课：基金业务开户

相关知识链接

1.基金销售费用

基金销售费用包括基金的申购（认购）费、赎回费和销售服务费。

（1）申购（认购）费。基金管理人发售基金份额、募集基金，能够收取申购（认购）费，但申购（认购）费率不得超过申购（认购）金额的5%。申购（认购）费率有前端收费模式和后端收费模式两种。前端收费模式是在投资人申购（认购）款中一次性扣除，后端收费模式则是在赎回时从赎回金额中扣除。基金产品同时设置前端收费模式和后端收费模式的，其前端收费的最高档申购（认购）费率应低于对应的后端收费的最高档申购（认购）费率。

基金管理人可以对选择前端收费方式的投资人根据其申购（认购）金额的数量适用不同的前端申购（认购）费率标准。同时，基金管理人也可以对选择后端收费方式的投资人根据其持有期限适用不同的后端申购（认购）费率标准。对于持有期低于3年的投资人，基金管理人不得免收其后端申购（认购）费用。

（2）赎回费。基金管理人办理开放式基金份额的赎回应当收取赎回费，赎回费不得超过基金份额赎回金额的5%，货币市场基金及中国证监会规定的其他品种除外。

对于短期交易的投资人，基金管理人可以在基金合同、招募说明书中约定按以下费用标准收取赎回费：对于持续持有期少于7日的投资人，收取不低于赎回金额1.5%的赎回费；对于持续持有期不少于7日但少于30日的投资人，收取不低于赎回金额0.75%的赎回费。按上述标准收取的基金赎回费应全额计入基金财产。

（3）销售服务费。基金管理人可以从基金财产中计提一定的销售服务费，专门用于基金的销售与基金持有人的服务。基金销售机构应该按照基金合同和招募说明书约定向投资人收取销售费用；未经招募说明书载明并公告，不得对不同投资人适用不同费率。

2. 线上基金投资业务办理

投资人在开立基金账户后，还可以通过超级柜员机、手机银行等渠道办理基金认（申）购、基金赎回等业务。以手机银行为例，客户登录手机银行App，在主界面选择"投资理财"菜单，点击"基金"，查看基金列表，根据自己的意向选择欲认（申）购或赎回的基金种类，输入金额或份额，待手机动态口令和交易密码输入正确后，该笔业务就会显示"交易成功"。

 动动脑与动动手

1. 说说基金认购和基金申购的区别。

2. "客户签约理财/基金账户时，该业务仅支持于柜台办理，手机银行等线上路径不可签约。"这句话对吗？为什么？

3. 以银行柜员的身份进行以下相应业务的处理，包括凭证审核、业务数据录入、凭证盖章与凭证处理，或指导客户通过超级柜员机办理此业务。

（1）客户石萍萍持本人有效身份证件于5月30日来银行要求开立一个基金账户，身份证号码为330108198803211029，借记卡账户为001081136719632，基金账号为120203362154762。

（2）客户王晓楠持本人有效身份证件于6月3日来银行通过超级柜员机开立一个基金账户，身份证号码为310402199803222016，借记卡账户为001216019647513，基金账号为120367001496288。

任务活动2　基金认（申）购

》 业务背景

客户张婷到模拟银行金苑支行办理基金认（申）购业务。

>> 具体工作过程

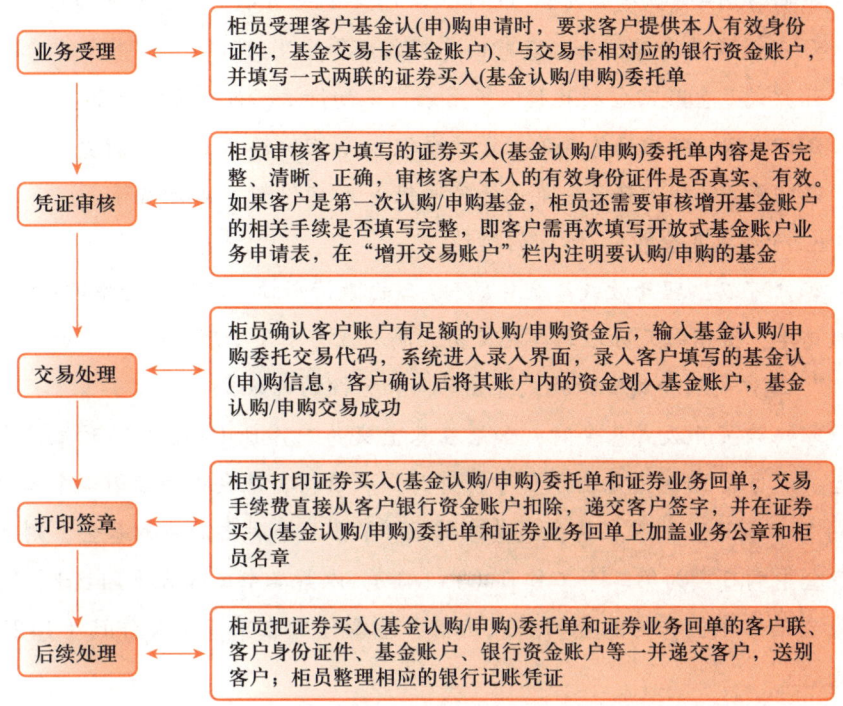

业务受理 ← 柜员受理客户基金认(申)购申请时，要求客户提供本人有效身份证件，基金交易卡(基金账户)、与交易卡相对应的银行资金账户，并填写一式两联的证券买入(基金认购/申购)委托单

凭证审核 ← 柜员审核客户填写的证券买入(基金认购/申购)委托单内容是否完整、清晰、正确，审核客户本人的有效身份证件是否真实、有效。如果客户是第一次认购/申购基金，柜员还需要审核增开基金账户的相关手续是否填写完整，即客户需再次填写开放式基金账户业务申请表，在"增开交易账户"栏内注明要认购/申购的基金

交易处理 ← 柜员确认客户账户有足额的认购/申购资金后，输入基金认购/申购委托交易代码，系统进入录入界面，录入客户填写的基金认(申)购信息，客户确认后将其账户内的资金划入基金账户，基金认购/申购交易成功

打印签章 ← 柜员打印证券买入(基金认购/申购)委托单和证券业务回单，交易手续费直接从客户银行资金账户扣除，递交客户签字，并在证券买入(基金认购/申购)委托单和证券业务回单上加盖业务公章和柜员名章

后续处理 ← 柜员把证券买入(基金认购/申购)委托单和证券业务回单的客户联、客户身份证件、基金账户、银行资金账户等一并递交客户，送别客户；柜员整理相应的银行记账凭证

相关知识链接

1. 理财基金业务代办规则

理财基金业务不允许代办，只能本人持有效身份证件办理。

2. 风险评估测试

客户办理投资业务时需要进行风险评估，其有效期为12个月。风险评估期满后，客户需重新进行风险评估才可继续进行理财基金交易。客户在购买理财产品时，其风险承受能力与产品风险程度应匹配，若不匹配，需重新评估，或购买相匹配产品。

3. 开放式基金的申购、赎回原则

开放式基金遵循的申购、赎回原则如下。

（1）"未知价"交易原则，即投资人在申购、赎回基金份额时并不能即时获知买卖的成交价格，申购、赎回价格只能以申购、赎回日交易时间结束后基金管理人公布的基金份额净值为基准进行计算。

（2）"金额申购、份额赎回"原则，即申购以金额申请，赎回以份额申请。

4. 申购开放式基金单位数量份额的计算方法

申购开放式基金单位数量份额的计算公式如下。

申购份额=申购金额（1−申购费率）/申购当日基金单位资产净值

5. 开放式基金赎回金额及赎回费用的计算方法

开放式基金赎回金额及赎回费用采用未知价法，计算公式如下。

赎回金额=赎回日基金单位资产净值×赎回份额×（1−赎回费率）

赎回费用=赎回日基金单位资产净值×赎回份额×赎回费率

6. 开放式基金申购/赎回的撤销

客户可以办理开放式基金申购/赎回的撤销手续，填写基金申购/赎回委托撤销单，撤销当天办理的委托交易，隔天业务不予受理。

7. 客户买入和赎回开放式基金时间和金额的确认

客户购买开放式基金时，如果在基金交易工作日（T日）15时之前申购基金，以当天15时的基金单位净值作为买入价格，基金份额在第二个工作日（T+1日）确认；如果在基金交易工作日（T日）15时之后申购基金，则实际的基金申购日期为第二个工作日（T+1日），以第二个工作日（T+1日）15时的基金单位净值作为基金的买入价格，基金份额在第三个工作日（T+2日）确认。

客户赎回开放式基金时，如果在基金交易工作日（T日）15时之前赎回基金，以当天15时的基金单位净值作为赎回价格，赎回资金在第二个工作日（T+1日）到账；如果在基金交易工作日（T日）15时之后赎回基金，则实际的赎回日期为第二个工作日（T+1日），以第二个工作日（T+1日）15时的基金单位净值作为基金的赎回价格，赎回资金在第三个工作日（T+2日）到账。

动动脑与动动手

1. 基金认（申）购、赎回遵循什么原则？

2. 客户是否可以隔日办理开放式基金申购/赎回的撤销手续？

3. 以银行柜员的身份进行以下相应业务的处理，包括凭证审核、业务数据录入、凭证盖章与凭证处理，或指导客户通过手机银行办理此业务。

（1）客户石萍萍于6月1日持本人有效身份证件、基金账户（基金交易卡）、银行资金账户等到银行办理基金的申购，欲申购50 000元华夏亚债中国债券指数A，该基金的基金代码001021，客户填写基金认购/申购委托单，到柜台办理此业务。

（2）客户王晓楠于6月5日申购20 000元华夏红利混合基金，该基金的基金代码001696，客户通过手机银行办理此业务。

任务活动3　基金赎回

>> **业务背景**

客户张婷到模拟银行金苑支行办理基金赎回业务。

>> **具体工作过程**

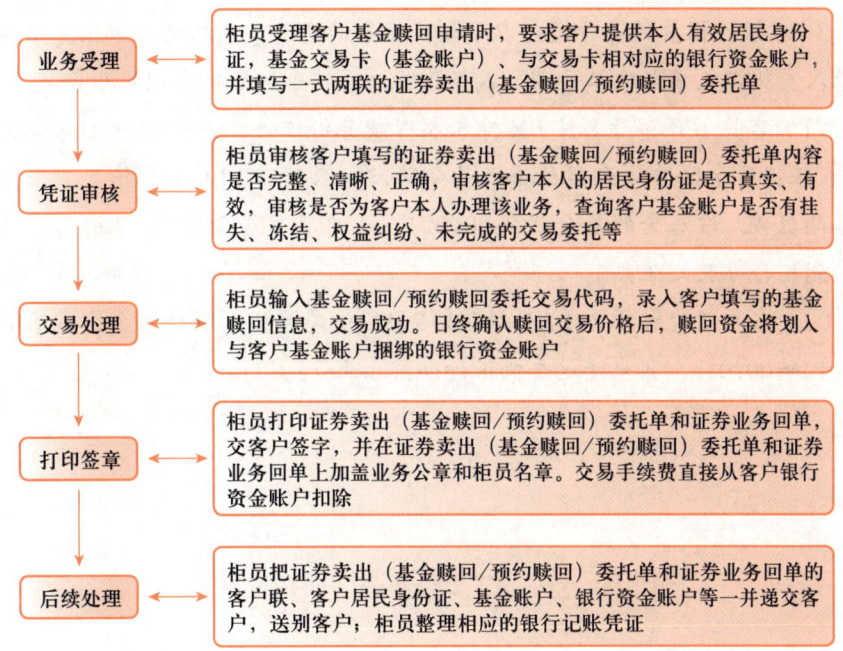

微课：基金业务赎回

相关知识链接

基金定投

基金定投是定期定额投资基金的简称，是指在固定的时间将固定的金额投资到指定的开放式基金中。一般而言，基金的投资方式有两种，即一次性单笔投资和定期定额投资。相对于一次性单笔投资，基金定投具有起点少、风险低、方式简单等特点，也被称为"小额投资计划"或"懒人理财"。

基金定投形式上类似于银行的零存整取定期储蓄存款，能使投资人的资金积少成多，平摊投资成本，降低整体风险，适合做小额、长期、有目的性的投资。对于一般投资人而言，不必筹措大笔资金，每月运用生活必要支出外的闲置资金来投资即可，既能强制储蓄又不会形成经济上的额外负担，更能积少成多，使小钱变大钱，以满足未来对大额资金的需求。

动动脑与动动手

1. 基金赎回一般几天才能到账？

2. 除了银行网点之外，客户还可以通过哪些途径办理基金赎回业务？

3. 以银行柜员的身份进行以下相应业务的处理，包括凭证审核、业务数据录入、凭证盖章与凭证处理，或指导客户通过手机银行办理此业务。

（1）客户石萍萍于8月7日持本人有效身份证件、基金账户（基金交易卡）、银行资金账户等到银行办理基金赎回，欲赎回10 000份华夏亚债中国债券指数A，该基金的基金代码001021，客户填写基金赎回/预约赎回委托单，到柜台办理此业务。

（2）客户王晓楠于8月5日欲赎回2 000份华夏红利混合基金，该基金的基金代码002011，客户通过手机银行办理此业务。

任务三　代理保险业务处理

【知识储备】

一、银行代理保险业务

代理保险主要是指代理银行依托自身的结算、网络等优势，结合所拥有的客户群体资源，为保险公司提供代理保险业务。银行代理保险业务主要包括代理人寿保险业务、代理财产保险业务、代理收取保费及支付保险金业务。

银行与保险公司签订的委托代理协议应当包括但不限于以下主要条款：代理保险产品种类，佣金标准及支付方式，单证及宣传材料管理，客户账户及身份信息核对，反洗钱，客户信息保密，双方权利责任划分，争议的解决，危机应对及客户投诉处理机制，合作期限，协议生效、变更和终止，违约责任等。

保险产品的经营主体是保险公司。在银行代销保险业务中，保险产品的设计、投资、管理等均由保险公司全权负责。银行作为代理销售机构，则有责任做好销售环节的各项事宜，包括销售人员培训、持证上岗、投资者风险承受能力评估、合规销售、避免销售误导、配合保险公司为投资者提供良好的后续服务等。

二、银行代理保险业务中的保险类型

目前银行代理保险业务主要包括年金险、两全险、重疾险三种类型。

（1）年金险（分红险），是以被保险人生存为给付保险金条件，保险公司按保险合同约定的金额和方式分期给付被保险人生存保险金，且给付间隔不超过一年（含一年）的人寿保险。

（2）两全险，包括死亡保险和生存保险。死亡保险是指被保险人在保险责任有效期内死亡，保险公司给付死亡保险金的保险。生存保险是以被保险人于保险期届满仍然生存时，保险公司依照契约所约定的金额给付生存保险金，它以储蓄为主，也被称为储蓄保险。

（3）重疾险，即重大疾病保险，是指由保险公司经办的以特定重大疾病，如恶性肿瘤、急性心肌梗死、脑中风后遗症等为保障项目的险种，当被保险人患有上述疾病时，由保险公司对医疗费用给予固定给付。

三、代理保费的相关规定

商业银行代理销售意外伤害保险、健康保险、定期寿险、终身寿险、保险期间不短于10年的年金保险和两全保险、财产保险（不包括财产保险公司投资型保险）的保费收入之和不得低于保险代理业务总保费收入的20%。

四、商业银行代理保险业务注意事项

1. 商业银行代理保险业务的经营规则

商业银行代理保险业务应当严格遵守审慎经营规则，不得有下列行为：

（1）将保险产品与储蓄存款、基金、银行理财产品等产品混淆销售。

（2）将保险产品收益与储蓄存款、基金、银行理财产品简单类比，夸大保险责任或者保险产品收益。

（3）将不确定利益的保险产品的收益承诺为保证收益。

（4）将保险产品宣传为其他金融机构开发的产品并进行销售。

（5）通过宣传误导、降低合同约定的退保费用等手段诱导消费者提前解除保险合同。

（6）隐瞒免除保险人责任的条款、提前解除保险合同可能产生的损失等与保险合同有关的重要情况。

（7）以任何方式向保险公司及其人员收取、索要协议约定以外的任何利益。

（8）其他违反审慎经营规则的行为。

2. 商业银行代理保险业务应遵守的规范

（1）商业银行保险销售从业人员应当按照商业银行的授权销售保险产品，不得销售未经授权的保险产品或私自销售保险产品。

（2）商业银行不得允许保险公司人员等非商业银行从业人员在商业银行营业场所从事保险销售相关活动。

（3）商业银行及其保险销售从业人员不得将保险代理业务转委托给其他机构或个人。

（4）商业银行不得通过第三方网络平台开展保险代理业务。

（5）商业银行保险销售从业人员不得以个人名义从事互联网保险业务。

五、主要业务凭证印章

银行代理保险业务涉及的主要业务凭证包括保险公司保险产品购买申请书和保险公司退保申请书。

1. 保险产品购买申请书（见表5-3-1）

适用范围：是客户申请保险产品购买的保险公司专用凭证。

联次介绍：一般为两联，第一联由保险公司作记账凭证；第二联为给客户的回单。

填写要求：保险产品购买申请书由客户填写，要求凭证各栏内容填写规范、正确、齐全、清晰，填写完整后并由客户签字确认。

加盖印章：业务终了，保险公司记账凭证加盖代理银行业务公章与经办柜员名章，回单联加盖代理银行业务公章。

2. 保险公司退保申请书（见表5-3-2）

适用范围：是客户申请保险业务退保的保险公司专用凭证。

表5-3-1　保险产品购买申请书

保险产品购买申请书

中国___平安___保险股份有限公司：

　　本单位（个人）___章强___有意购买贵公司___年金___保险产品___年年利5号___，投保单号___331166___，投保金额（人民币）___100 000.00___，投保方式为___趸交___，被保险人___章强___，保险金给付事项具体参照保险合同约定的金额和方式按年给付被保险人。

　　联系电话：___13778786413___

　　购买保险申请人签章（签字）：___章强___

　　身份证号码：___330107198605317136___

　　___2025___年___2___月___6___日

表5-3-2　保险公司退保申请书

保险公司退保申请书

中国___平安___保险股份有限公司：

　　本单位（个人）因___资金紧张___原因，申请对保单___331166___进行退保／批减保费，请予以办理，谢谢！

　　提示：如退保人遗失保单正、副本或发票、收据，须向我司出具书面说明及保证函，明确不在该保单项下向我司提出索赔。

　　联系电话：___13778786413___

　　退保申请人签章（签字）：___章强___

　　身份证号码：___330107198605317136___

　　___2025___年___2___月___12___日

　　联次介绍：一般为两联，第一联由保险公司作记账凭证；第二联为给客户的回单。

　　填写要求：保险公司退保申请书由客户填写，要求凭证各栏内容填写规范正确、齐全、清晰，填写完成后由客户签字确认。

　　加盖印章：业务终了，保险公司记账凭证加盖代理银行业务公章与经办柜员名章，回单联加盖代理银行业务公章。

【任务活动】

任务活动1　保 险 购 买

>> 业务背景

客户章强通过手机银行购买银行理财型保险产品。

>> 具体工作过程

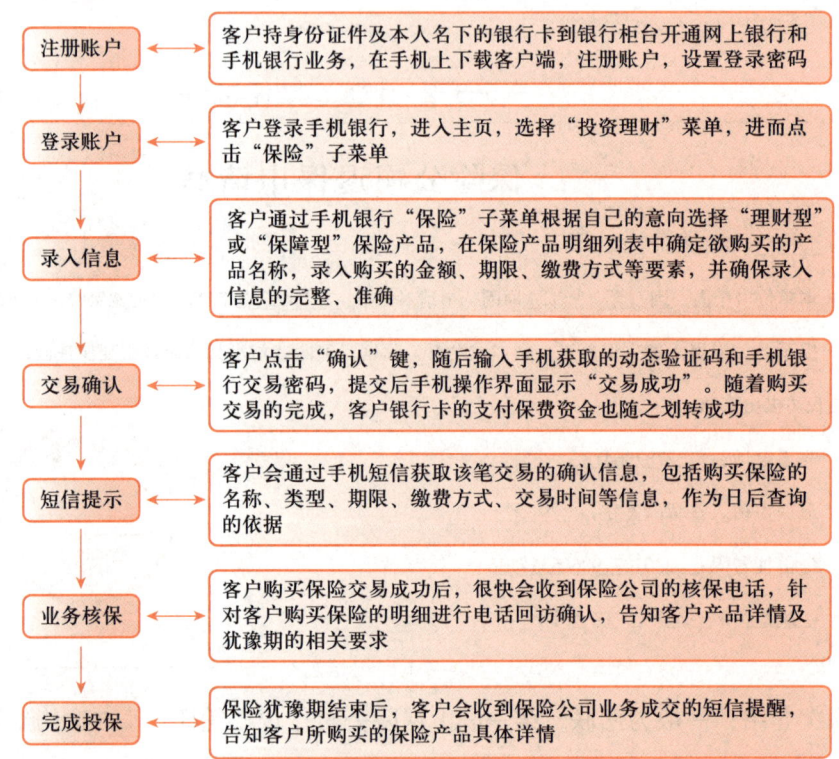

注册账户	客户持身份证件及本人名下的银行卡到银行柜台开通网上银行和手机银行业务，在手机上下载客户端，注册账户，设置登录密码
登录账户	客户登录手机银行，进入主页，选择"投资理财"菜单，进而点击"保险"子菜单
录入信息	客户通过手机银行"保险"子菜单根据自己的意向选择"理财型"或"保障型"保险产品，在保险产品明细列表中确定欲购买的产品名称，录入购买的金额、期限、缴费方式等要素，并确保录入信息的完整、准确
交易确认	客户点击"确认"键，随后输入手机获取的动态验证码和手机银行交易密码，提交后手机操作界面显示"交易成功"。随着购买交易的完成，客户银行卡的支付保费资金也随之划转成功
短信提示	客户会通过手机短信获取该笔交易的确认信息，包括购买保险的名称、类型、期限、缴费方式、交易时间等信息，作为日后查询的依据
业务核保	客户购买保险交易成功后，很快会收到保险公司的核保电话，针对客户购买保险的明细进行电话回访确认，告知客户产品详情及犹豫期的相关要求
完成投保	保险犹豫期结束后，客户会收到保险公司业务成交的短信提醒，告知客户所购买的保险产品具体详情

相关知识链接

1. 保险公司应履行的职责

保险公司应当在划扣首期保费24小时内，若未划扣首期保费的，则在承保24小时内，以保险公司名义，通过手机短信、微信、电子邮件等方式提示投保人，提示内容至少应当包括：保险公司名称、保险产品名称、保险期间、犹豫期起止时间、期缴保费及频次、保险公司统一客服电话。保险公司在续期缴费、保险合同到期时应当采取手机短信、微信、电子邮件等方式提示投保人。投保人未留手机联系方式的，应当通过电子邮件、纸质信件等方式提示。

2. 商业银行应履行的职责

商业银行及其保险销售从业人员应当向投保人提供完整的保险合同材料，包括投保提示书、投保单、保险单、保险条款、产品说明书、现金价值表等，指导投保人在投保单上如实、正确、完整地填写客户信息，并在人身保险新型产品投保书上抄录有关声明，不得代抄录有关语句或签字。投保提示书应当至少包括以下内容：

（1）说明客户购买的是保险产品。

（2）提示客户详细阅读保险条款和产品说明书，尤其是保险责任、犹豫期和退保事项、利益演示、费用扣除等内容。

（3）提示客户应当由投保人亲自抄录、签名。

（4）列示客户向商业银行及保险公司咨询或投诉的渠道。

（5）国家金融监督管理总局规定的其他内容。

3. 购买保险的注意事项

（1）先明确购买保险的目的，是注重其保障功能还是单纯通过保险去投资理财，再选择险种。

（2）货比三家，每一家金融机构代理的保险产品都不相同，要进行综合的横向比较，选择最适合自己的。

（3）关注缴费方式，要注意区分"期缴"和"趸缴"，前者是指分期缴纳保费，后者则是指一次付清保费。此外，还要了解中途退保的细节规定等。对于期缴的保险产品，鼓励采取按月缴费等符合消费习惯的保费缴纳方式。

（4）选择可靠的保险经纪人，因为其独立性更强，可以为投资者提供更广的产品选择空间。

（5）利用好保险的"犹豫期"规则，做好理性投资规划。"犹豫期"是指投保人在收到保险合同后10天（银行保险渠道为15天）内，如不同意保险合同内容，可将合同退还保险公司并申请撤销。在此期间，保险公司无条件同意投保人的撤销申请，按要求撤销合同并退还已收全部保费。

4. 投保单填写的注意事项

（1）信息真实。投保人应按照投保时的实际情况填写投保人、被保险人和受益人的姓名、性别、年龄、职业、地址、电话等内容。

（2）内容翔实。在填写地址时，投保人应填写常用的通信地址，详细写明地址全称，以便保险公司联系。投保人应准确填写要求投保的产品名称、保险金额及相关信息。投保人及被保险人应如实回答投保单上所提的问题，对投保单上要求提供详细情况的问题，应在投保单备注栏中说明详情或提供相关的书面材料。

（3）签字确认。投保人在填写完毕后，应对投保单内容进行复核，确认内容真实完整，并亲笔签名确认。必要时，被保险人也需要亲笔签名确认。例如，签订以身故为保险金给付条件的合同时，投保人、被保险人切勿在空白或未填写完整的投保单上签字。

 动动脑与动动手

1. 银行代理保险业务目前主要包括哪几种类型？

2. 客户购买保险的注意事项有哪些？

3. 以银行柜员的身份指导客户通过手机银行、超级柜员机等电子渠道办理以下业务。

（1）客户冉亮4月18日通过手机银行办理理财型保险产品的购买，其身份证件号码为330102199703108036。

（2）客户梁萧4月2日持本人身份证（证件号码310801199007072035）和银行卡通过超级柜员机办理保障型保险产品的购买。

任务活动2　保险退保

>> 业务背景

客户章强到模拟银行办理保险退保业务。

>> 具体工作过程

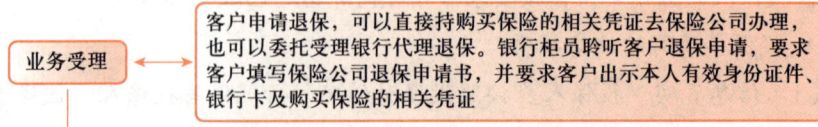

业务受理 ←→ 客户申请退保，可以直接持购买保险的相关凭证去保险公司办理，也可以委托受理银行代理退保。银行柜员聆听客户退保申请，要求客户填写保险公司退保申请书，并要求客户出示本人有效身份证件、银行卡及购买保险的相关凭证

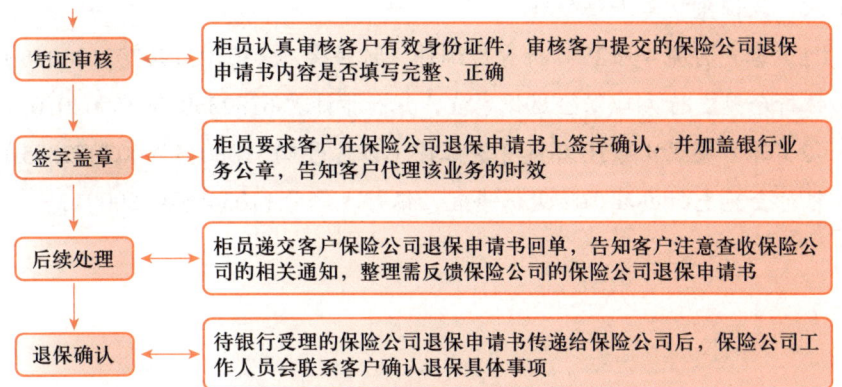

相关知识链接

1. 如果客户在犹豫期内退保，保险公司应退还投保人缴纳的所有保费，除扣除不超过10元的工本费之外不得收取其他任何费用。如果超过了犹豫期，客户就不能拿回已经缴纳的全部保费了，保险公司要扣除代理人的佣金和管理费。

2. 各类保险产品的风险提示语及犹豫期提示语

（1）各类保险产品的风险提示语内容如下：

①分红保险风险提示语："您投保的是分红保险，红利分配是不确定的。"

②万能保险风险提示语："您投保的是万能保险，最低保证利率之上的投资收益是不确定的。"有初始费用产品的提示语还应包括："您缴纳的保险费将在扣除初始费用后计入保单账户。"

③投资连结保险风险提示语："您投保的是投资连结保险，投资回报具有不确定性。"有初始费用产品的提示语还应包括："您缴纳的保险费将在扣除初始费用后计入投资账户。"

（2）各类保险产品的犹豫期提示语："您在收到保险合同后15日内有全额退保（扣除不超过10元的工本费）的权利。超过15日退保有损失。"

动动脑与动动手

1. "银行代理保险产品没有风险"这句话对吗？为什么？

2. 保险合同可以委托他人代签吗？

3. 以银行柜员的身份进行以下相应业务的处理，包括凭证审核、业务数据录入、凭证盖章与凭证处理。

（1）客户冉亮4月25日持身份证件（证件号码330102199703108036）到模拟银行金苑支行办理保险退保事宜，银行卡账户628233990036562010。

（2）客户梁萧4月10日持身份证件（证件号码310801199007072035）到模拟银行金苑支行办理保险退保事宜，银行卡账号1103456208890911。

任务四　代理贵金属业务处理

【知识储备】

一、个人实物贵金属业务

个人实物贵金属业务是指银行为投资者办理实物贵金属产品的购买、代保管、投资贵金属代保管回购和业务咨询等相关业务。目前，个人实物贵金属产品主要指实物黄金、实物白银，因为它们具有较好的通货膨胀抵御功能，兼具保值、增值的作用，深受投资者青睐。

微课：个人
贵金属业务

二、个人账户贵金属业务

个人账户贵金属业务俗称贵金属交易，是银行为客户提供的一种以账户贵金属为标的的交易产品。客户在银行开立账户贵金属账户后，可按照银行提供的买卖双边报价，在规定的交易时间内对账户中的贵金属份额进行买卖。账户贵金属份额仅在投资者账户中记录，不能提取实物贵金属，且不同类别账户中的贵金属份额不得串用。

三、贵金属定投

贵金属定投指客户设定定投计划，约定在一定期限内，以固定频度按照计划数量或计划金额定期买入贵金属的交易。贵金属定投交易仅适用于先买入后卖出交易类型。贵金属定投一方面可以实现持续投资，获取平均成本，分散投资风险；另一方面还可以积少成多，有利于财富的积累。

四、账户贵金属挂单

账户贵金属挂单指客户提交挂单指令，当银行交易报价满足挂单条件时，按挂单价格买卖账户贵金属的交易。挂单交易包括有获利挂单、止损挂单、双向挂单、循环挂单、一对多挂单、触发挂单和追加挂单等方式。账户贵金属挂单的有效期包括24小时、48小时、72小时、96小时、120小时、当周有效和30天，其中当周有效的失效时间为当周周六4：00，30天的有效期为720小时。账户贵金属挂单有效期均连续计算，挂单期间若遇节假日或其他原因，银行暂停开展账户贵金属交易业务，但暂停交易的时间仍计入挂单有效区间。

五、账户贵金属交易数量

人民币账户贵金属的实时、挂单、转换及按计划数量定投交易起点数量为1克，交易最小递增单位为0.1克；按计划金额定投交易起点金额100元，交易最小递增单位为100元。美元账户黄金、铂金、钯金的实时、挂单、转换及按计划数量定投交易起点数量为0.01盎司[①]，交易最小递增单位为0.01盎司；美元账户白银的实时、挂单及转换交易起点数量为1盎司，按计划数量定投交易起点数量为0.01盎司，交易最小递增单位为0.01盎司；美元账户贵金属按计划金额定投交易起点金额为10美元，交易最小递增单位为10美元。

六、账户贵金属交易渠道

客户按照银行交易报价买卖账户贵金属，银行不另行收取手续费。除了银行网点之外，客户还可以通过网上银行、电话银行、手机银行等电子渠道办理此业务，方便又快捷。

七、主要业务凭证印章

银行代理贵金属业务涉及的主要业务凭证为银行代理贵金属实物产品销售认购协议书（见表5-4-1）。

适用范围：是客户申请认购实物贵金属的银行专用凭证。

---

① 此处指金衡盎司，1单位约等于31.10克。

联次介绍：一般为两联，第一联由银行作记账凭证；第二联为给客户的回单。

填写要求：银行代理贵金属实物产品销售认购协议书由客户和银行经办柜员共同填写，要求凭证各栏内容填写规范、正确、齐全、清晰，填写完整后由客户签字。

加盖印章：业务终了，银行记账凭证和回单联加盖业务公章。

表5-4-1　银行代理贵金属实物产品销售认购协议书

模拟银行金苑支行代理贵金属实物产品销售认购协议书

编号：2025028

甲方：刘泉　　　　　　　　　　　　　　乙方：模拟银行金苑支行

证件类型：居民身份证　　　　　　　　　联系地址：杭州下沙学源街118号

证件号码：330104198002163056　　　　　联系人：周虹

联系地址：杭州江干区下沙盛泰名都5-3-602　　联系电话：0571-86738888

联系电话：13819198888

甲方本着充分了解风险、自主选择购买的原则，与乙方在平等、自愿、诚实信用的基础上签订本协议，自愿用其合法资金认购实物贵金属产品。

基于对实物贵金属产品的个性化需求，甲方委托乙方向乙方合作的贵金属加工企业定制个性化贵金属产品。甲方认购行为本身即表明对贵金属加工企业及所认购的实物贵金属产品的承认和接受，并承担相应义务。

一、认购产品规格、数量及金额

甲方所认购的产品为乙方代理贵金属加工企业销售的实物贵金属产品（设计样稿详见附件），该产品是根据甲方对贵金属产品的个性化需求，由贵金属加工企业为甲方专门定制，具体规格及购买数量如下：

产品名称	规格	含量	数量	产品单价	产品总价	备注
如意金条	100 g	Au999.9	2	42 968.00	85 936.00	
/	/	/	/	/	/	
合计金额			2		85 936.00	

需要发票 ☑　　不需要发票 □（如勾选不需要，则视为放弃索要发票的权利）

预约提货日期：2025.2.15

预约提货网点：模拟银行金苑支行

预约提货网点地址：杭州下沙学源街118号

预约提货网点电话：0571-86738888

二、认购流程

1. 乙方接受甲方的委托，将甲方对实物贵金属产品的个性化需求提供给贵金属加工企业，贵金属加工企业根据甲方需求进行生产，甲方同意按照产品设计及产品报价进行认购，并与乙方签订本协议。

2. 本协议生效后，乙方应根据本协议内容向贵金属加工企业提交订货单。订货单提交成功后，甲方不得提出撤销或修改订货单、更改设计样稿的请求。

3. 甲方须根据成功提交的订货单确定的产品价格全额向乙方支付产品款项。乙方收妥产品全款后应向甲方开具销售回单，销售回单上应注明：回单编号、客户名称、产品名称、产品规格、含量、数量、产品单价、产品总价、已收款项、预约提货日期、是否需要发票等要素。销售回单经乙方盖章后生效。

4. 甲乙双方签订本协议后，如出现无法控制和不可预测的网络故障、设备故障、系统故障及其他因素导致乙方无法向贵金属加工企业成功提交订货单的情况，甲乙双方协商一致后可以解除本协议。协议解除后，甲方购买产品的款项将尽快退还甲方，乙方无须因此承担其他责任。

本协议生效后，如发生钱款收取错误或提交订货单错误的情况，甲方授权乙方按照本协议第二条确定的内容进行调整，对错误收取的钱款进行补退，对错误下单进行撤销或对错误下单撤销后按甲方要求重新提交订货单。

三、认购产品的提取

甲方应在乙方营业场所进行提货，提货时需携带本人有效身份证件、销售回单原件（客户联）及本协议原件（客户联）。甲方未满足以上条件的，乙方有权拒绝提货，因此而发生的甲方无法提货不属于乙方违约。若因此给甲方造成损失的，乙方不承担任何赔偿责任。

甲方接收产品实物时应现场检查产品的完好，并在乙方出具的提货书上签字确认。同时甲方应将销售回单客户联原件交回乙方。提货后，甲方如对产品质量存在异议，应联系贵金属加工企业予以解决。

乙方应在预约提货日期备齐甲方购买的实物贵金属产品。乙方若不能按期备齐产品，应提前两天通知甲方，并约定具体的延迟交货日期。若仍未如期交货，自延迟交货日期次日起，乙方每天应按订货单总金额的万分之三支付违约金。乙方在实际交货后将违约金转入甲方在乙方开立的有效结算账户中。

由于战争或严重的自然灾害以及其他不可抗力引起的事件致使一方不能履约时，该方应尽快将事件通知对方，并与对方协商延长履行协议的期限，此种情况下，该方不承担违约责任。

四、认购产品的质保与回购

认购产品的质量、规格、品相等问题，由乙方营业网点公布的贵金属加工企业负责，乙方对此不承担责任。甲方如对实物贵金属产品的质量、规格、品相、认购产品与设计样稿一致性等问题存有异议，应直接与该贵金属加工企业联系。甲方如通过乙方客户服务热线电话投诉，乙方客服专员受理甲方投诉后应迅速向该贵金属加工企业转达甲方的投诉，对投诉的处理完全由贵金属加工企业负责。

认购产品的回购业务由乙方营业网点公布的贵金属加工企业负责办理，乙方不承担任何回购义务。甲方应直接与该贵金属加工企业联系回购事宜。

认购产品的普通销售发票统一由贵金属加工企业交乙方后，由乙方根据甲方提货时选择的发票获取方式进行不同的处理。若甲方选择自己领取，则乙方电话通知甲方携带有效身份证件到指定营业场所领取，甲方领取时需要签字确认；若甲方选择由乙方邮寄，则乙方须按甲方在提货时填写的地址和收件人寄出，邮寄费用由乙方承担。

五、其他

（一）双方在本协议项下所产生的争议由双方协商解决。协商不成的，可向乙方所在地人民法院提起诉讼。

（二）本协议自甲方签字、乙方加盖个人业务专用章之日起生效，至本协议项下双方的

续表

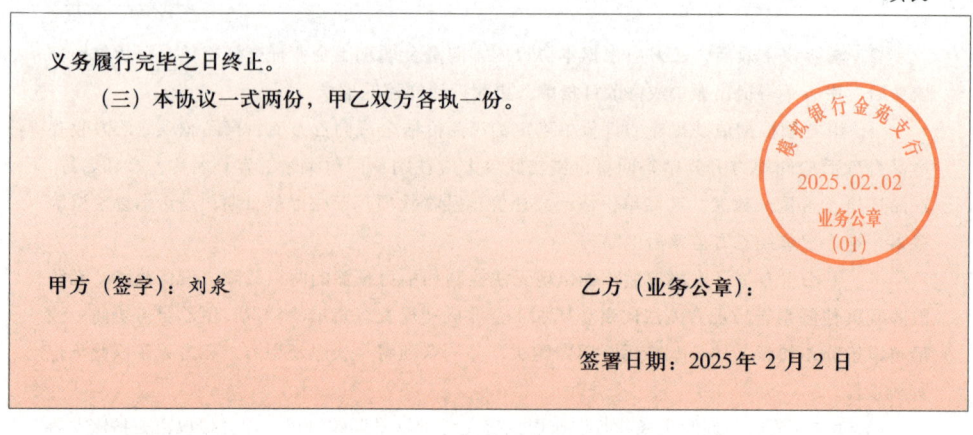

义务履行完毕之日终止。

（三）本协议一式两份，甲乙双方各执一份。

甲方（签字）：刘泉

乙方（业务公章）：

签署日期：2025 年 2 月 2 日

【任务活动】

任务活动1　贵金属认购

>> 业务背景

客户刘泉到模拟银行金苑支行办理个人实物黄金认购业务。

>> 具体工作过程

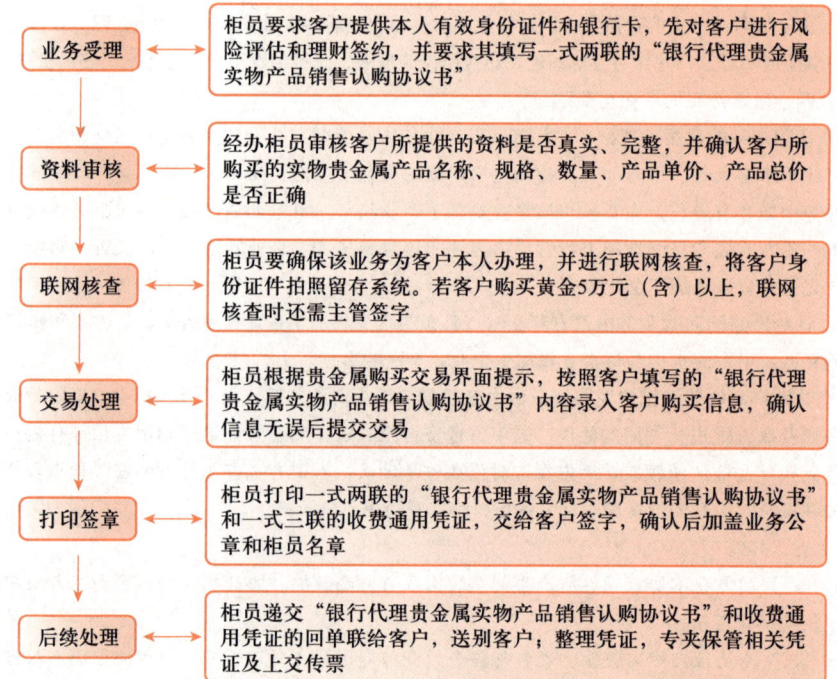

业务受理 —— 柜员要求客户提供本人有效身份证件和银行卡，先对客户进行风险评估和理财签约，并要求其填写一式两联的"银行代理贵金属实物产品销售认购协议书"

资料审核 —— 经办柜员审核客户所提供的资料是否真实、完整，并确认客户所购买的实物贵金属产品名称、规格、数量、产品单价、产品总价是否正确

联网核查 —— 柜员要确保该业务为客户本人办理，并进行联网核查，将客户身份证件拍照留存系统。若客户购买黄金5万元（含）以上，联网核查时还需主管签字

交易处理 —— 柜员根据贵金属购买交易界面提示，按照客户填写的"银行代理贵金属实物产品销售认购协议书"内容录入客户购买信息，确认信息无误后提交交易

打印签章 —— 柜员打印一式两联的"银行代理贵金属实物产品销售认购协议书"和一式三联的收费通用凭证，交给客户签字，确认后加盖业务公章和柜员名章

后续处理 —— 柜员递交"银行代理贵金属实物产品销售认购协议书"和收费通用凭证的回单联给客户，送别客户；整理凭证，专夹保管相关凭证及上交传票

相关知识链接

1. 贵金属投资市场的特点

（1）贵金属投资市场是T+0交易，即执行当日平仓制度，当日可进行多次交易，做一单算一单。

（2）贵金属投资市场实施的是双向交易制度，可以做多也可以做空。

（3）交易时间跨度长，国际贵金属市场交易时间是连续24小时进行交易，我国贵金属市场交易时间为每周一7：00到周六凌晨4：00，全天24小时不间断交易；若遇节假日，银行停止报价。

（4）操作简单，渠道多样，门槛低，便于客户投资。

（5）统一行情报价，与国际市场贵金属价格实时联动，高度透明，投资机会公平。

2. 手机银行购买贵金属

客户还可以通过手机银行渠道购买个人实物贵金属或个人账户贵金属。在开通贵金属资金账户的基础上，客户首先登录手机银行App，进入主页，选择"投资理财"菜单，选择"贵金属"交易，查看贵金属产品列表，根据自己的意向选择欲购买的贵金属种类，输入购买金额或购买克数，待手机动态验证码和交易密码输入正确后，手机操作界面显示"交易成功"。

动动脑与动动手

1. 贵金属定投的优点是什么？

2. 客户可以通过哪些渠道办理账户贵金属交易？

3. 以银行柜员的身份进行以下相应业务的处理，包括凭证审核、业务数据录入、凭证盖章与凭证处理，或指导客户通过手机银行办理此业务。

（1）客户贾军4月6日持本人身份证件和银行卡来办理100克实物黄金认购业务，客户手机号为13865652297，身份证号码为330106198201263036，居住地址为杭州市孩儿巷6-205，邮编：310022，客户填写"银行代理贵金属实物产品销售认购协议书"后，到柜台办理此业务，当月如意金条产品单价为100 g人民币42 068.00元。

（2）客户李梅4月20日通过手机银行办理2 000克账户白银（纸白银）认购业务。

任务活动 2　贵金属赎回

>> 业务背景

客户刘泉通过手机银行办理个人实物黄金赎回业务。

>> 具体工作过程

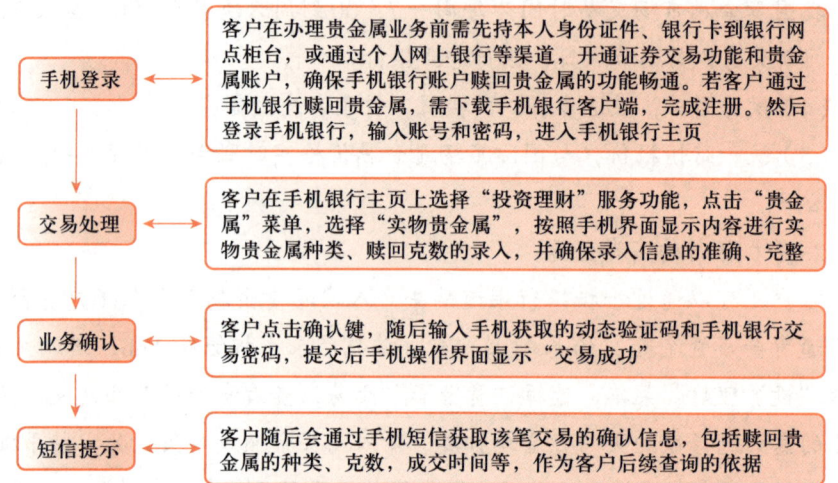

手机登录 → 客户在办理贵金属业务前需先持本人身份证件、银行卡到银行网点柜台，或通过个人网上银行等渠道，开通证券交易功能和贵金属账户，确保手机银行账户赎回贵金属的功能畅通。若客户通过手机银行赎回贵金属，需下载手机银行客户端，完成注册。然后登录手机银行，输入账号和密码，进入手机银行主页

交易处理 → 客户在手机银行主页上选择"投资理财"服务功能，点击"贵金属"菜单，选择"实物贵金属"，按照手机界面显示内容进行实物贵金属种类、赎回克数的录入，并确保录入信息的准确、完整

业务确认 → 客户点击确认键，随后输入手机获取的动态验证码和手机银行交易密码，提交后手机操作界面显示"交易成功"

短信提示 → 客户随后会通过手机短信获取该笔交易的确认信息，包括赎回贵金属的种类、克数，成交时间等，作为客户后续查询的依据

相关知识链接

（1）除了实物贵金属和账户贵金属业务外，银行还为投资人提供代理上海黄金交易所（以下简称金交所）业务，即代理个人客户在金交所开展黄金现货实盘、黄金白银现货延期交收交易以及实物黄金交割业务，并为投资者提供资金清算、保证金管理以及持仓风险监控服务，产品涵盖了现货产品和延期交收产品，能有效满足客户的多样化需求。

（2）贵金属交易场所、贵金属交易商应当妥善保存贵金属投资人身份资料和交易记录，保存期限不少于5年。贵金属交易场所、贵金属交易商在提供服务或者开展业务时，原则上应当采取非现金的方式；确实需要使用现金交易的，且与投资人当日单笔现金交易或者明显存在关联关系的现金交易累计达到人民币5万元（含5万元）以上或者外币等值1万美元（含1万美元）以上的，应当在交易发生之日起5个工作日内向中国反洗钱监测分析中心报送大额交易报告。

动动脑与动动手

1. 账户贵金属有哪些挂单交易方式？

2. 人民币账户贵金属的实时、挂单、转换及按计划数量定投交易起点数量为几克？

3. 以银行柜员的身份指导客户通过手机银行、超级柜员机等自助渠道办理以下业务。

（1）客户贾军5月15日持本人身份证件及银行卡通过手机银行办理20克实物黄金的赎回业务。

（2）客户李梅5月28日持本人身份证件及银行卡通过超级柜员机办理1 000克纸白银的赎回业务。

任务活动3　贵金属提货

>> 业务背景

客户刘泉到模拟银行金苑支行办理个人实物黄金提货业务。

>> 具体工作过程

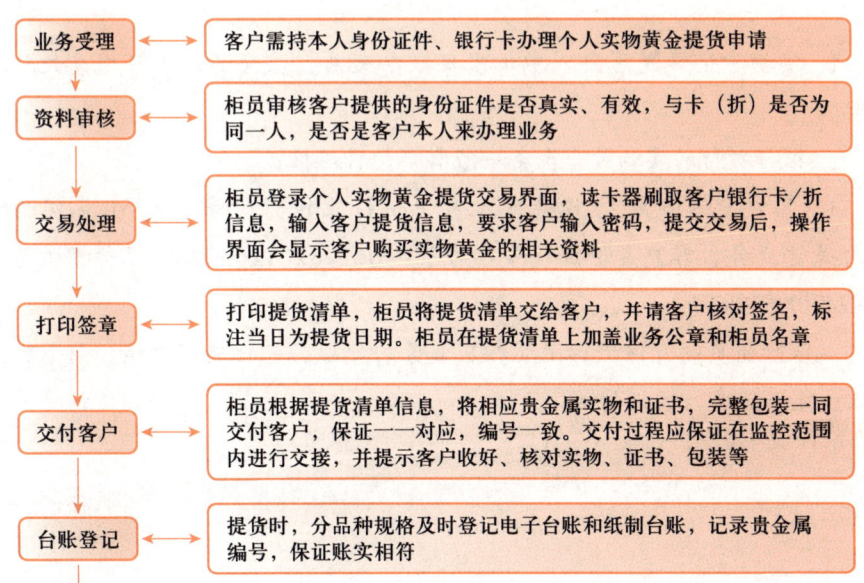

业务受理	客户需持本人身份证件、银行卡办理个人实物黄金提货申请
资料审核	柜员审核客户提供的身份证件是否真实、有效，与卡（折）是否为同一人，是否是客户本人来办理业务
交易处理	柜员登录个人实物黄金提货交易界面，读卡器刷取客户银行卡/折信息，输入客户提货信息，要求客户输入密码，提交交易后，操作界面会显示客户购买实物黄金的相关资料
打印签章	打印提货清单，柜员将提货清单交给客户，并请客户核对签名，标注当日为提货日期。柜员在提货清单上加盖业务公章和柜员名章
交付客户	柜员根据提货清单信息，将相应贵金属实物和证书，完整包装一同交付客户，保证一一对应，编号一致。交付过程应保证在监控范围内进行交接，并提示客户收好、核对实物、证书、包装等
台账登记	提货时，分品种规格及时登记电子台账和纸制台账，记录贵金属编号，保证账实相符

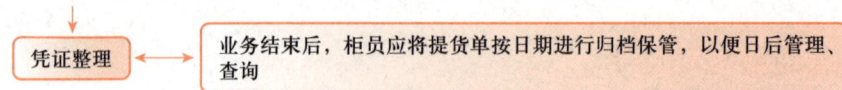

| 凭证整理 | ↔ | 业务结束后，柜员应将提货单按日期进行归档保管，以便日后管理、查询 |

相关知识链接

1. 贵金属交易撤单

实物贵金属可以申请当日撤单交易，但必须本人申请，撤单交易仅指柜面购买贵金属，网银购买贵金属不可以撤单。

2. 银行发行的实物黄金介绍

银行发行的实物黄金金条成色为Au999.9，一般有20 g、50 g、100 g、200 g、500 g、1 000 g等几种规格，发行量不限，能满足馈赠和收藏等需求。实物黄金金条价格透明，每日银行公布的挂牌价格与国际市场黄金价格挂钩。

3. 黄金回购业务

黄金回购业务是银行针对投资者日益增加的实物黄金变现需求推出的实时报价回购业务，各种渠道购买的足金、黄金产品只要符合相关规定，均可实现快捷"变现"，实现黄金的投资价值。

 动动脑与动动手

1. 实物贵金属是否可以申请当日撤单交易，该交易是否可以委托他人代理？

2. 银行发行的实物黄金金条一般有哪几种规格？

3. 客户贾军6月25日持本人身份证件及银行卡来办理50克实物黄金的提货业务，客户身份证件号码为330106198201263036，银行卡卡号为11022401000516677。

以银行柜员的身份进行上述相应业务的处理，包括凭证审核、业务数据录入、凭证盖章与凭证处理。

任务五　代理缴费业务处理

【知识储备】

一、代理缴费业务

代理缴费业务是指银行与代理业务单位（公用事业单位）签订相关协议，又与客户建立相应的委托支付关系，根据代理业务单位提供的代收清单，代理客户缴交某项费用（如水电费、电话费等），并通过转账或现金缴费的方式将款项划转代理业务单位的一种服务方式。

二、费用缴纳途径

客户有两种途径缴纳各项费用。一是与银行签订转账付款协议，委托银行定期从客户指定的银行账户划拨相应的资金给公用事业单位；二是客户定期持公用事业单位的各项费用催缴清单来银行办理现金交纳业务，或通过网上银行、手机银行、超级柜员机等渠道办理转账缴费。

三、代理缴费业务种类

代理缴费业务主要涉及以下九大类近100个品种。具体可办理的业务有：

（1）通信类：电话初装费、电话费、电子银行服务费等。

（2）物业管理类：水费、电费、燃气费、物业管理费、有线电视费等。

（3）社会保障类：医疗保险金、失业保险金、养老保险金等。

（4）税务类：代收税款等。

（5）交通类：出租车管理费、汽油费、养路费、交通罚款等。

（6）行政事业类：公共事业费、各种行政罚款、工商管理费等。

（7）报刊订阅类：报刊订阅费等。

（8）代理股票交易业务类：主要包括银证转账业务等。

（9）其他类：学生学杂费、咨询费、单位集资款、代企业清收欠款等。

微课：代理
缴费业务

四、主要业务凭证印章

银行代理缴费业务涉及的业务凭证主要包括公用事业自动转账付款授权书、现金收费凭条等。

1. 公用事业费自动转账付款授权书（见表5-5-1）

适用范围：是客户申请委托银行自动扣款转账以缴纳各项公用事业费用的银行专用凭证。

联次介绍：一般为两联，第一联由银行作记账凭证；第二联为给客户的回单。

填写要求：公用事业费自动转账付款授权书由客户填写，要求凭证各栏内容填写规范、正确、齐全、清晰，填写完整后并由客户签字确认。

加盖印章：业务终了，银行记账凭证加盖业务公章与经办柜员名章，回单联加盖业务公章。

2. 现金收费凭条（见表5-5-2）

适用范围：是缴款人缴纳各类公用事业费用的银行收款记账凭证。

表5-5-1 公用事业费自动转账付款授权书

模拟银行 公用事业费自动转账付款授权书　编号：20250116

本人自愿授权模拟银行金苑银行按收费单位提供的金额，自本人银行卡账户内按月(期)支付费用，并接受以下规定：

1. 银行按收费单位"用费通知"的金额以转账方式支付款项。
2. 同一账户同时发生授权支付多项费用时，由银行按接受收费单位通知的先后次序支付。
3. 本人账户内应有足够支付费用的款项，发现存款余额不敷支付时，及时存入，若因本人账户内存款不足，致扣款不成功，其责自负，并按有关具体规定缴付滞纳金。
4. 本人对于付出的款项持疑异时，应于当月向收费单位查询处理，过月银行按授权内容办理扣款。
5. 若本人终止授权时，须立书面终止授权书，送受理银行，银行在接到终止授权书的一个月后执行。

授权支付内容（详见附表）：

授权转账支付项目			
代缴项目	装机（表）户名	号码或编号	装机（表）地址
代缴水费	胡霞	21058	杭州孩儿巷18-22

银行卡户名	胡霞	卡号	1 2 0 2 5 0 2 0 0 3 5 3 6 6 7 1 9 6

授权人资料	收信人姓名	联系电话	身份证号码	
	胡霞	13082826805	3 3 0 1 0 8 1 9 8 1 1 2 0 7 2 2 0 2	
	杭州孩儿巷18-22		邮编	
			3 1 0 0 1 6	

受理银行签章　经办人签章　**王林**　2025 年 5 月 18 日　　立授权书人签章　胡霞　2025 年 5 月 18 日

第一联　银行留存

表5-5-2 现金收费凭条

模拟银行 现金收费凭条

科目：（贷）　　　　　　2025 年 5 月 26 日　　　　　交易代码：

银行填写	户号：5010322417　地址：钱江新城12-5-2204 电费总金额（大写）：人民币贰佰壹拾陆元伍角整 　　　　　　（小写）：216.50 备注：上次调尾：0　本次调尾：0　截尾电数：0	模拟银行金苑支行 2025.05.26 业务清讫（01）

用户填写	用户姓名　牛莉　　　　　编号　5010322417　　　　期次 缴费金额（大写）　人民币贰佰壹拾陆元伍角整　　　　¥　　216.50 收费单位 缴费种类：☐学费　☑电费　☐电话费　☐水费　☐手机费　☐寻呼费　☐报刊费 　　　　　☐煤气费　☐路桥费　☐税费　☐其他

附件 张

事后监督　　　　　　　　复核　　　　　　　　　经办　王 林

联次介绍：一般为两联，第一联由银行作记账凭证；第二联为给客户的回单。

填写要求：现金收费凭条由客户填写和银行联机打印，要求客户填写的各项内容要规范、正确、齐全、清晰，银行打印部分内容清晰、正确。

加盖印章：业务终了，银行记账凭证加盖业务清讫章与经办柜员名章；回单联加盖业务清讫章。

【任务活动】

任务活动1　代理缴费自动转账付款业务申请

>> 业务背景

客户胡霞到模拟银行金苑支行办理代理缴水费自动转账付款申请业务。

>> 具体工作过程

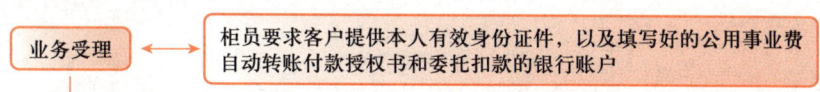

业务受理 ←→ 柜员要求客户提供本人有效身份证件，以及填写好的公用事业费自动转账付款授权书和委托扣款的银行账户

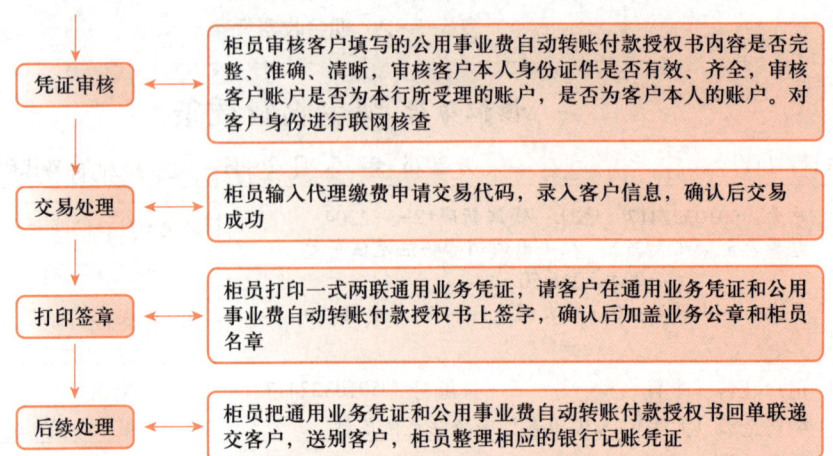

凭证审核	柜员审核客户填写的公用事业费自动转账付款授权书内容是否完整、准确、清晰，审核客户本人身份证件是否有效、齐全，审核客户账户是否为本行所受理的账户，是否为客户本人的账户。对客户身份进行联网核查
交易处理	柜员输入代理缴费申请交易代码，录入客户信息，确认后交易成功
打印签章	柜员打印一式两联通用业务凭证，请客户在通用业务凭证和公用事业费自动转账付款授权书上签字，确认后加盖业务公章和柜员名章
后续处理	柜员把通用业务凭证和公用事业费自动转账付款授权书回单联递交客户，送别客户，柜员整理相应的银行记账凭证

相关知识链接

办理代理缴费业务的注意事项

（1）客户办理代理缴费业务授权自动付款申请时，可以持他人的身份证件，替他人缴纳款项，但委托扣款的银行账户必须是授权人本人的账户。

（2）客户若与银行签订代理缴费自动转账付款协议后，授权银行则按收费单位开具的催缴通知书的金额以转账方式扣划款项。客户同一银行账户可以办理多种代理缴费项目的自动扣款授权业务。

（3）客户本人银行自动扣款账户应存放足够缴费的金额。若因委托账户的未启用、挂失、冻结、止付、过期、超额度、销户、作废、余额不足及用户实际信息与授权书信息不符等原因导致扣款不成功，由此产生的后果由客户承担。且信用卡不可以作为代理缴费业务的委托自动转账付款账户。

（4）客户对代理缴费业务产生的款项持异议的，应于收到催缴通知单当月向收费单位质疑查询，否则授权银行过月将按催缴通知单发生额办理自动扣款业务。

（5）若客户委托（变更/终止）自动付款授权时，须到银行柜台签订书面"委托（变更/终止）转账代缴授权书"。代理缴费单位方确认日为委托授权成效日，客户相关委托信息随之变更。若客户委托代扣缴费用发生变更，客户相关委托信息也随之变更。若遇政策调整或其他原因须终止代扣业务时，"委托（变更/终止）转账代缴授权书"自动失效。

动动脑与动动手

1. 信用卡可以作为代理缴费业务的委托自动转账付款账户吗？

2. 请说明代理物业管理类缴费包括的内容。

3. 以银行柜员的身份进行以下相应业务的处理，包括凭证审核、业务数据录入、凭证盖章与凭证处理，或指导客户通过超级柜员机办理此业务。

（1）客户刘磊5月22日持本人身份证、本人银行卡，委托银行代理其缴纳电费自动扣款业务，客户银行卡卡号为710224010005186765，身份证号码为330106198101053077，客户居住地址为杭州市教工路8-22，联系电话为18967213303，邮编为310022，电费户号（编号）为320127，客户填写公共事业费自动转账付款授权书后，到柜台办理此业务。

（2）客户张明明5月16日持本人身份证、代理人身份证和银行卡，委托银行代理授权人缴纳水费自动扣款业务，客户身份证号码为330206198205162094，代理授权人为孟林，身份证号码为330307198303191061，张明明银行卡卡号为4508192710632086，居住地址为杭州市秋涛北路118-313，邮编为310012，联系电话为13405712036，水费户号（编号）为2130089，客户欲通过超级柜员机办理此业务。

任务活动2　代理续缴费

>> 业务背景

客户牛莉通过手机银行办理代理续缴电费业务。

>> 具体工作过程

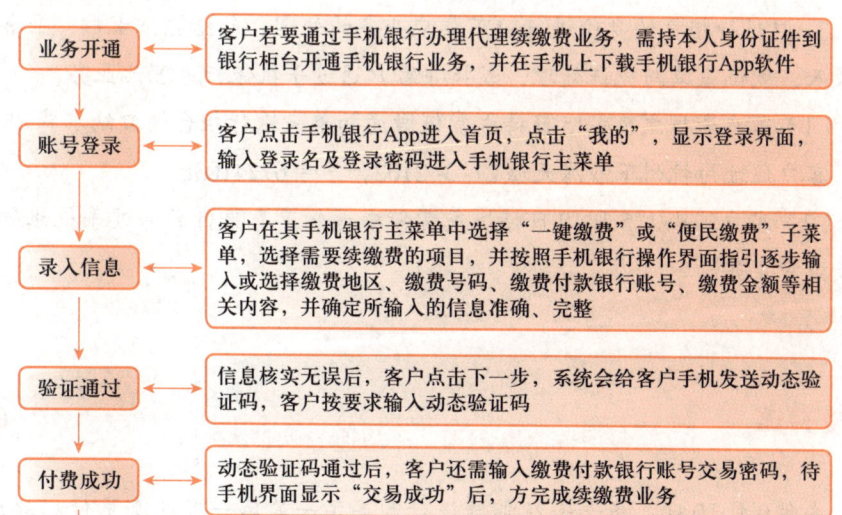

业务开通	⟷	客户若要通过手机银行办理代理续缴费业务，需持本人身份证件到银行柜台开通手机银行业务，并在手机上下载手机银行App软件
账号登录	⟷	客户点击手机银行App进入首页，点击"我的"，显示登录界面，输入登录名及登录密码进入手机银行主菜单
录入信息	⟷	客户在其手机银行主菜单中选择"一键缴费"或"便民缴费"子菜单，选择需要续缴费的项目，并按照手机银行操作界面指引逐步输入或选择缴费地区、缴费号码、缴费付款银行账号、缴费金额等相关内容，并确定所输入的信息准确、完整
验证通过	⟷	信息核实无误后，客户点击下一步，系统会给客户手机发送动态验证码，客户按要求输入动态验证码
付费成功	⟷	动态验证码通过后，客户还需输入缴费付款银行账号交易密码，待手机界面显示"交易成功"后，方完成续缴费业务

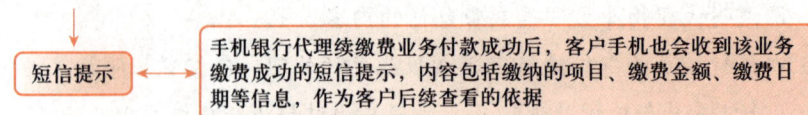

| 短信提示 | 手机银行代理续缴费业务付款成功后，客户手机也会收到该业务缴费成功的短信提示，内容包括缴纳的项目、缴费金额、缴费日期等信息，作为客户后续查看的依据 |

相关知识链接

1. 线下续缴费渠道

如果客户已经与银行签订了自动扣款授权协议，银行会定期从客户指定的银行账户自动扣除相应代理缴费项目的金额。如果客户通过柜台以现金形式缴纳费用，则需要客户填写"现金收费凭条"，提供代理项目的催缴通知单，进行现金缴费。

2. 线上续缴费渠道

除了手机银行、网上银行等线上交易路径可以办理代理续缴费业务，客户还可以通过微信公众号办理此项业务，在各家银行公众号内点击"生活缴费"等选项，进入缴费界面，选择缴费类型，录入并提交相关缴费信息进行续缴费操作。

 ## 动动脑与动动手

1. 客户是否可以持催缴通知单到银行网点办理现金缴费业务？

2. 除了网上银行、手机银行等续缴费路径外，是否还有其他线上交易手段？

3. 以银行柜员的身份进行以下相应业务的处理，包括凭证审核、业务数据录入、凭证盖章与凭证处理，或指导客户通过手机银行办理此业务。

（1）客户李耀文5月15日持水费催缴通知单来银行柜台续缴纳水费85.26元，客户住址为杭州下沙海天城21-3-2102，户号67241038。

（2）客户陈小左5月12日持燃气费催缴通知单来银行欲通过手机银行办理续缴费业务。

德技并修

我为群众办实事　千里追寻购债人

去年9月10日，华女士在邮储银行购买了一笔后一直没有兑付。此后，银行工作人员多次联系华女士未果，国债到期兑付工作陷入困境。于是银行工作人员联系了当地公安部门，找到了华女士的户籍地址。功夫不负有心人，根据当地村民提供的信息，银行工作人员驱车40余千米主动上门，终于找到了华女士的父亲，获悉华女士目前在外地工作。

银行工作人员联系上华女士后，华女士称自己已丢失了国债收款凭证，附近邮储银行网点不受理异地国债挂失业务。直到春节华女士从外地赶回才终于兑付了已持有近五年的国债。在此期间，银行工作人员始终将此事放在心上，并和客户保持着联系，让华女士感动不已。

这件事情的妥善处理，让客户深切体会到银行真诚为客户服务、为客户着想的服务意识与服务理念的贯彻落实，银行工作人员在办理业务过程中，关注民众现实金融需求，用心为客户服务，切实维护投资者权益，就是真正诠释敬业爱岗、服务为本的职业理念和勤勉履职、诚实守信的职业操守。

项目六
个人外汇业务处理

【学习目标】

素养目标
- 通过银行外汇业务规范内容的学习，强化学生严格遵守国家外汇业务相关管理制度规范的合规意识
- 通过对个人外币存款、购汇、结汇等业务处理的规范操作，增强学生对国家金融制度、金融文化的认同感，培育爱国敬业、诚信友善的金融服务品质

知识目标
- 了解外汇的涵义及其组成内容、外汇存款业务种类及其基本规定，熟悉个人外币存款业务的基本处理规范
- 了解购汇与结汇业务的涵义，熟悉外汇汇率的两种表示方法，熟悉外币兑换的基本规定与业务规范

能力目标
- 能够按业务操作流程规范办理外币储蓄存款开户、续存、支取、销户等业务
- 能够正确计算外币储蓄存款利息，解答客户关于外币存款业务的相关咨询问题
- 能够进行不同币种之间的汇率换算，按业务操作流程规范办理购汇、结汇等业务
- 能够解答客户关于外币兑换业务的相关咨询问题

【内容导航】

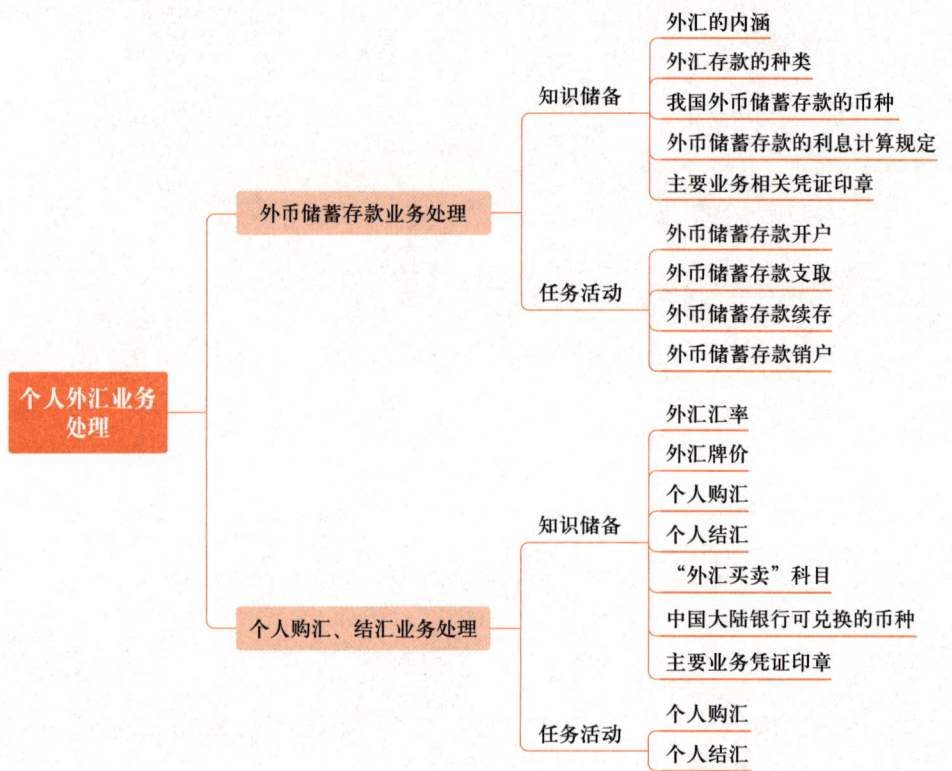

任务一　外币储蓄存款业务处理

【知识储备】

一、外汇的内涵

外汇是指外国货币或以外国货币表示的，用于国际结算的支付手段。它包括：外国货币（现金），指外国钞票（纸币）、铸币等；外币支付凭证，指票据、银行存款凭证、邮政储蓄凭证等；外币有价证券，指政府公债、公司债券、股票等以及其他外汇资金。

二、外汇存款的种类

外汇存款是银行组织吸收外汇资金的主要渠道，是银行外汇资金来源的重要组成部分。外汇存款的种类，可以按存款对象、存入资金形态、存款期限和存取方式进行分类。

（1）按存款对象，外汇存款可分为单位外汇存款和个人外币储蓄存款。中国公民、港澳台同胞、居住在中国（含港澳台地区）境内外的外国人、外籍华人和华侨，均可凭实名制认可的有效身份证件在银行办理个人外币储蓄存款。

（2）按存入资金形态，外汇存款可分为现汇存款和现钞存款。现汇存款是指以境外汇入或携入的外币票据转存的存款，现钞存款是指存款人从境外携入或持有可自由兑换的外币现钞存入的存款。

（3）按存款期限，外汇存款可分为定期存款和活期存款。我国银行可提供的个人外汇存款分为活期存款、定期存款、通知存款，以及其他经监管机关批准的存款。定期存款按期限分为一个月、三个月、六个月、一年、两年五个档次。以上存款分为现汇账户和现钞账户。

（4）按存取方式分类，外汇存款可分为普通活期存折存款、活期一本通存款、定期一本通存款、定期存单存款等。

三、我国外币储蓄存款的币种

目前，我国外币储蓄存款的币种包括美元、港元、英镑、欧元、日元、加拿大元、澳大利亚元、瑞士法郎和新加坡元等。

四、外币储蓄存款的利息计算规定

个人外币存款按各银行公布的个人外币存款利率分档次利率计付外币利息；活期存款每年12月20日（或每年6月30日）为计算利息日，也有部分银行参照人民币活期储蓄存款利息计算时间采用按季（按月）结息，结息日次日银行自动将利息转入原存款账户。如遇利率调整，按结息日挂牌公告的活期利率计算利息。定期存款以原存日的利率为计息标准，不论存款期内利率是否变动，均按存入日利率计算利息，如提前支取，按支取日的活期存款利率计算利息，到期续存，按续存日同档次利率计算利息。

五、主要业务相关凭证印章

外币储蓄存款业务处理涉及的凭证印章主要包括：活期存款存折、存款凭条、个人存款凭证、个人取款凭证、个人存款利息清单和储蓄清单等。

1. 活期存款存折（见表2-1-2）

适用范围、联次介绍、填写要求、加盖印章等内容详见前述。

2. 存款凭条（见表2-1-3和表2-1-4）

适用范围、联次介绍、填写要求、加盖印章等内容详见前述。

3. 个人存款凭证（见表2-1-5）

适用范围、联次介绍、填写要求、加盖印章等内容详见前述。

4. 个人取款凭证（见表2-1-6）

适用范围、联次介绍、填写要求、加盖印章等内容详见前述。

5. 个人存款利息清单（见表2-1-7）

适用范围、联次介绍、填写要求、加盖印章等内容详见前述。

6. 储蓄存单（见表2-2-1）

适用范围、联次介绍、填写要求、加盖印章等内容详见前述。

【任务活动】

任务活动1　外币储蓄存款开户

》》业务背景

客户孙维到模拟银行金苑支行办理外币活期储蓄存款开户业务。

>> 具体工作过程

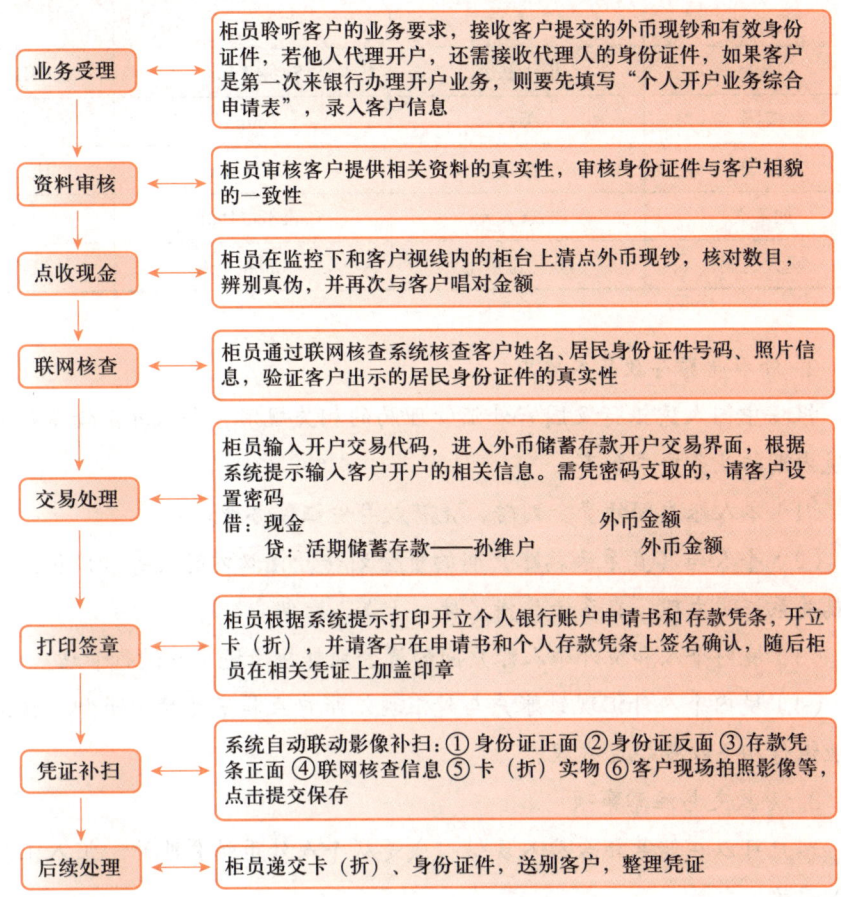

业务受理	柜员聆听客户的业务要求，接收客户提交的外币现钞和有效身份证件，若他人代理开户，还需接收代理人的身份证件，如果客户是第一次来银行办理开户业务，则要先填写"个人开户业务综合申请表"，录入客户信息
资料审核	柜员审核客户提供相关资料的真实性，审核身份证件与客户相貌的一致性
点收现金	柜员在监控下和客户视线内的柜台上清点外币现钞，核对数目，辨别真伪，并再次与客户唱对金额
联网核查	柜员通过联网核查系统核查客户姓名、居民身份证件号码、照片信息，验证客户出示的居民身份证件的真实性
交易处理	柜员输入开户交易代码，进入外币储蓄存款开户交易界面，根据系统提示输入客户开户的相关信息。需凭密码支取的，请客户设置密码 借：现金　　　　　　　　　　外币金额 　　贷：活期储蓄存款——孙维户　　外币金额
打印签章	柜员根据系统提示打印开立个人银行账户申请书和存款凭条，开立卡（折），并请客户在申请书和个人存款凭条上签名确认，随后柜员在相关凭证上加盖印章
凭证补扫	系统自动联动影像补扫：①身份证正面②身份证反面③存款凭条正面④联网核查信息⑤卡（折）实物⑥客户现场拍照影像等，点击提交保存
后续处理	柜员递交卡（折）、身份证件，送别客户，整理凭证

相关知识链接

1. 世界主要国家和地区货币名称与货币符号

世界主要国家和地区货币名称与货币符号如表6-1-1所示。

表6-1-1　世界主要国家和地区货币名称与货币符号

国家（地区）	中文	英文	标准符号
中国内地	人民币元	Renminbi Yuan	CNY
中国香港	港元	HongKong Dollar	HKD
日本	日元	Japanese Yen	JPY
新加坡	新加坡元	Singapore Dollar	SGD
欧元区	欧元	Euro	EUR

续表

国家（地区）	中文	英文	标准符号
瑞士	瑞士法郎	Swiss Franc	CHF
英国	英镑	Pound	GBP
美国	美元	U.S.Dollar	USD
加拿大	加拿大元	Canadian Dollar	CAD
澳大利亚	澳大利亚元	Australian Dollar	AUD

2. 外币储蓄存款基本要求

根据中国人民银行及国家外汇管理局的相关规定，个人外汇储蓄账户资金境内划转业务要求如下：

（1）本人账户间的资金划转，凭有效身份证件办理。

（2）个人与其直系亲属账户间的资金划转，凭双方有效身份证件、直系亲属关系证明办理，直系亲属指父母、子女、配偶。

（3）境内个人和境外个人账户间的资金划转按跨境交易进行管理。

（4）境内个人外汇现钞账户与外汇现汇账户互转不受额度限制，按业务处理银行相关收费规定办理。

3. 存款交易注意事项

客户可以在储蓄柜台存入现钞，或是从个人外币结算账户、汇入汇款等转入存款。

个人向个人外汇储蓄账户存入外币现钞，当日累计等值5 000美元以下（含）的，可以在银行直接办理；超过上述金额的，凭本人有效身份证件、经海关签章的物品申报单或本人原存款银行外币现钞提取单据在银行办理。

 动动脑与动动手

1. 外汇包括哪些具体内容？

2. 请说明人民币、美元、欧元、英镑、瑞士法郎澳大利亚元、加拿大元、港元、日元、新加坡元等主要国家与地区货币的标准符号。

3. 以银行柜员的身份进行以下相应业务的处理，包括凭证审核、业务数据录入、凭证盖章与凭证处理。

（1）客户周州5月6日存入1 500美元，开立美元活期储蓄存款账户。

（2）客户王非5月6日存入500欧元，开立欧元活期储蓄存款账户。

任务活动2　外币储蓄存款支取

≫ 业务背景

客户孙维到模拟银行金苑支行办理外币储蓄存款支取业务。

≫ 具体工作过程

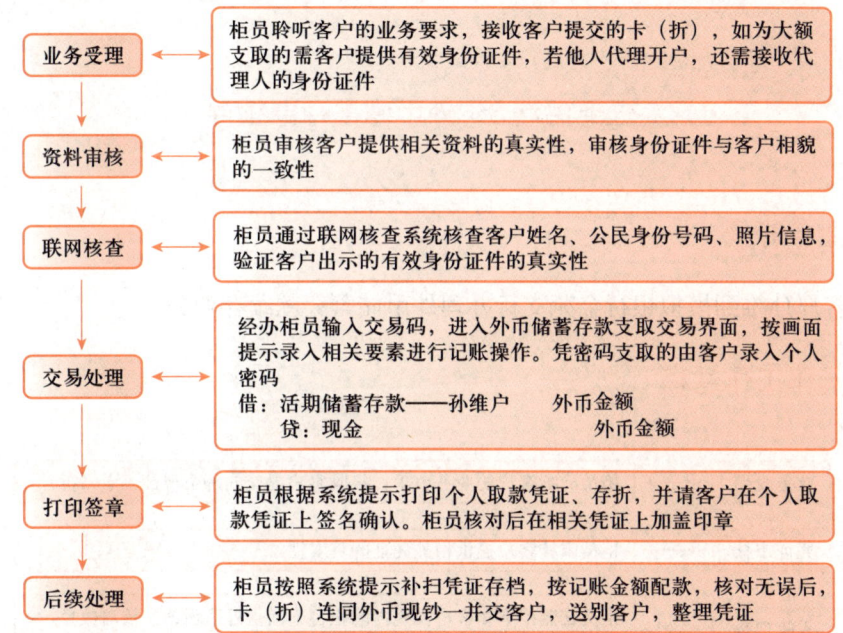

业务受理	柜员聆听客户的业务要求，接收客户提交的卡（折），如为大额支取的需客户提供有效身份证件，若他人代理开户，还需接收代理人的身份证件
资料审核	柜员审核客户提供相关资料的真实性，审核身份证件与客户相貌的一致性
联网核查	柜员通过联网核查系统核查客户姓名、公民身份号码、照片信息，验证客户出示的有效身份证件的真实性
交易处理	经办柜员输入交易码，进入外币储蓄存款支取交易界面，按画面提示录入相关要素进行记账操作。凭密码支取的由客户录入个人密码 借：活期储蓄存款——孙维户　　外币金额 　　贷：现金　　　　　　　　　　外币金额
打印签章	柜员根据系统提示打印个人取款凭证、存折，并请客户在个人取款凭证上签名确认。柜员核对后在相关凭证上加盖印章
后续处理	柜员按照系统提示补扫凭证存档，按记账金额配款，核对无误后，卡（折）连同外币现钞一并交客户，送别客户，整理凭证

相关知识链接

客户持存折/存单在储蓄柜台支取存款，需凭密码支取。

从个人外汇储蓄账户中提取现钞，当日累计等值1万美元以下（含）的，客户可以在银行直接办理；超过上述金额，请客户凭本人有效身份证件、提钞用途证明等材料向银行所在地外汇局事前报备。银行凭客户本人有效身份证件和经外汇局签章的"提取外币现钞备案表"为客户办理提取外币现钞手续。

等值1万美元及以上的外币现金取款，客户需至少提前一天通知银行，以便银行进行备付现金的准备工作。

 动动脑与动动手

1. 个人外币储蓄存款的支取手续与人民币业务相比有何不同？
2. 客户周州6月3日支取美元活期储蓄存款，金额1 000美元。

以银行柜员的身份进行上述相应业务的处理，包括凭证审核、业务数据录入、凭证盖章与凭证处理。

任务活动3　外币储蓄存款续存

>> 业务背景

客户孙维到模拟银行金苑支行办理外币储蓄存款续存业务。

>> 具体工作过程

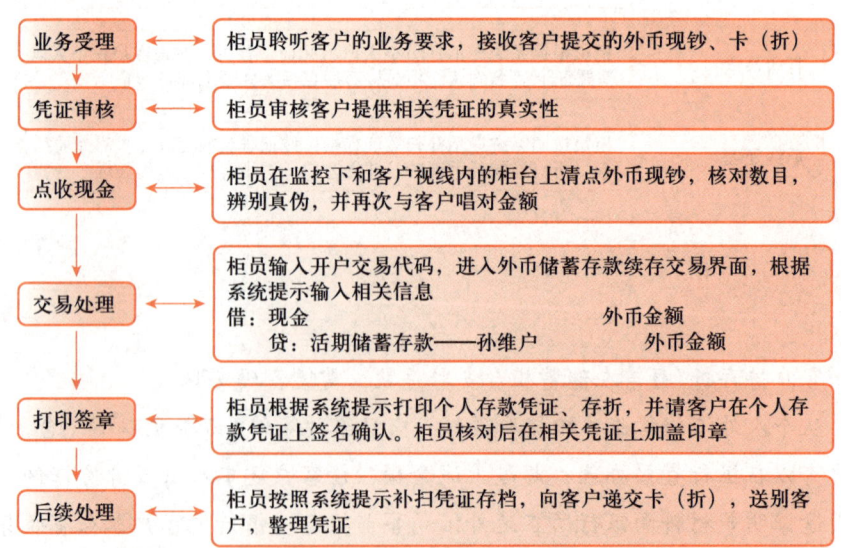

相关知识链接

有折续存与无折续存办理流程

客户在申请办理续存时，存在有折续存和无折续存两种情况。若为有折续存，客户可免填单，只需提供存折和现金。若为无折续存，则客户需填写个人业务（卡/无折）存款凭证。

动动脑与动动手

1. 说说外币储蓄存款新开户与续存业务的异同点。

2. 以银行柜员的身份进行相应业务的处理，包括凭证审核、业务数据录入、凭证盖章与凭证处理。

（1）客户周州6月20日续存美元活期储蓄存款，金额为300美元。

（2）客户王非6月27日续存欧元活期储蓄存款，金额为200欧元。

任务活动4 外币储蓄存款销户

》 业务背景

客户孙维到模拟银行金苑支行办理外币储蓄存款销户业务。

》 具体工作过程

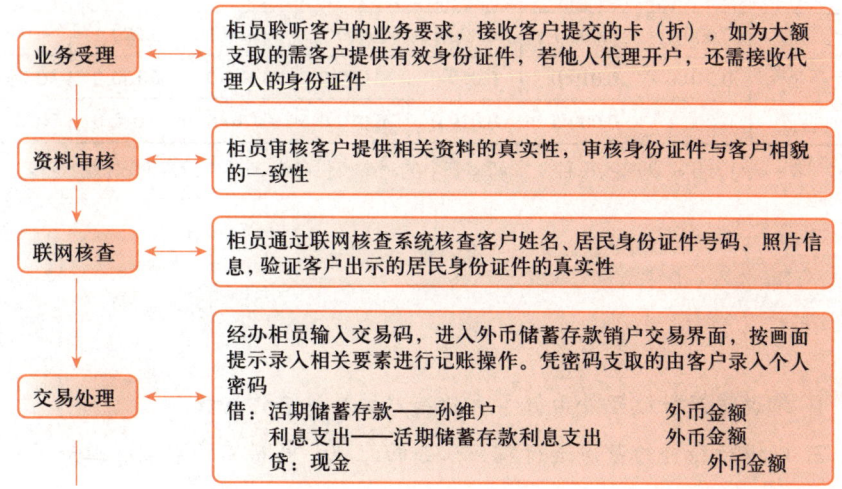

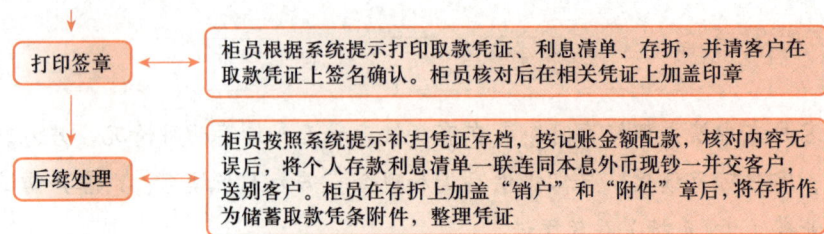

```
打印签章  ⟷  柜员根据系统提示打印取款凭证、利息清单、存折，并请客户在
              取款凭证上签名确认。柜员核对后在相关凭证上加盖印章
   ↓
后续处理  ⟷  柜员按照系统提示补扫凭证存档，按记账金额配款，核对内容无
              误后，将个人存款利息清单一联连同本息外币现钞一并交客户，
              送别客户。柜员在存折上加盖"销户"和"附件"章后，将存折作
              为储蓄取款凭条附件，整理凭证
```

相关知识链接

1. 外币储蓄存款的利息计算

外币储蓄存款的利息计算公式如下。

活期存款利息 = 外币本金 × 活期存款利率 ÷ 360 × 实际天数

定期存款利息 = 外币本金 × 定期存款利率 ÷ 12 × 存期月数

2. 外汇存款利率表

2022 年 6 月 29 日起执行的外汇存款利率表如表 6-1-2 所示。

表6-1-2　外汇存款利率表

单位：%（年利率）

货币	活期	七天通知	一个月	三个月	六个月	一年	二年
美元*	0.050 0	0.050 0	0.200 0	0.300 0	0.500 0	0.800 0	0.800 0
英镑	0.010 0	0.010 0	0.050 0	0.050 0	0.100 0	0.100 0	0.100 0
欧元	0.000 1	0.000 1	0.000 1	0.000 1	0.000 1	0.000 1	0.000 1
日元	0.000 1	0.000 1	0.000 1	0.000 1	0.000 1	0.000 1	0.000 1
港元*	0.010 0	0.010 0	0.100 0	0.200 0	0.400 0	0.700 0	0.700 0
加拿大元	0.010 0	0.010 0	0.010 0	0.050 0	0.150 0	0.250 0	0.250 0
瑞士法郎	0.000 1	0.000 1	0.000 1	0.000 1	0.000 1	0.000 1	0.000 1
澳大利亚元	0.010 0	0.010 0	0.050 0	0.050 0	0.100 0	0.150 0	0.150 0
新加坡元	0.000 1	0.000 5	0.010 0	0.010 0	0.010 0	0.010 0	0.010 0

注：带*号的为此次调整的币种。本利率表中的利率仅供参考，详情请咨询银行网点柜台。

 动动脑与动动手

1. 请说明银行办理外币储蓄存款销户的具体工作过程。

2. 以银行柜员的身份进行相应业务的处理，包括凭证审核、业务数据录入、凭证盖章与凭证处理。

（1）客户王非8月19日办理欧元活期储蓄存款账户销户。

（2）客户周州9月15日办理美元活期储蓄存款账户销户。

任务二　个人购汇、结汇业务处理

【知识储备】

一、外汇汇率

外汇汇率是指一国货币与另一国货币兑换的比率，是用一种货币表示另一种货币的价格，也称外汇汇价。根据国际惯例，外汇汇价有两种表示方法：一种是直接标价法，是以一定单位的外国货币为标准来计算应付多少单位的本国货币。另一种是间接标价法，与直接标价法相反，是以一定单位的本国货币为标准来计算应付多少单位的外国货币。我国采用直接标价法。

二、外汇牌价

外汇的买卖和兑换须按一定的外汇牌价计算，汇率就是外汇牌价的基础。我国人民币基准汇率由中国人民银行制定，并授权中国外汇交易中心公布，经营外汇业务的银行据此调整挂牌外汇买卖价。现行外汇牌价按规定有下列五种：① 外汇买入价，又称汇买价，是指银行买入外币现汇的价格；② 外汇卖出价，又称汇卖价，是指银行卖出外币现汇的价格；③ 外钞卖出价，又称钞卖价，是指银行卖出外币现钞的价格；④ 外钞买入价，又称钞买价，是指银行买入外币现钞的价格；⑤ 外汇中间价，又称中间价，是指汇买价与汇卖价的平均价格，银行相互之间外汇买卖一般按中间价。银行在外汇买卖时，需要垫付资金并承担汇率涨跌的风险，所以银行在买卖外汇时要收取一定的费用，外汇买价与卖价之间的差价，即为银行买卖外汇的收益或收取的费用。

三、个人购汇

个人购汇是指客户有出国旅游、留学、探亲、商务考察等需求时，为方便在境外使用，持人民币在经办银行兑换成所需外币的一种业务。境内居民个人购汇实行年度总额管理，年度总额为每人每年等值5万美元。

四、个人结汇

个人结汇是指个人通过银行将外汇结算成人民币，按照国家外汇管理政策，境内个人客户和境外个人客户结汇实行年度总额管理，个人年度结汇总额为等值5万美元。

五、"外汇买卖"科目

"外汇买卖"是实行外汇分账制而设立的一个专用会计科目，是在办理外汇买卖、兑换等业务中外币与人民币科目之间的桥梁。"外汇买卖"科目既反映外汇兑换、外汇套汇等业务引起的外汇增减变化，又反映在办理这些业务中所引起的人民币的增减变化。从资金性质上分类，该科目属于资产负债共同类。当买入外汇时，外币记本科目贷方，人民币记本科目借方；当卖出外汇时，外币记本科目借方，人民币记本科目贷方。"外汇买卖"科目的设立，对账务的处理起着联系和平衡的作用。

六、中国大陆银行可兑换的币种

目前中国大陆的银行可兑换的币种包括：英镑、港元、美元、瑞士法郎、新加坡元、瑞典克朗、挪威克朗、日元、丹麦克朗、加拿大元、澳大利亚元、欧元、卢布、印尼卢比、新西兰元、菲律宾比索、泰国铢、韩国元、澳门元、新台币共20种货币。

七、主要业务凭证印章

个人购汇、结汇业务处理涉及的主要业务凭证印章有个人结汇、购汇申请书、外汇兑换水单等。

1. 个人结汇、购汇申请书（见表6-2-1）

适用范围：是个人申请办理结汇、购汇业务的书面凭证。

联次介绍：一般为三联，第一联由银行营业网点留存，第二联由银行做业务

表6-2-1　个人结汇、购汇申请书

<table>
<tr>
<td rowspan="6">银行打印</td>
<td colspan="4">
业务参号：330104000122201206290000002
身份证号码：330103198310234525
币种：欧元　前往国家：法国
供汇方式：提钞
经办机构代码：330104000122
</td>
<td colspan="2">
姓名：李捷
购汇金额：500.00
提钞金额：500.00
经办人代码：01005
</td>
<td rowspan="14">第一联　银行留存</td>
</tr>
</table>

模拟银行 个人结汇、购汇申请书

银行打印	业务参号：330104000122201206290000002 身份证号码：330103198310234525 币种：欧元　前往国家：法国 供汇方式：提钞 经办机构代码：330104000122		姓名：李捷 购汇金额：500.00 提钞金额：500.00 经办人代码：01005	
客户填写	申请人/代办人姓名	李捷	申请人/代办人电话	18925532015
	申请人地址	杭州市庆春路380号华联小区三单元401室		
	申请人/代办人身份证件名称	身份证	申请人/代办人证件号码	330103198310234525
	申请结汇或购汇币种及金额	500欧元		
	外汇支付方式	现钞√	汇款	账户（含信用卡）
	人民币支付方式	现钞√	汇款	账户（含信用卡）

请选择结汇或购汇，并按境内个人或境外个人填写

结汇	境内个人　结汇来源＿＿＿＿＿	
	境外个人　国家（地区）名称＿＿＿＿	结汇用途＿＿＿＿
购汇	境内个人√　前往国家（地区）__法国__	购汇用途__旅游__
	境外个人　国家（地区）名称＿＿＿＿	购汇用途＿＿＿＿

申请人或代办人签名：李捷

日期＿＿2025.07.17＿＿　　（模拟银行金苑支行　2025.07.17　业务专用章）

经办：[周利]　　复核：[伍凌]　　授权：　　业务公章：(01)

传票附件，第三联为银行给客户的业务受理回单。

　　填写要求：个人结汇、购汇申请书客户填写栏由客户填写，要求各栏内容填写规范、正确、齐全、清晰；银行打印栏由银行经办柜员根据客户填写资料联机打印，二者内容要素应保持一致。

　　加盖印章：业务终了，银行留存联加盖业务公章与经办柜员名章，回单联加盖业务公章。

2. 外汇兑换水单（见表6-2-2）

适用范围：是个人申请办理结汇、购汇业务的银行专用记账凭证。

联次介绍：一般一式两联，第一联为银行记账联，第二联为客户回单联。

填写要求：外汇兑换水单客户填写栏由客户填写，要求各栏内容填写规范、

表6-2-2　外汇兑换水单

模拟银行 外汇兑换水单

银行打印	买入货币：CNY 买入金额：3 914.9 买入牌价：1.000 0 本币金额：3 914.9 摘要： 核准：　　　　经办：01005	卖出货币：EUR 卖出金额：500.00 卖出牌价：7.829 8 交易流水号：080252639	交易日期：2025.07.17 交易机构：07818

以下项目由客户填写

国籍	中国	证件类型号码	身份证330103198310234525
姓名	李捷	地址及饭店	杭州市庆春路380号华联小区三单元401室
请选择	兑换√　　赎回	取现　　转入账号	周利　　伍凌
货币与金额	500欧元		
摘要			

请妥善保存，在二十四个月内可凭本人护照和此水单兑回外汇。

本人同意上述货币与金融的兑换交易，以银行正式打印如上的外汇兑换牌价成交，承诺兑换交易完成后不予撤销。	客户签章：李捷

第一联　银行记账

正确、齐全、清晰；银行打印栏由银行经办柜员根据客户填写资料联机打印，二者内容要素应保持一致。

加盖印章：业务终了，银行记账联加盖业务清讫章与经办柜员名章，回单联加盖业务清讫章。

【任务活动】

任务活动1　个人购汇

>> **业务背景**

客户李捷到模拟银行金苑支行提交个人结汇、购汇申请书申请购汇。

>> **具体工作过程**

业务受理	←→	柜员接受客户提交的个人结汇、购汇申请书，外汇兑换水单、卡（折）和有效身份证件

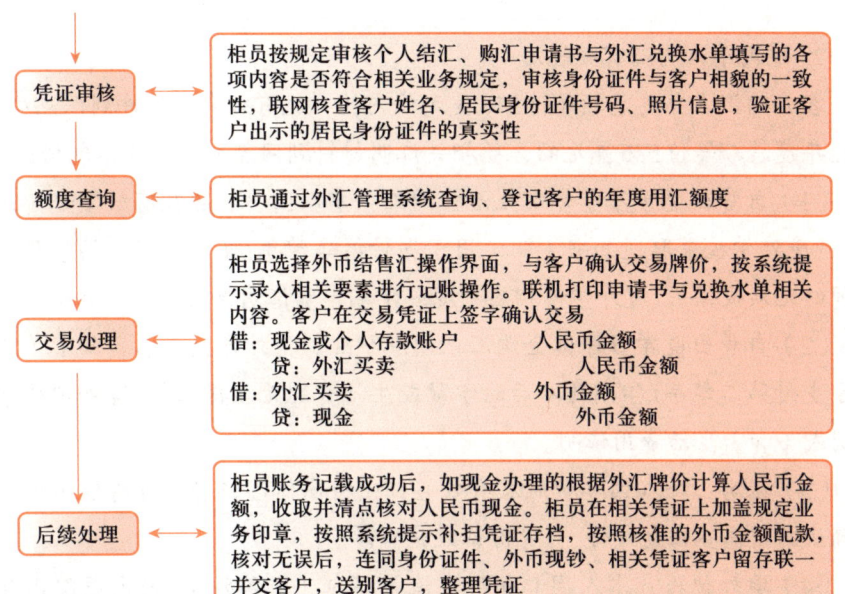

凭证审核 ⟷ 柜员按规定审核个人结汇、购汇申请书与外汇兑换水单填写的各项内容是否符合相关业务规定，审核身份证件与客户相貌的一致性，联网核查客户姓名、居民身份证件号码、照片信息，验证客户出示的居民身份证件的真实性

额度查询 ⟷ 柜员通过外汇管理系统查询、登记客户的年度用汇额度

交易处理 ⟷ 柜员选择外币结售汇操作界面，与客户确认交易牌价，按系统提示录入相关要素进行记账操作。联机打印申请书与兑换水单相关内容。客户在交易凭证上签字确认交易
借：现金或个人存款账户　　　　　人民币金额
　　贷：外汇买卖　　　　　　　　　　人民币金额
借：外汇买卖　　　　　　　　　　外币金额
　　贷：现金　　　　　　　　　　　　外币金额

后续处理 ⟷ 柜员账务记载成功后，如现金办理的根据外汇牌价计算人民币金额，收取并清点核对人民币现金。柜员在相关凭证上加盖规定业务印章，按照系统提示补扫凭证存档，按核准的外币金额配款，核对无误后，连同身份证件、外币现钞、相关凭证客户留存联一并交客户，送别客户，整理凭证

相关知识链接

1. 银行兑出外币的折算方法

银行兑出外币的折算公式如下：

客户应付人民币金额＝需兑出的外钞金额×外钞卖出价

其中，外钞卖出价需参照"中国银行外汇牌价"。

中国银行外汇牌价如表6-2-3所示。

表6-2-3　中国银行外汇牌价

货币名称	现汇买入价	现钞买入价	现汇卖出价	现钞卖出价	中行折算价
加拿大元	530.45	514.64	534.06	536.88	524.9
瑞士法郎	808.4	784.47	814.08	818.38	796.36
丹麦克朗	105.66	102.58	106.5	107.01	103.73
欧元	788.87	765.35	794.4	798.28	777.26
英镑	939.38	911.37	945.77	950.76	923.24
港元	92.77	92.02	93.12	93.12	91.34
美元	724.29	718.39	727.17	727.17	713.15

注：中国银行外汇牌价实时更新，此表展示的数据为2024年7月13日某时刻截取的数据。

2. 境内个人购汇有关规定

客户购汇在年度总额等值5万美元以内的，凭有效身份证件到网点办理；超过年度总额等值5万美元的，凭相关证明材料到网点办理，具体包括：

（1）自费出境学习学费或生活费购汇：本人因私护照及有效签证（或签注）；境外学校录取通知书（购汇用于支付第二学年/学期及以后的学费或生活费的无须提供）；境外学校相应年度或学期学费证明或生活费用证明。

（2）自费出境学习保证金购汇：因私护照；境外学校录取通知书（购汇用于支付第二学年/学期及以后的学费或生活费的无须提供）；境外学校学费证明或（和）生活费用证明。

（3）旅游：个人因私护照及有效签证（持团体签证者，可持经旅行社盖章确认的团体签证复印件）、身份证或户口簿。

（4）境外就医：本人因私护照及有效签证（或签注）；境内医院出具的证明附医生意见以及境外医院出具的费用证明。

（5）境外培训：本人因私护照及有效签证（或签注）；境外培训费用证明。

（6）缴纳境外国际组织会费：本人真实身份证明；境外国际组织缴费通知。

（7）境外直系亲属救助：本人真实身份证明；有权部门或公证机构出具的亲属关系证明、有关救助的相关证明材料。

（8）境外邮购：本人真实身份证明；广告或订单等收费凭证。

（9）境外咨询：书面申请；本人真实身份证明；合同（协议）、发票（支付通知）、税务凭证。

（10）其他服务贸易费用：书面申请；本人真实身份证明；合同（协议）、发票（支付通知）、税务凭证。

（11）货物贸易及相关费用：书面申请；本人真实身份证明；进口货物报关单、合同（协议）、发票（支付通知）。

（12）其他非持信用卡在境外消费或支出的补购外汇：书面申请；本人真实身份证明；境外消费或支出的有关证明材料。

3. 境内个人购汇注意事项

（1）年度总额不得跨公历年度使用，对于上一年度未使用或未用完的额度不得转入下一年度使用。

（2）境内居民个人所购外汇可以存入本人境内外汇账户，可以汇出境外，可以持汇票、旅行支票、信用卡等携出境外；个人提取外币现钞当日累计等值1万美元以下（含）的，可以在银行直接办理；超过上述金额的，凭本人身份证件、提钞用途材料向当地外汇局报备。银行凭外汇局出具的有关凭证为个人办理提钞业务。

（3）境内居民个人购汇不受其户籍所在地地域的限制。

（4）境内居民个人身份证号码如出现重复，应提供当地公安机关出具的确认证明，银行方能为其办理购汇手续。

 动动脑与动动手

1. 什么是外汇汇率？

2. 外汇牌价的标价方法有哪几种？我国采用哪一种标价法？

3. 什么是购汇？境内个人购汇有何具体规定？

4. 以模拟银行金苑支行柜员的身份进行以下相应业务的处理，包括凭证审核、业务数据录入、凭证盖章与凭证处理。

（1）客户王自立申请兑换3 000美元。

（2）客户童易晓申请兑换1 000欧元。

任务活动2　个 人 结 汇

>> **业务背景**

客户李捷到模拟银行金苑支行提交个人结汇、购汇申请书申请结汇。

>> **具体工作过程**

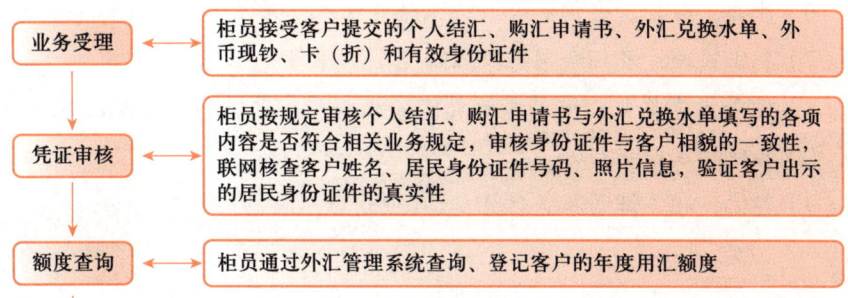

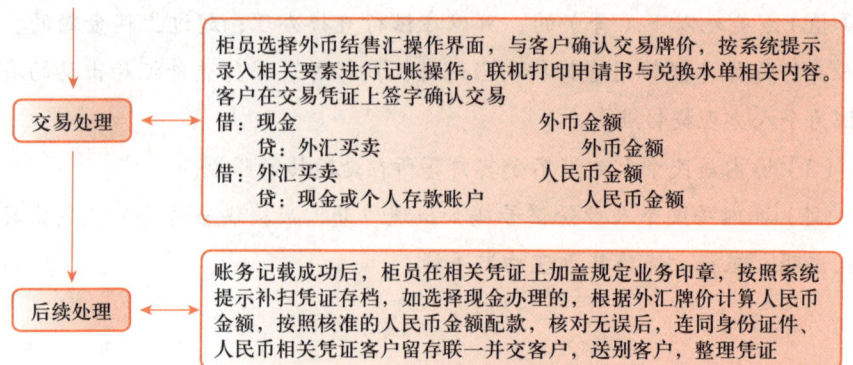

交易处理 ← 柜员选择外币结售汇操作界面，与客户确认交易牌价，按系统提示录入相关要素进行记账操作。联机打印申请书与兑换水单相关内容。客户在交易凭证上签字确认交易
借：现金　　　　　　　　　　外币金额
　贷：外汇买卖　　　　　　　　外币金额
借：外汇买卖　　　　　　　　人民币金额
　贷：现金或个人存款账户　　　人民币金额

后续处理 ← 账务记载成功后，柜员在相关凭证上加盖规定业务印章，按照系统提示补扫凭证存档，如选择现金办理的，根据外汇牌价计算人民币金额，按照核准的人民币金额配款，核对无误后，连同身份证件、人民币相关凭证客户留存联一并交客户，送别客户，整理凭证

相关知识链接

1. 银行兑入外币的计算方法

银行兑入外币的计算公式如下：

银行应付人民币金额＝外钞金额 × 外钞买入价

2. 境内个人结汇有关规定

境内个人结汇有关规定如下：

年度总额5万美元以内，凭有效身份证件到网点办理。超过年度总额5万美元，凭有效身份证件及相关证明材料到网点办理。证明材料具体包括：

（1）捐赠款：经公证的捐赠协议或合同，捐赠须符合国家规定。

（2）赡家款：直系亲属关系证明或经公证的赡养关系证明、境外给付人相关收入证明，如银行存款证明、个人收入纳税凭证等。

（3）遗产继承收入：遗产继承法律文书或公证书。

（4）保险外汇收入：保险合同及保险经营机构的付款证明，投保外汇保险须符合国家规定。

（5）专有权利使用和特许收入：付款证明、协议或合同。

（6）法律、会计、咨询和公共关系服务收入：付款证明、协议或合同。

（7）职工报酬：雇佣合同及收入证明。

（8）境外投资收益：境外投资外汇登记证明文件、利润分配决议或红利支付书或其他收益证明。

（9）其他：相关证明及支付凭证。

智慧银行新视界 —————— 外币自助兑换机

外币自助兑换机（XDM，又称自助兑换机）是一种客户可以借助兑换设备自助完成外币兑换业务的银行专用机具设备（见图6-2-1），24小时自助无人兑换，随到随兑，一般布放在涉外酒店、机场码头和涉外旅游景点等短期过境商旅人士聚集的场所，主要服务对象为外国游客和有外汇收入的我国居民。外币自助兑换机采用国际先进的多币种钞票识别技术，性能稳定，可以全面规避假币及黑市兑换风险。

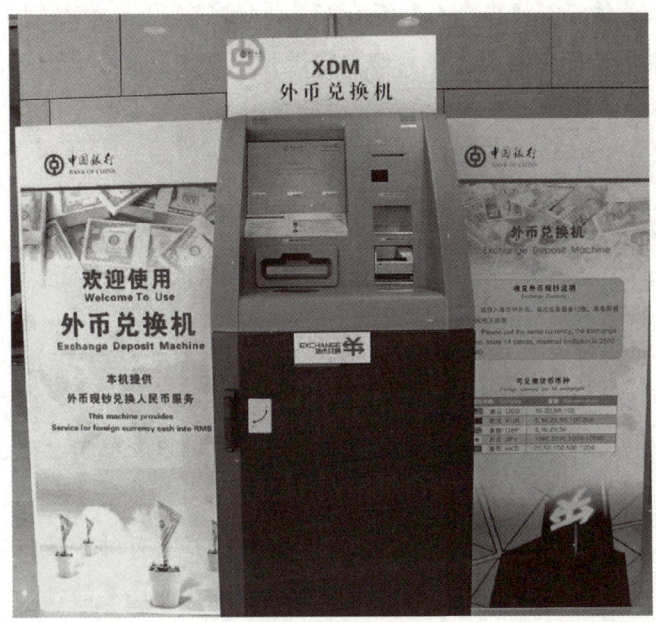

图6-2-1　外币自助兑换机

根据国家外汇管理局的相关规定，我国的外币自助兑换机目前只办理个人外币现钞与人民币现钞的单向兑换，不纳入个人外汇业务监管系统管理，但每个人每天兑换总额不得超过等值5 000元人民币。

外币自助兑换机按照实时的汇率价格进行外币与人民币结算，每次兑换的人民币金额精准到元位。客户通过外币自助兑换机可以办理取款、查询汇率、主要外币币种的人民币兑换等业务。

外币自助兑换机办理业务时应遵守下列要求：

（1）在外币自助兑换机上设置银行标识；

（2）外币自助兑换机应具备个人身份（包括姓名、国别、身份证件号码）识别和记录功能；

（3）外币自助兑换机应具备"关注名单"拦截功能，禁止"关注名单"内的个人通过外币自助兑换机办理兑换业务；

（4）外币自助兑换机应逐笔记录交易数据，交易的电子数据应永久保存。

动动脑与动动手

1. 什么是结汇？境内个人结汇有何具体规定？

2. 以模拟银行金苑支行柜员的身份进行以下相应业务的处理，包括凭证审核、业务数据录入、凭证盖章与凭证处理。

（1）客户罗辉申请将300澳元兑换成人民币。

（2）客户童易晓申请将100欧元兑换成人民币。

德技并修与工匠精神

三尺柜台上执着的追梦人

汤玉丹，从浙江金融职业学院毕业后进入中国农业银行兰溪支行从事综合柜员工作。自就职起，汤玉丹就一直勤勤恳恳、兢兢业业工作，业余时间也不忘研究如何提升工作效率。入行不久，她便在支行的季度技能考试中取得了点钞第一名的好成绩，并获得了参加市分行业务比赛的机会。功夫不负有心人，在市分行第十六届业务技能比赛中，她取得了第五名的好成绩，之后又代表市分行参加过省分行的业务技术比赛并获得名次。

"打铁还需自身硬"，汤玉丹并没有因此骄傲自满，停滞不前。为了迎接比赛，她放弃了无数次与家人团聚的机会，每天早起晚睡，苦练技能，以高标准要求自己，不管冬日严寒还是夏日酷暑，都苦练不懈。每天坚持一样的动作和高强度训练，她凭着骨子里的那份"不服输"，持之以恒地苦练技能。铸志砺锋，百炼成钢，入行以来，汤玉丹已荣获10多项涉及技能方面的荣誉，2017年荣获中国农业银行五一劳动奖章。

身为家中长女，她上有年老的父母，下有体弱的妹妹需要照顾，领导考虑到她的实际情况，曾想过帮她安排轻松点的岗位，她却婉言拒绝了。她说："我热爱这份工作，再苦再累也还是愿意扎根基层，实现自己的人生价值！"

　　汤玉丹瘦小、柔弱，乍一看去，还有些稚气未脱，但每天只要一坐上柜台，她那亲和的态度和准确快捷的服务都会让来办过业务的客户对这个瘦弱的姑娘印象深刻。面对存"零钱"客户，她总是换位思考，没有半句怨言；面对金融知识匮乏的外来务工者，她总是不厌其烦，细心答疑解惑；面对脾气暴躁的客户，她总是习惯用微笑化解纷争，最终让其满意离去。在平凡的柜员岗位，她常常用自己的真诚打动客户，化解了很多客户的刁难和投诉，赢得了客户的信赖、领导的表扬、同事的赞誉。工作中，她用一名党员的表率和担当诠释着作为柜员的责任和使命。她的专业、耐心、细致，使她成为了客户和同事眼中的业务能手和岗位标兵。

　　在生活中，她温文尔雅，细致入微；在三尺柜台上，她平凡坚守，待人亲切，服务周到；在训练期间，她沉稳、勤奋、坚韧；在比赛现场，她镇静自若、稳扎稳打。她用指尖的力量执着追梦，用自己的努力展现了当代农行人自强不息、争创一流的良好形象。

项目七

电子银行业务处理

【学习目标】

素养目标

- 通过电子银行业务基本规定的学习，培养学生严格遵守电子银行业务相关制度规定，增强学生为社会大众提供规范、快捷、高效的金融服务的意识
- 通过金融科技赋能电子银行业务发展的学习，培养学生借助科技赋能适应产业数字化发展与金融智能化服务需求的职业素养

知识目标

- 了解银行电子银行业务种类
- 掌握自助银行业务、网上银行业务、手机银行业务、电话客服业务的种类与基本规定
- 熟悉自助银行存款、取款、转账、查询和吞卡，网上银行开通、业务处理和销户，手机银行开通、业务处理和注销，电话客服等业务处理规范

能力目标

- 能够按照电子银行业务操作流程规范办理自助银行存款、取款、转账、查询和吞卡，网上银行开通，业务处理和销户，手机银行开通、业务处理和注销以及电话客服等业务
- 能够指导客户通过自助设备办理自助银行、网上银行、手机银行等电子银行业务，能够解答客户关于电子银行业务的相关咨询

【内容导航】

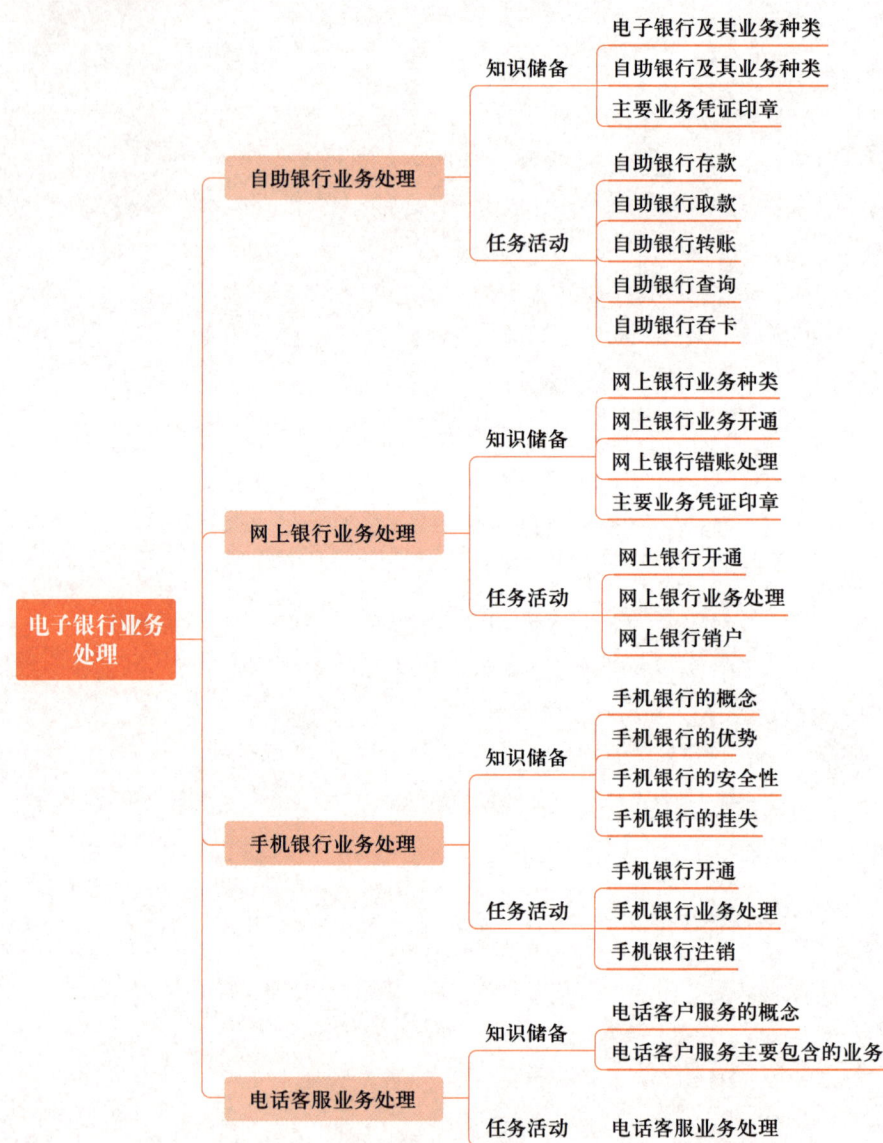

电子银行业务处理
- 自助银行业务处理
  - 知识储备
    - 电子银行及其业务种类
    - 自助银行及其业务种类
    - 主要业务凭证印章
  - 任务活动
    - 自助银行存款
    - 自助银行取款
    - 自助银行转账
    - 自助银行查询
    - 自助银行吞卡
- 网上银行业务处理
  - 知识储备
    - 网上银行业务种类
    - 网上银行业务开通
    - 网上银行错账处理
    - 主要业务凭证印章
  - 任务活动
    - 网上银行开通
    - 网上银行业务处理
    - 网上银行销户
- 手机银行业务处理
  - 知识储备
    - 手机银行的概念
    - 手机银行的优势
    - 手机银行的安全性
    - 手机银行的挂失
  - 任务活动
    - 手机银行开通
    - 手机银行业务处理
    - 手机银行注销
- 电话客服业务处理
  - 知识储备
    - 电话客户服务的概念
    - 电话客户服务主要包含的业务
  - 任务活动
    - 电话客服业务处理

任务一　自助银行业务处理

【知识储备】

一、电子银行及其业务种类

电子银行业务，是指金融机构利用面向社会公众开放的通信渠道和公众网络，以及银行为特定自助服务设施或客户建立的专用网络提供的银行业务。

电子银行业务主要包括：① 利用计算机和互联网开展的银行业务（以下简称"网上银行业务"），② 利用电话等声讯设备和电信网络开展的银行业务（以下简称"电话银行"），③ 利用移动电话和互联网开展的银行业务，④ 利用其他外部电子服务设备提供的由客户自助服务的银行业务，等等。

二、自助银行及其业务种类

自助银行是商业银行为客户提供24小时自助服务的营业场所。客户可以通过自助银行提供的各种设备，自行办理存款、取款、转账、证券买卖、外汇买卖、自助贷款、自助缴费、账务查询、存折补登、对账单打印、密码修改，以及存贷款利率、外汇牌价和商业银行综合信息查询等业务。

自助银行包括：自动柜员机（Automated Teller Machine，ATM[①]）、自动存款机（Automatic Deposit Machine，ADM）、自助服务终端、超级柜员机等。

1. ATM与ADM

自助银行运行管理受银行主控制台控制，其日终处理并入储蓄应用系统日志，执行日终账务处理。银行主机对自助银行客户账户的管理主要是联机查询客户账户信息、日终批量处理客户信息以及客户信息管理等。每台ATM/ADM均应设立现金账户，现金账户对应设立储蓄柜员号，储蓄柜员号对应设立现金库存簿。储蓄柜员对每台ATM/ADM的每只钱箱必须在事前进行登记编号，避免各ATM/ADM的钱箱互换使用。

自助柜员是指专门管理自助银行每台ATM/ADM所对应的现金账户及完成清机、装钞、账务处理的银行工作人员。凡办理现金领用及清机业务，必须实行钱

---

① ATM在日常生活中也译为自动取款机。

账分管，做到双人清机、双人复核、双人押运。

2. 自助服务终端

自助服务终端可以办理一卡通、存折、信用卡等业务，也提供投资服务，对公交易、公共信息等业务信息的查询等服务。

3. 超级柜员机

超级柜员机是通过客户自助办理、理财经理引导、后台集中审核方式，实现释放营销机会、优化业务办理流程、提升客户体验、降低运营成本等目标的自助银行设备。

（1）超级柜员机支持立式、桌面式两种终端形态。立式超级柜员机终端（如图7-1-1所示）可放置在网点大堂，为客户提供个人非现金业务服务。立式超级柜员机的使用在很大程度上缓解了柜面压力，提高了业务办理效率。桌面式超级柜员机终端（如图7-1-2所示）则是平板电脑与集成输入设备成套使用的终端，支持网点内WiFi接入使用，同时支持离行外拓营销，具有业务办理灵活性高的特点。

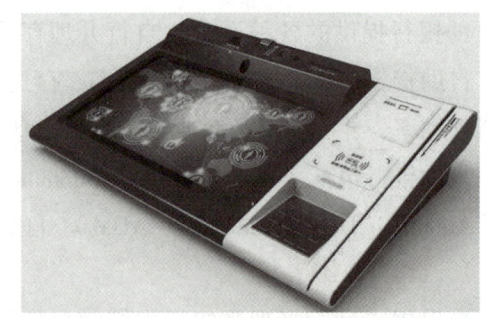

图7-1-1　立式超级柜员机终端　　　　图7-1-2　桌面式超级柜员机终端

（2）客户通过超级柜员机办理开卡、签约等业务必须由申请人本人办理。客户通过超级柜员机办理电子银行签约业务的，银行自助设备必须确保客户身份证阅读器、读卡器、发卡器、凭条打印机设备自检通过，且银行系统与各接口之间通信正常。客户利用超级柜员机还可以办理个人短信通签约、自助设备对外转账签约、借记卡激活、借记卡密码修改、综合理财签约、客户信息变更等业务。

（3）柜员可以在超级柜员机上指导客户办理业务，但不得以任何形式代替客户进行操作。客户在超级柜员机上办理的业务无须填写业务申请书和其他纸质凭证。系统读取的身份信息、客户输入的信息、远程审核的信息、电子签名的信息是客户自助办理业务的主要依据。

三、主要业务凭证印章

自助银行业务涉及的主要业务凭证印章包括自助设备异常情况受理表和自助设备吞没银行卡登记簿等。

1. 自助设备异常情况受理表（见表7-1-1）

适用范围：是客户办理自助银行业务发生异常情况时，银行所提供的书面凭证。

联次介绍：一般为两联，第一联由银行作记账凭证；第二联为银行给客户的回单。

填写要求：经办柜员填写自助设备异常情况受理表，应按照自助设备发生异常的实际情况进行各项内容的填写，要求各栏内容填写规范、正确、齐全、清晰，特别是客户的个人信息和自助设备异常情况的说明等，并要求客户在填写好的凭证上签字确认。

加盖印章：业务终了，银行记账凭证加盖业务公章与经办柜员名章，回单联加盖业务公章。

表7-1-1　自助设备异常情况受理表

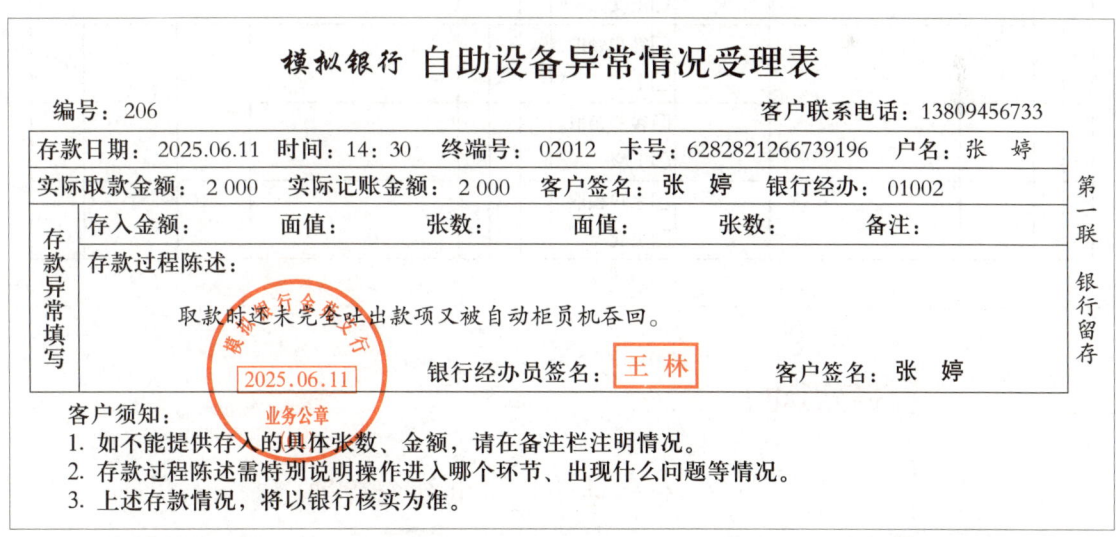

2. 自助设备吞没银行卡登记簿（见表7-1-2）

适用范围：是柜员办理自助设备发生吞卡时，银行所记录的登记簿。

联次介绍：一般为单联，用于银行做银行卡吞卡业务的流水账记录。

填写要求：自助设备吞没银行卡登记簿由经办柜员填写，经办柜员按照自助设备吞没银行卡的实际情况进行各项内容的填写，要求各栏内容填写规范正确、齐全、清晰，特别是客户的个人信息和银行卡账号等，并要求客户在客户签收处签字确认。

加盖印章：业务终了，经办柜员和授权柜员在登记簿的相应位置加盖各自的名章，以明确责任。

表7-1-2　自助设备吞没银行卡登记簿

自助设备吞没银行卡登记簿

第　　页

25年 月 日	自助设备编号	发卡行 卡号	经办人 复核人	处理结果	处理日期 年 月 日	领卡人姓名、证件名称及号码	客户签收	经办人	备注
6 11	02012	模拟银行金苑支行 6282821266739196	王 林 王 飞	☑客户领取 □上交	25 6 11	张婷　身份证 330107197912193036	张婷	王 林	
				□客户领取 □上交					
				□客户领取 □上交					
				□客户领取 □上交					
				□客户领取 □上交					
				□客户领取 □上交					
				□客户领取 □上交					

【任务活动】

任务活动1　自助银行存款

>> 业务背景

客户张婷到模拟银行自动柜员机办理存款业务。

>> 具体工作过程

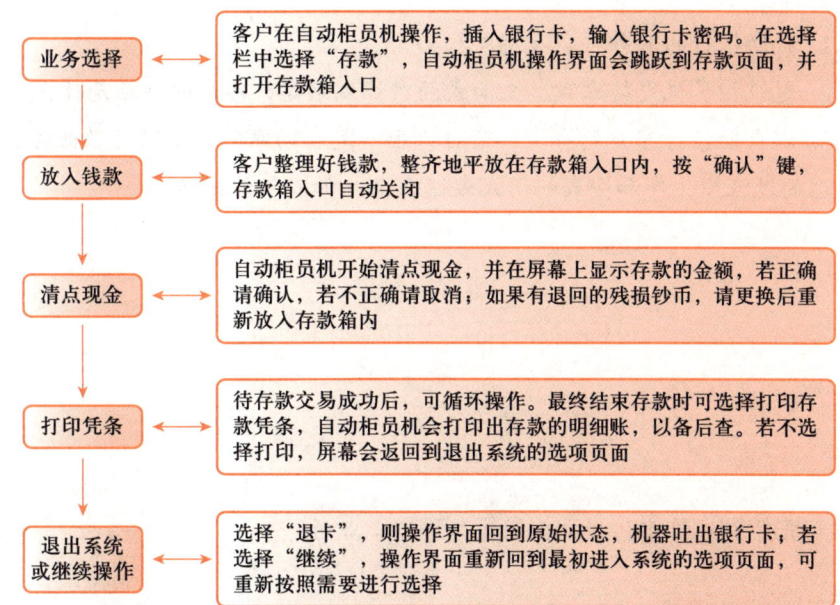

业务选择	客户在自动柜员机操作，插入银行卡，输入银行卡密码。在选择栏中选择"存款"，自动柜员机操作界面会跳跃到存款页面，并打开存款箱入口
放入钱款	客户整理好钱款，整齐地平放在存款箱入口内，按"确认"键，存款箱入口自动关闭
清点现金	自动柜员机开始清点现金，并在屏幕上显示存款的金额，若正确请确认，若不正确请取消；如果有退回的残损钞币，请更换后重新放入存款箱内
打印凭条	待存款交易成功后，可循环操作。最终结束存款时可选择打印存款凭条，自动柜员机会打印出存款的明细账，以备后查。若不选择打印，屏幕会返回到退出系统的选项页面
退出系统或继续操作	选择"退卡"，则操作界面回到原始状态，机器吐出银行卡；若选择"继续"，操作界面重新回到最初进入系统的选项页面，可重新按照需要进行选择

微课：银行卡自助设备存款

相关知识链接

1. ATM 与 ADM 的功能

（1）银行规定，ADM 可以办理有卡存款和无卡存款，一次存款金额不能超过 100 张；客户应按照提示放入要存入的钞票。

（2）ADM 具备 ATM 除取款以外的全部功能，此外还具有验钞功能，遇到假币或残币会当即拒收并退给存款人。

2. ATM/ADM 清机

当 ATM/ADM 的钞箱内钞券总量在 100 000 元人民币以上或发生客户存款未入账、卡钞、现金账户不平等情况时，必须进行清机。清机时，柜员将每台 ATM/ADM 的钞箱整箱带回，由出纳柜员逐个清点，将余额分别登记在清机登记簿的"钞箱余额"栏中，对每台 ATM/ADM 清机时的账面余额与实物相核对。

当 ATM 钞箱钞券总量在 30 000 元人民币以下或发生客户取款扣账未吐钞、现金账户不平等情况时，必须进行清机装钞。

动动脑与动动手

1. 自助银行的业务种类有哪些？

2. 超级柜员机支持立式、桌面式两种终端形态，各自的特点是什么？

3. 以自助银行客户的身份，亲自办理一笔自助银行的小额存款业务，并把办理的过程以文字和图表的形式表述出来，加以总结概括。

任务活动2　自助银行取款

》 业务背景

客户张婷到模拟银行自动柜员机办理取款业务。

》 具体工作过程

微课：银行卡自助设备取款

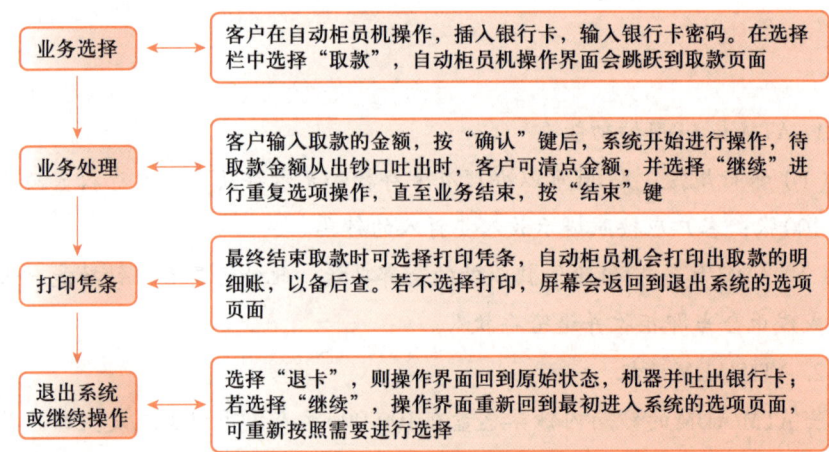

相关知识链接

1. 取款限额

自助取款机（ATM）的取款金额限制主要包括单次取款限额和每日累计取款限额。大多数银行的自助取款机单次取款限额在 2 000 元至 5 000 元人民币之间，每日累计取款限额通常设定为 20 000 元人民币。中国人民银行发布的《银行卡业务管理办法》规定，贷记卡在自助取款机每卡每日累计取款金额不得超过5 000元人民币。

2. 自动柜员机工作流程

自动柜员机工作流程如下：

（1）设备启动、设备自检，并初始化自动柜员机状态。

（2）设备自检成功，显示循环广告画面；若不成功，则进入暂停服务状态。

（3）循环显示广告画面时，如果检测到有操作员触发的动作（如插入操作员卡、按维护按钮等），则进入操作员维护状态。

（4）循环中还会检测是否有客户的银行卡插入，如果客户的银行卡插入，则进入交易状态。

（5）在循环中还检测是否有监控管理，如果接收到后台软件的管理命令，则进入监控管理状态。

（6）交易状态：限时等待用户输入密码，发送特色服务交易。

（7）如果特色服务交易成功，则显示交易菜单，等待用户选择交易。

（8）自动柜员机处理交易（如取款、查询、改密码、存款等交易）。

（9）自动柜员机处理交易结束，客户退卡，进入循环广告画面。

 动动脑与动动手

1. 自助取款机单次取款限额和每日累计取款限额分别是多少？

2. 贷记卡在自助取款机每卡每日累计取款限额是多少？

3. 以自助银行客户的身份，亲自办理一笔自助银行的取款业务，并把办理的过程以文字和图表的形式表述出来，加以总结概括。

任务活动3　自助银行转账

》》业务背景

客户张婷到模拟银行自动柜员机办理转账业务。

>> 具体工作过程

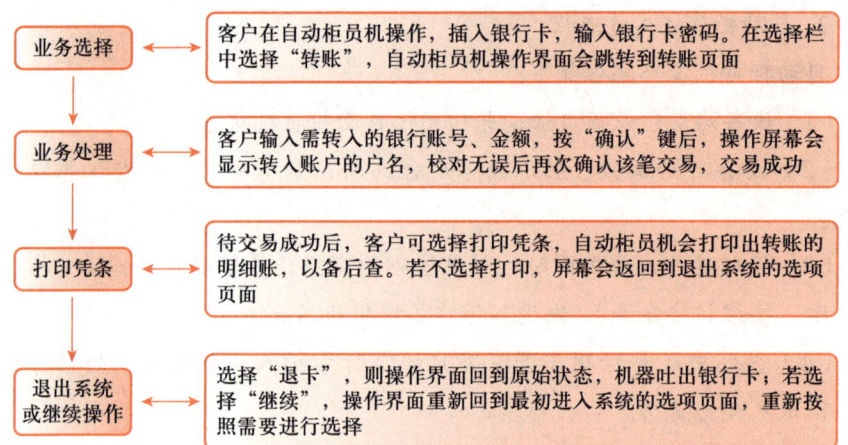

业务选择 ←→ 客户在自动柜员机操作，插入银行卡，输入银行卡密码。在选择栏中选择"转账"，自动柜员机操作界面会跳转到转账页面

业务处理 ←→ 客户输入需转入的银行账号、金额，按"确认"键后，操作屏幕会显示转入账户的户名，校对无误后再次确认该笔交易，交易成功

打印凭条 ←→ 待交易成功后，客户可选择打印凭条，自动柜员机会打印出转账的明细账，以备后查。若不选择打印，屏幕会返回到退出系统的选项页面

退出系统或继续操作 ←→ 选择"退卡"，则操作界面回到原始状态，机器吐出银行卡；若选择"继续"，操作界面重新回到最初进入系统的选项页面，重新按照需要进行选择

相关知识链接

银行卡自助跨行转账业务

银行卡自助跨行转账业务使得客户只要通过ATM/ADM、存取款一体机或网上银行即可实现不同银行间的卡上资金的快速划转，免去银行排队汇款之苦。客户可以设定每日累计转账最高限额，自主把握资金流量；还可以指定转出资金的银行卡卡号，进行定向转账。

定向转账是指为保证跨行转账资金安全，持卡人可到发卡行书面申请办理银行卡定向转账服务，可指定、增加或减少约定转入的银行卡卡号。

中国人民银行、原中国银行业监督管理委员会、公安部以及原国家工商总局于2009年4月27日联合发布了《关于加强银行卡安全管理预防和打击银行卡犯罪的通知》，严格规定了自助转账业务的处理：未经持卡人主动申请并书面确认，发卡机构不得为持卡人开通电话转账、自动柜员机转账、网上银行转账等自助转账类业务；为持卡人开通自助转账业务时，要向持卡人充分提示开通有关业务的风险，并要对持卡人进行更为严格的真实身份核查，确保实名开户；未履行职责，产生资金风险的，要依法承担责任。持卡人开通电话、自动柜员机转账的，每日每卡转出金额不得超过5万元人民币。持卡人开通网上银行转账的，应采用数字证书、电子签名等安全认证方式，否则单笔转账金额不应超过1 000元人民币，每日累计转账金额不得超过5 000元人民币。缴纳公共事业费及同一持卡人账户之间转账的除外。

动动脑与动动手

1. 什么是银行卡定向转账？

2. 客户通过ATM办理转账业务时，一次性转出的金额是否有限额？

3. 以自助银行客户的身份，亲自办理一笔自助银行的转账业务，并把办理的过程以文字和图表的形式表述出来，加以总结概括。

任务活动4 自助银行查询

>> **业务背景**

客户张婷到模拟银行自助服务终端办理查询业务。

>> **具体工作过程**

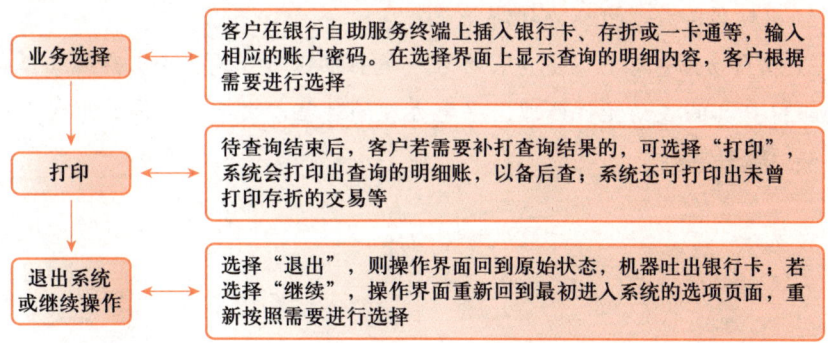

相关知识链接

1. 商业银行自助服务终端的功能

商业银行自助服务终端提供除现金之外全面的自助业务，包括查询、转账、自助发卡、代理缴费、理财、补登存折、打印对账单、网上银行和查询金融信息等多功能业务。

2. 使用自助银行的注意事项

客户使用自助银行的注意事项如下。

（1）在ATM/ADM和自助服务终端上使用的都是取款密码，办理相关业务时应防止他人窥视，注意保护密码。

（2）每一项操作均要在30秒内完成，否则系统将自动退卡。

（3）注意及时取走存款机无法识别的钞票。

（4）客户凭条尽量选择不打印，如打印则应妥善保存，以防犯罪分子有机可乘。

（5）警惕假通知、假公告，防止不法分子利用ATM/ADM和其他自助服务终端进行诈骗活动。

（6）需要使用自助银行办理存折业务的客户，请带上存折，使用自助服务终端办理。

（7）自助服务终端只办理本行业务。

 动动脑与动动手

1. 请说明客户使用自助银行需注意的事项。

2. 自助服务终端可以办理哪些业务？

3. 以自助银行客户的身份，办理一笔自助银行查询业务，熟练掌握各种自助银行产品的查询操作处理，并把办理的过程以文字和图表的形式表述出来，加以概括总结。

任务活动5　自助银行吞卡

≫ 业务背景

客户张婷到模拟银行金苑支行办理自助银行吞卡业务。

≫ 具体工作过程

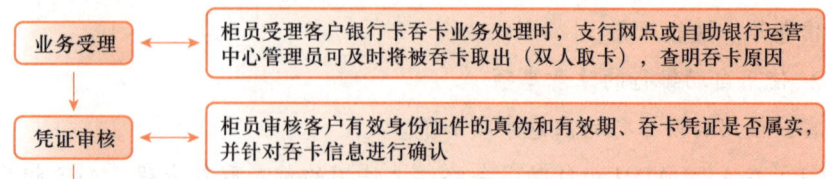

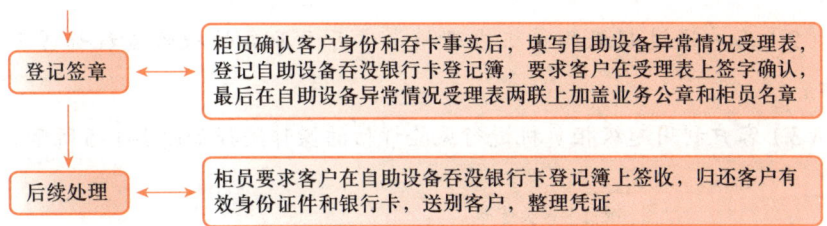

登记签章	柜员确认客户身份和吞卡事实后，填写自助设备异常情况受理表，登记自助设备吞没银行卡登记簿，要求客户在受理表上签字确认，最后在自助设备异常情况受理表两联上加盖业务公章和柜员名章
后续处理	柜员要求客户在自助设备吞没银行卡登记簿上签收，归还客户有效身份证件和银行卡，送别客户，整理凭证

相关知识链接

1. 银行卡被吞注意事项

客户银行卡被吞后，被吞卡片由自助设备挂靠网点负责暂时保存。客户持本人有效身份证件去自助设备挂靠网点联系领取。如果超出银行的保管期限，客户均须办理挂失、补办手续，补办新卡，并需要按规定缴纳挂失费和补卡费。借记卡可以在开户行补办，而贷记卡和准贷记卡需要到各金融机构的银行卡管理（发卡）中心补办，所需时间与办理新卡的时间相当。

以下几种情况可能造成自动柜员机吞卡：

（1）交易完成后没有及时取回或忘记取回的卡。

（2）挂失卡、被窃卡，有舞弊嫌疑的卡。

（3）所有人存在资信劣迹，已被银行记录的卡。

（4）通信、系统突然中断或故障。

（5）自动柜员机发生机械故障。

（6）客户操作错误，如卡片未完全退出又强行插入。

（7）犯罪分子破坏自助设备，堵塞读卡器。

2. 超级柜员机各类业务操作流程

（1）客户通过超级柜员机办理电子银行签约业务的操作流程如图7-1-3所示。

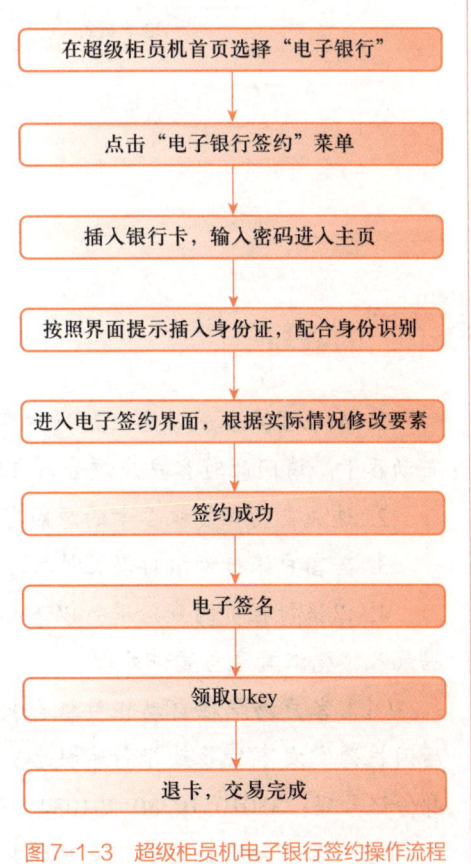

图 7-1-3　超级柜员机电子银行签约操作流程

（2）客户通过超级柜员机办理借记卡开卡业务的操作流程如图7-1-4所示。

（3）客户利用超级柜员机进行风险评估的操作流程如图7-1-5所示。

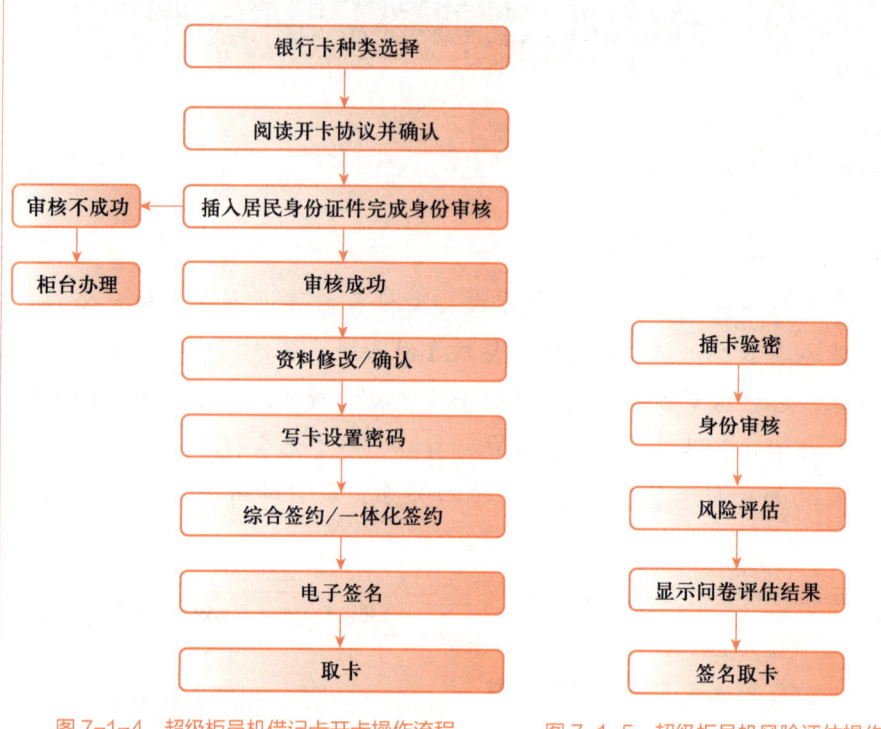

图 7-1-4　超级柜员机借记卡开卡操作流程　　　图 7-1-5　超级柜员机风险评估操作流程

 动动脑与动动手

1. 如果客户取款时忘记银行卡密码并连续输入错误密码3次，导致ATM自动吞卡。请问此时客户应该如何应对？

2. 造成自动柜员机吞卡的原因有哪些？

3. 若客户银行卡被自动柜员机吞卡，应如何领取？

4. 以银行柜员的身份进行以下相应业务的处理，包括凭证审核、业务数据录入、凭证盖章与凭证处理。

（1）客户汤华在自动柜员机存款时发生异常，存款1 000元人民币结束后因机器突发事故导致银行卡被吞，本人于当日来银行办理吞卡领卡手续，身份证号码：330105197801291034，被吞卡号：6282001100213636。

（2）客户孙刚在自动柜员机取款500元人民币时发生异常情况，所取钞款吐出后，因没有及时取卡致使银行卡又被机器吞回，查询余额账发现取款交易已经成功，本人于当日来银行办理吞卡领卡手续，身份证号码：330208199102083017，被吞卡号：628333300226762。

任务二 网上银行业务处理

【知识储备】

一、网上银行业务种类

1. 账户服务
账户服务可办理24小时大额转账汇款，简便的信用卡网上还款等业务。

2. 在线缴费
客户利用网上银行可进行手机话费、学杂费等的在线缴费。

3. 网上支付
网上支付功能具有最高金额限制，以保证最低资金风险。

4. 其他服务
网上银行还提供其他服务，如外汇、证券和保险信息及交易服务，网上贷款及理财服务，网上挂失、修改密码、接收账务及财经信息的通知提醒等服务。

二、网上银行业务开通

客户可以通过柜台或银行网站两种渠道开通个人网上银行服务。柜台开通个人网银业务必须由客户本人亲自到网点办理，不得代理。为了保证客户安全使用个人网上银行，要求客户在银行营业网点成功注册电子银行业务后及时登录个人网上银行，安装网上银行安全控件。一般安装网上银行安全控件有自动安装和手动下载两种方法。

三、网上银行错账处理

网上银行错账处理是指对由于系统故障（网络通信中断、软件差错、设备故障）、银行工作人员操作失误或客户自助操作失误等原因造成的错记、重记、漏记或少记客户账务进行的处理。

四、主要业务凭证印章

网上银行业务涉及的业务凭证主要有网上个人银行证书申请表（见表7-2-1）。

表7-2-1　网上个人银行证书申请表

模拟银行 网上个人银行证书申请表

☑申请文件数字证书	☐申请移动数字证书	☐关联银行卡
☐作废文件数字证书	☐作废移动数字证书	（请打"√"选择）

说明：

1. 文件数字证书是指用加密文件存储的证书；移动数字证书是指用USB Key存储的证书。使用时必须用USB Key插入计算机的USB口。
2. 首次申请证书或者重新申请，请选择"申请文件数字证书"或"申请移动数字证书"。
3. 已拥有证书，仅需附加在网上个人银行（专业版）中操作的银行卡，请选择"关联银行卡"。

银行卡卡号：1. 3102105688549120　　2. 3102105688719108

姓　名	刘莉莉	性别	女	出生日期	1998.09.16
身份证件名称及号码	身份证　330206199809161012				
联系地址	杭州孩儿巷12-1			邮　编	310016
联系电话	86302193	手　机	13082840198	E-mail	

　　本人保证所提供个人资料真实、完整，并已阅读本表所列明的功能说明及责任条款（见背面），同意接受该条款。

申请人签名：_刘莉莉_

银行卡卡号：　　　　　　　　　　授权码：
1. 3102105688549120　　　　　1.
2. 3102105688719108　　　　　2.

业务类别：　　　　　　　业务章：　　　　　经办：王林

（印章：模拟银行金苑支行　2025.04.16　业务公章（01））

第一联　银行留存联

适用范围：是个人开办网上银行开通业务的银行专用凭证，可用于普通客户证书和USB Key客户证书的申请、挂失等业务。

联次介绍：一般为两联，第一联由银行作记账凭证；第二联为给客户的回单。

填写要求：网上个人银行证书申请书由客户填写，要求凭证各栏内容填写规范、正确、齐全、清晰，填写完整后由客户签字确认。

加盖印章：业务终了，银行记账凭证加盖业务公章与经办柜员名章，回单联加盖业务公章。

【任务活动】

任务活动1 网上银行开通

>> **业务背景**

客户刘莉莉到模拟银行金苑支行办理网上银行开通业务。

>> **具体工作过程**

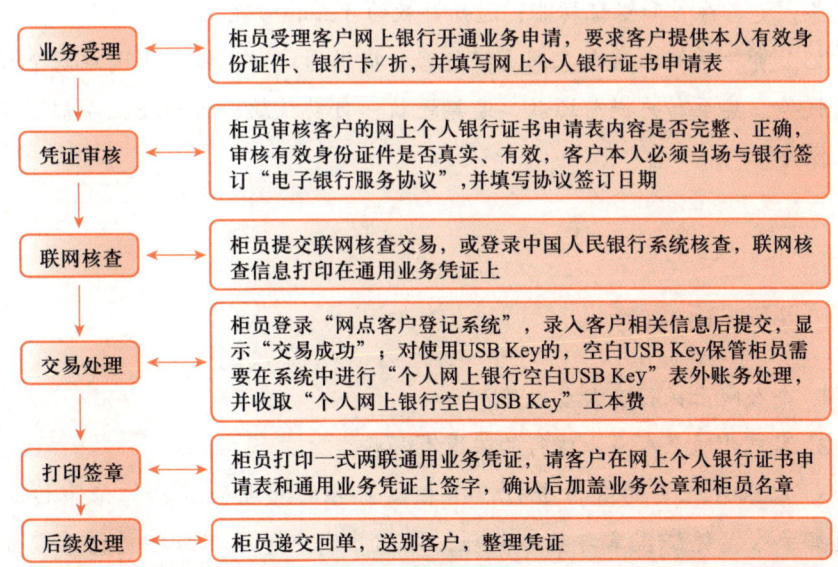

相关知识链接

1. 个人网上银行的种类

个人网上银行的种类可分为普通版网上银行与证书版网上银行。

普通版网上银行是通过向手机发送动态口令进行登录交易，如果客户需要修改手机号，务必将个人信息中的手机号一并修改。普通版网上银行交易有限额规定。

证书版网上银行没有交易限额的规定，其USB key证书有效期一般为三年，到期后客户需要到网点柜台或通过超级柜员机进行证书恢复交易。

2. 个人网上银行功能

（1）账户管理功能，为客户提供账户的信息查询，包括开户机构、账户余额，以及活期子账户的明细，一般明细查询时间段为一年。

（2）转账汇款功能，为个人网上银行客户提供网上转账汇款服务，包括行内转账、跨行转账、卡内定活互转、预约转账和批量转账等，交易金额受客户在网上银行设置的单笔转账交易金额和日累计转账交易金额的限制。

（3）缴费支付功能，为个人网上银行客户提供通过网上银行进行电话费、手机费、电费、水费、交警车辆罚款的查询与缴费等服务。

（4）投资理财功能，包括理财产品的查询、认购和撤销；黄金行情查询和交易；资金存管和银证转账；通知存款的开立和管理等。

（5）贷款功能，为个人网上银行客户提供通过网上银行渠道申请个人贷款的服务，甚至客户提前还款、逾期还款、自动放款、自动还款等都可以在网上操作。

 ## 动动脑与动动手

1. 个人网上银行有哪些功能？

2. 客户开通个人网上银行的渠道有哪些？

3. 以银行柜员的身份进行以下相应业务的处理，包括凭证审核、业务数据录入、凭证盖章与凭证处理，或指导客户通过超级柜员机渠道办理业务。

（1）客户刘涛，性别女，电话13903182533，0571-86841522，身份证件号码330107198807082022，银行卡账户4518601122895041，通信地址为杭州文一

路3-12，邮编310022，来银行开办网上银行申请业务，申请办理证书版网上银行。

（2）客户吕俊，性别男，电话13086870499、0571-88861288，身份证件号码330105198906282031，银行卡账户4518946722759052，通信地址为杭州江干区采荷人家18-102，邮编310015，通过超级柜员机开办网上银行申请业务，申请办理普通版网上银行。

任务活动2　网上银行业务处理

≫ 业务背景

客户刘莉莉到模拟银行金苑支行办理网上银行相关业务。

≫ 具体工作过程

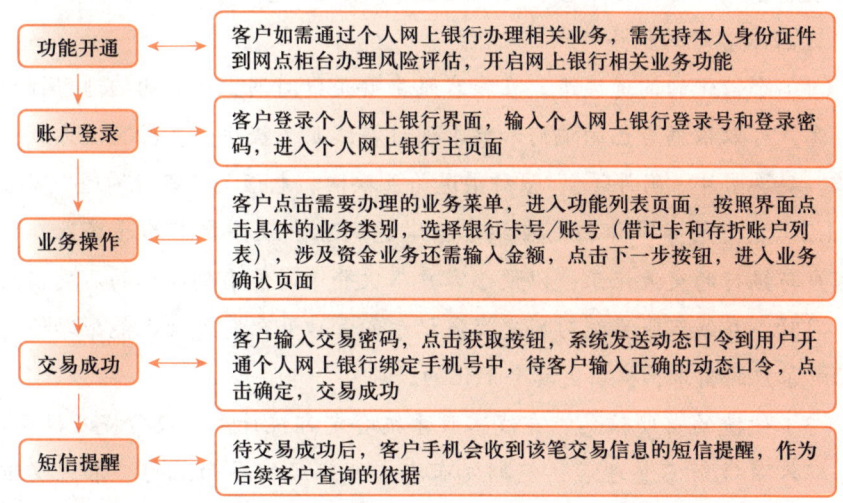

相关知识链接

1. 证书版个人网上银行客户证书挂失的相关要求

（1）证书版网上银行证书业务包括证书挂失、证书撤销挂失、证书补办、证书更新。个人客户证书补办时，必须先将原个人客户证书作废。

（2）个人客户出现证书遗失、损坏、锁住或密码遗忘等情况，允许其先办理挂失再办理证书补办，或直接办理证书补办；若客户原证书介质仍可使用，客户需在办理证书补办时一并提供。

（3）网上银行个人客户证书挂失手续费、补办个人客户证书手续费一般为10元一次；挂失、补办只收一次费用。

2. 在线客户服务相关内容

网上银行在线客户服务，也称"互动服务"，是基于互联网的交互式客户服务。本服务为客户量身定做了多种形式的服务，类似于"在线交谈""即时回呼""邮件联系"和"即时留言"等。客户可以通过各银行官网中所提供的"客服在线"链接相应入口，选择自己喜欢的互动方式，随时与银行客户服务代表进行在线沟通。

考虑到不同客户的实际需要，除提供在线客服即时"在线交谈"服务外，客户还可以选择"邮件联系"或"电话回呼"的方式联系银行，客服人员将按照客户的要求发送电子邮件或电话联络客户。

3. 在线客服的服务特点

（1）个性化的沟通渠道。在线客服主要是针对网上客户的沟通习惯设计的。客户可以根据自己的偏好和要求通过在线服务提供的多种交流方式（如文本、截屏图片、附件等）、多种渠道（互联网、电话）与银行沟通。

（2）良好的客户体验。在线客服考虑到客户服务要求的连贯性，会保留客户与银行的交流记录，以便于客户下次登录时能看到自己的历史使用情况。同时，在线客服系统对历史交流记录的管理和跟踪处理也能帮助银行深入了解客户的需求，提供更具个性化的服务。

（3）便捷的自助信息。在线客服系统会定期统计用户经常提及的问题，经专职人员做解答整理后，定期发布在在线客服的界面上的"常见疑难问题"中。客户可根据实际需要自助查阅这些常见问题及解决方法。

 动动脑与动动手

1. 在线客服的服务特点是什么？

2. 证书版网上银行证书业包括哪些内容？

3. 以银行柜员的身份进行以下相应业务的处理，包括凭证审核、业务数据录入、凭证盖章与凭证处理，或指导客户通过超级柜员机办理业务。

（1）客户姚丽丽，性别女，电话13606160716，0571-87870611，身份证件号码330109197909303061，注册账户为16851920000156023，通信地址为杭州建设中路86-190，来银行办理网上银行个人客户证书挂失业务。

（2）客户张光明，性别男，电话13466386901，0571-86855512，身份证件号码310206198611222051，活期存折账号为64010800340000203，通信地址为杭州秋涛路120-18，来银行通过超级柜员机办理网上银行贵金属业务开通业务。

任务活动3　网上银行销户

≫ 业务背景

客户刘莉莉到模拟银行金苑支行办理网上银行销户业务。

≫ 具体工作过程

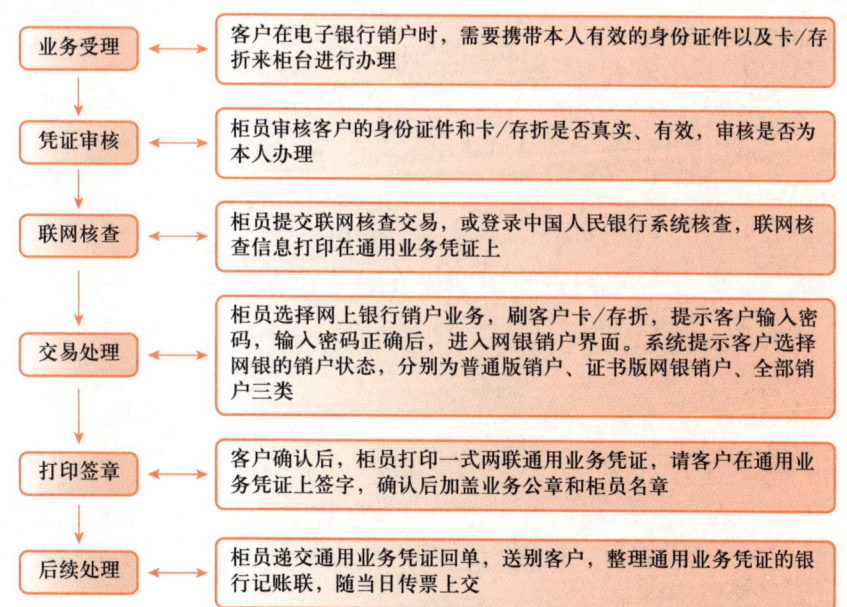

业务受理	⟷	客户在电子银行销户时，需要携带本人有效的身份证件以及卡/存折来柜台进行办理
凭证审核	⟷	柜员审核客户的身份证件和卡/存折是否真实、有效，审核是否为本人办理
联网核查	⟷	柜员提交联网核查交易，或登录中国人民银行系统核查，联网核查信息打印在通用业务凭证上
交易处理	⟷	柜员选择网上银行销户业务，刷客户卡/存折，提示客户输入密码，输入密码正确后，进入网银销户界面。系统提示客户选择网银的销户状态，分别为普通版销户、证书版网银销户、全部销户三类
打印签章	⟷	客户确认后，柜员打印一式两联通用业务凭证，请客户在通用业务凭证上签字，确认后加盖业务公章和柜员名章
后续处理	⟷	柜员递交通用业务凭证回单，送别客户，整理通用业务凭证的银行记账联，随当日传票上交

相关知识链接

客户变更信息的流程

如果客户需要变更身份证号码，柜员应先把客户原网上银行撤销，再在核心系统客户信息中变更身份证号码，然后再以变更后的身份证号码开通网上银行，开通成功后就可以正常使用网上银行。

若客户需要变更网上银行信息，柜员需要认真核对客户身份证，确认是否本人亲自来办理。客户网上银行可以修改的内容包括联系电话、手机动态口令（开通与否）、通信地址、电子邮箱等。

动动脑与动动手

1. 客户可以变更的网上银行信息有哪些？

2. 客户若申请网上银行销户，具体工作过程是什么？

3. 以银行柜员的身份进行以下相应业务的处理，包括凭证审核、业务数据录入、凭证盖章与凭证处理，或指导客户通过超级柜员机办理业务。

（1）客户徐晨来银行办理网上银行销户业务，本人电话13607177777，身份证件号码330109198808082038，注册银行借记卡账号为11133440000152222。

（2）客户吴明通过超级柜员机办理网上银行销户业务，电话13722223939，身份证件号码330102197902045031，活期存折账号为11010500340000507。

任务三　手机银行业务处理

【知识储备】

一、手机银行的概念

手机银行也称移动银行，利用移动通信网络及智能终端办理相关银行业务。作为一种结合了货币电子化与移动通信的新型服务，手机银行不仅可以使人们在任何时间、任何地点处理多种金融业务，而且极大地丰富了银行服务的内涵，使银行能以便利、高效而又较为安全的方式为客户提供传统和创新的服务。

手机银行客户端版全面覆盖市场主流移动操作系统，在移动银行和移动支付服务的基础上还提供了丰富的增值服务。

二、手机银行的优势

1. 随时随地

手机银行可提供 7×24 小时随时随地的银行服务，摆脱以前只能固定在计算机前操作的限制。

2. 操作简单

手机银行在产品方面高度重视客户体验；在技术方面，不断开发升级语音、定位等功能，简化客户操作。

3. 普惠金融

手机银行是随身的银行，可为各种类型、各种地域的客户提供普惠金融服务。

三、手机银行的安全性

安全性是客户在选择是否开通手机银行时最大的顾虑。手机银行采取登录密码保护、预留信息设置、签约机制、交易额度限制、生物特征识别、短信动态口令、手机动态口令等手段有效防范业务风险，为客户交易与信息安全保驾护航。

手机动态口令是利用手机作为随机密码生成或者接收终端，用户在登录应用系统时候，输入手机上生成的或者接收到的不停变化的随机密码进行安全验证，大大提升了用户身份认证的有效性与交易的安全性，被广泛应用在网银、第三方支付、证券、电信、电子政务、企业支付等领域。

手机银行可以实现密码支付、扫码支付、指纹支付、刷脸支付、短信支付等多种支付方式来防范转账支付的风险，灵活安全。

四、手机银行的挂失

客户的手机和密码是银行在手机银行服务过程中识别客户和保障交易安全的依据，客户应妥善保管。如果客户丢失手机，应立即到银行办理挂失及相关手续，在挂失生效前发生的任何损失由客户自行承担。需要注意的是，客户在手机银行系统的挂失与其在移动运营商的挂失不能相互替代。

【任务活动】

任务活动1　手机银行开通

>> **业务背景**

客户孙怡通过自助注册办理手机银行开通业务。

>> **具体工作过程**

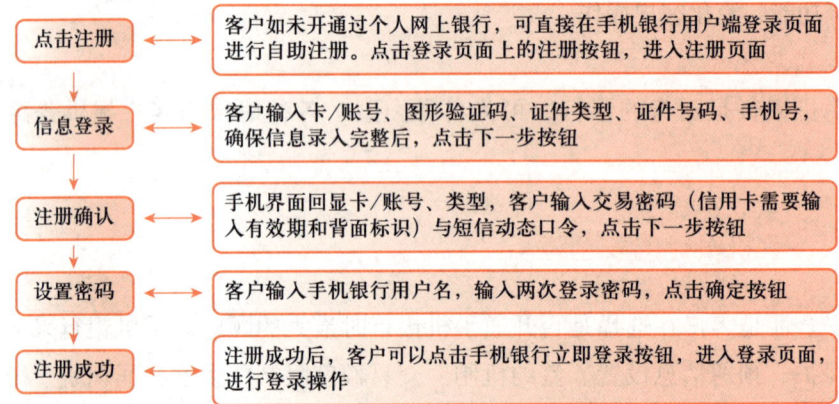

点击注册	⟷	客户如未开通过个人网上银行，可直接在手机银行用户端登录页面进行自助注册。点击登录页面上的注册按钮，进入注册页面
信息登录	⟷	客户输入卡/账号、图形验证码、证件类型、证件号码、手机号，确保信息录入完整后，点击下一步按钮
注册确认	⟷	手机界面回显卡/账号、类型，客户输入交易密码（信用卡需要输入有效期和背面标识）与短信动态口令，点击下一步按钮
设置密码	⟷	客户输入手机银行用户名，输入两次登录密码，点击确定按钮
注册成功	⟷	注册成功后，客户可以点击手机银行立即登录按钮，进入登录页面，进行登录操作

相关知识链接

1. 开通手机银行的途径

（1）柜面开通。客户持有效身份证件和银行卡，在银行任意一个营业网点均可申请开通手机银行。客户开通手机银行时需要填写"手机银行业务申请表"。

（2）个人网银开通。客户先开通个人网上银行，直接登录网上银行，在"网银管理—手机银行设置"中开通手机银行。

（3）手机银行自助注册开通。如客户尚未开通银行个人网上银行，则可以直接在手机银行用户端登录页面进行自助注册。

2. 安全使用手机银行指南

（1）用本人手机开通、登录手机银行。

（2）正确下载手机银行客户端，防止各类欺诈行为。

（3）加强手机银行密码防护，若发现密码泄露或遗忘，请及时重置密码。

（4）尽量不使用公共场所的免费WiFi登录手机银行。

（5）设置合适的手机银行转账限额。

（6）每次登录时应仔细核对信息，使用完毕后要及时退出。

（7）开通手机银行短信通知类业务，及时了解账户信息变更情况。

（8）遇到异常情况，请及时联系银行。

智慧银行新视界

微信银行的功能与优势

（1）微信银行是将银行客户端移植到微信上。借助微信用户群，银行可以最大化推广其服务理念。客户通过点击微信银行菜单，可办理借记卡业务（如账户余额、明细查询、投资理财、生活缴费、话费充值）、信用卡业务（如已出账单、未出账单、积分查询、灵活分期）、特色业务（如微贷卡、最热优惠、网点查询、账户解绑、手机银行下载）等。

（2）微信银行的优势主要有以下三点。

① 轻松。客户只要关注微信银行，身边网点的近期优惠可轻松查阅，一切都尽在指尖实现。

② 方便。客户可以灵活绑定多张卡，提供多账户查询的服务，在微信上即可查询余额、积分、账单，账务信息全掌握。

③ 快捷。客户通过微信银行即可办理包括充值缴费、信用卡还款等多项业务，跳转流畅、流程简单，办理快捷。

（3）银行App客户端和微信银行的区别主要有以下四点。

① 开发的基础不同。银行App客户端的开发是基于手机运用系统，而微信银行的开发是基于微信公众平台。

② 开发方向不同。银行App客户端的开发是纵向开发（或者叫深度开发），主要作用是以各种业务的办理为主。微信银行的开发是横向开发，可包含的种类面广，主要是以图文展示和查询类功能为主。

③ 使用方式不同。银行App客户端需要客户下载客户端才可以使用，占用一定的手机空间。而微信银行不需要客户下载，只需要关注银行官方公众号即可浏览使用。

④ 对银行的作用不同。银行App客户端的作用主要是方便银行用户随时随地办理业务。而微信银行除方便查询外，更便于加深银行与用户之间的联系。

动动脑与动动手

1. 相比网上银行，手机银行有哪些优点？

2. 如何开通手机银行？

3. 以银行柜员的身份进行以下相应业务的处理，包括凭证审核、业务数据录入、凭证盖章与凭证处理，或指导客户自助注册办理手机银行开通业务。

（1）客户蔡亮自助注册开通手机银行业务。

（2）客户蒋雯雯，身份证号码330106198008284105，银行卡账号1101031415666888，联系电话13909092253，通过网点柜台开通手机银行业务。

任务活动2　手机银行业务处理

>> 业务背景

客户孙怡通过手机银行办理相关业务。

>> 具体工作过程

微课：移动
支付

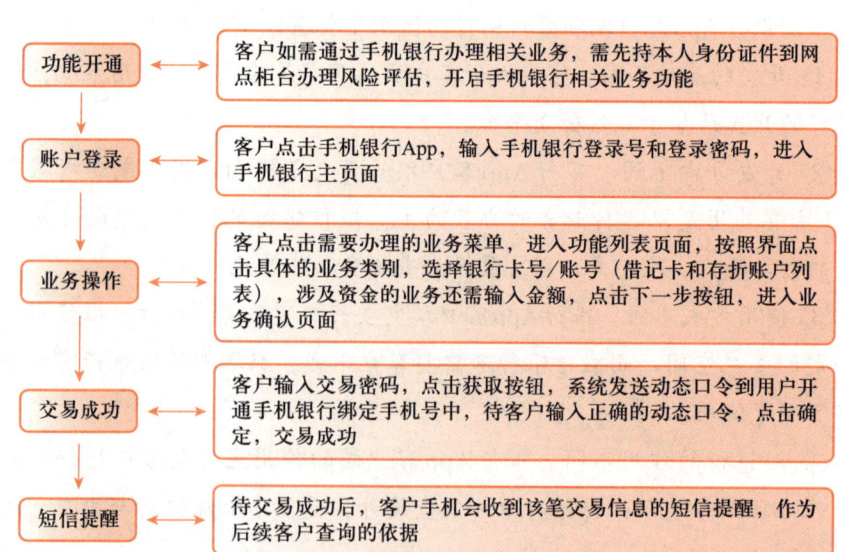

相关知识链接

1. 手机银行登录密码重置操作流程（见图7-3-1）
2. 手机银行信用卡还款操作流程（见图7-3-2）

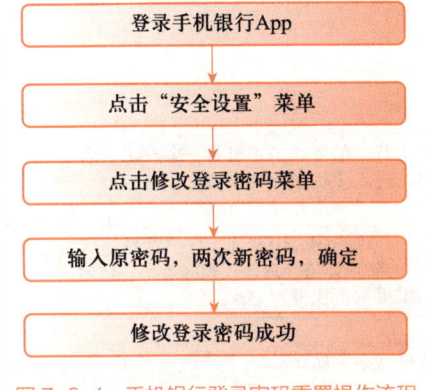

图 7-3-1　手机银行登录密码重置操作流程　　图 7-3-2　手机银行信用卡还款操作流程

3. 手机银行风险评估操作流程（见图7-3-3）

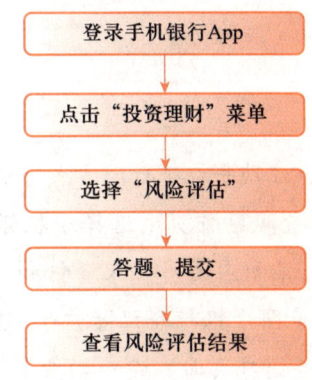

图 7-3-3　手机银行风险评估操作流程

动动脑与动动手

1. 如何安全使用手机银行？

2. 微信银行的优势有哪些？

3. 以银行柜员的身份指导客户通过手机银行渠道办理下列业务。

（1）客户吴琪通过手机银行购买净值类理财产品。

（2）客户董刚通过手机银行办理美元购汇业务。

任务活动3 手机银行注销

》》业务背景

客户孙怡办理手机银行注销业务。

》》具体工作过程

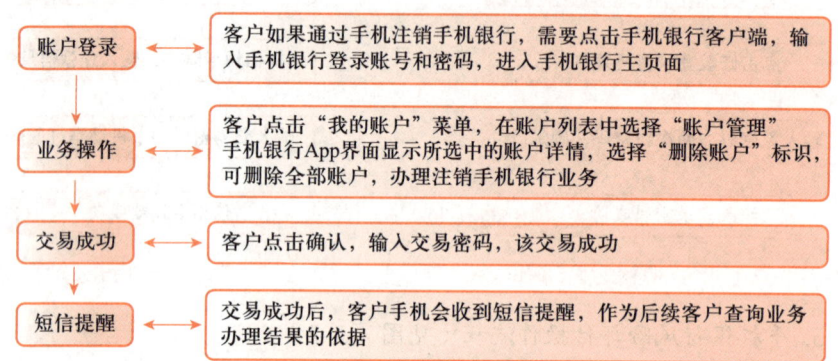

账户登录	客户如果通过手机注销手机银行，需要点击手机银行客户端，输入手机银行登录账号和密码，进入手机银行主页面
业务操作	客户点击"我的账户"菜单，在账户列表中选择"账户管理"手机银行App界面显示所选中的账户详情，选择"删除账户"标识，可删除全部账户，办理注销手机银行业务
交易成功	客户点击确认，输入交易密码，该交易成功
短信提醒	交易成功后，客户手机会收到短信提醒，作为后续客户查询业务办理结果的依据

相关知识链接

注销手机银行的方式

以中国建设银行为例，注销手机银行的方式有以下几种：

（1）网上注销。在建行网站首页上选择手机银行服务的注销功能。在"个人用户手机银行注销"界面内填写个人资料和一个在建行开立的实名制留密账户（该账户可以不是网上银行登记账户），输入账户的取款密码，密码校验成功后，将自动进入销户页面，逐一删除手机银行注册账户，待账户资料全部删除后，系统会自动取消现有的手机银行服务。

（2）手机银行App上注销。①登录手机银行App后，点击菜单栏，展示个人信息菜单，点击"安全中心"。找到"注销手机银行"选项，点击进入。②在"注销手机银行"中，输入想要注销手机银行的手机号、银行账号等相关信息，点击确定，手机银行注销成功。

（3）营业网点注销。手机银行的签约和非签约客户都可持本人有效身份证件、开通手机银行的建行账户到全国建行任意营业网点终止手机银行服务。

动动脑与动动手

1. 手机银行注销的具体工作过程包括哪些步骤？

2. 手机银行注销的方式有哪些？

3. 以银行柜员的身份指导客户通过下列电子渠道办理手机银行注销业务。

（1）客户梁斌通过手机银行App办理手机银行注销业务。

（2）客户张楠通过网上银行办理手机银行注销业务。

任务四 电话客服业务处理

【知识储备】

一、电话客户服务的概念

电话客户服务使用计算机电话集成技术，利用电话自助语音与人工服务方式，为用户提供个人及企业客户7×24小时全天候的账户查询、转账汇款、缴费支付、投资理财等银行服务。客户在任何地点、任何时间，只需要拨打银行电话银行服务热线就能充分享受现代银行服务的舒适方便与先进快捷。

二、电话客户服务主要包含的业务

（1）账户查询服务。提供账户余额查询、账户明细查询、定期账户明细查询、公积金账户查询、金融社保卡查询等服务。

（2）转账汇款服务。提供行内转账、跨行转账、一卡通定活互转、理财增值账户、转账撤销等服务。

（3）投资理财服务。提供理财及基金查询业务、个贷查询、银证转账等服务。

（4）信用卡服务。提供信用卡激活、密码管理、申请进度查询、挂失、额度查询、账单及交易查询、自扣还款设置、积分管理、短信服务通知设置、商旅平台等服务。

（5）密码修改服务。提供电话银行密码修改服务。

（6）挂失服务。提供存折及借记卡挂失、信用卡挂失、手机动态口令挂失等服务。

（7）人工咨询与投诉服务。提供业务咨询、投诉与建议等人工服务。

智慧银行新视界　　AI客服助手革新传统客服模式

随着人工智能技术的发展，AI客服助手正在逐渐改变传统的客服模式。它不仅能提高客户服务的响应速度和准确性，还能通过个性化和情感分析技术，提供更人性化的服务体验。相比于传统的客服模式，AI客服助手的具体优势体现在以下几个方面：

（1）智能响应：AI客服助手通过智能算法提供快速且准确的客户咨询回应，减轻人工客服的负担。

（2）个性化互动：AI客服助手根据客户历史咨询记录，提供个性化、精准化的服务，提升客户体验。

（3）情感识别：AI客服助手通过分析客户的语气和用词，理解客户的情感状态，根据情感识别做出相应的情感反应。

（4）数据积累与分析：AI客服助手积累大量客户交互数据，通过数据分析，挖掘客户需求模式和行为习惯，调整服务策略，优化产品。

（5）全天候在线服务：AI客服助手24小时全天候为客户提供咨询、查询、订单处理等服务，还可以同时为多名客户提供支持，快速定位问题并提供解决方案。

（6）自我优化、降低成本：AI客服助手通过长时间的积累和学习，可以不断提高自身的智能水平和服务质量，且不需要额外的薪资、培训和福利待遇，能有效节省成本。

【任务活动】

任务活动　电话客服业务处理

>> **业务背景**

客户张宁通过模拟银行电话客服办理业务。

>> **具体工作过程**

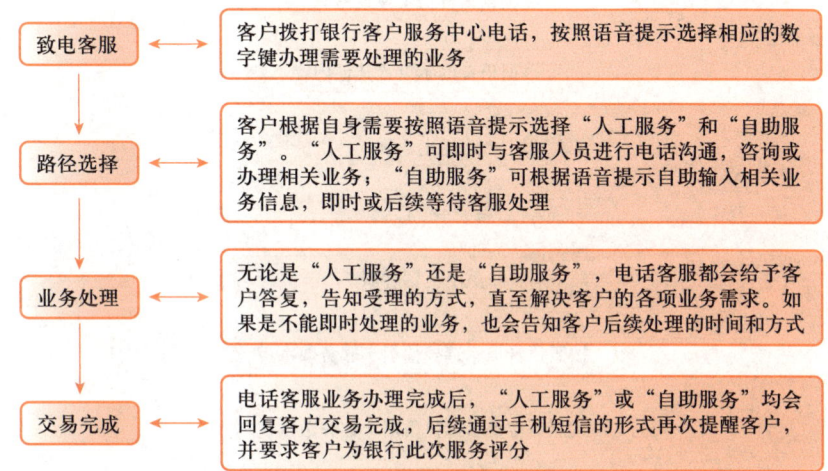

致电客服	⟷	客户拨打银行客户服务中心电话，按照语音提示选择相应的数字键办理需要处理的业务
路径选择	⟷	客户根据自身需要按照语音提示选择"人工服务"和"自助服务"。"人工服务"可即时与客服人员进行电话沟通，咨询或办理相关业务；"自助服务"可根据语音提示自助输入相关业务信息，即时或后续等待客服处理
业务处理	⟷	无论是"人工服务"还是"自助服务"，电话客服都会给予客户答复，告知受理的方式，直至解决客户的各项业务需求。如果是不能即时处理的业务，也会告知客户后续处理的时间和方式
交易完成	⟷	电话客服业务办理完成后，"人工服务"或"自助服务"均会回复客户交易完成，后续通过手机短信的形式再次提醒客户，并要求客户为银行此次服务评分

相关知识链接

1. 电话客服信用卡激活业务操作流程（见图7-4-1）

2. 电话客服信用卡挂失业务操作流程（见图7-4-2）

3. 电话客服投诉业务操作流程（见图7-4-3）

4. 银行电话客服热线注意事项

（1）客户使用银行电话客服热线查询或办理业务，一般情况下只需按照电话中的提示语音进行电话机键盘操作即可，提示明确，操作简单，方便快捷，资金交易双重密码认证，为客户账户安全保驾护航。

（2）客户通过银行电话客服热线办理账户挂失属于临时挂失，有效期一般为5天。客户办理临时挂失后，应在有效期内凭本人有效身份证件到银行网点柜台办理正式挂失手续，否则临时挂失到期后将自动失效。

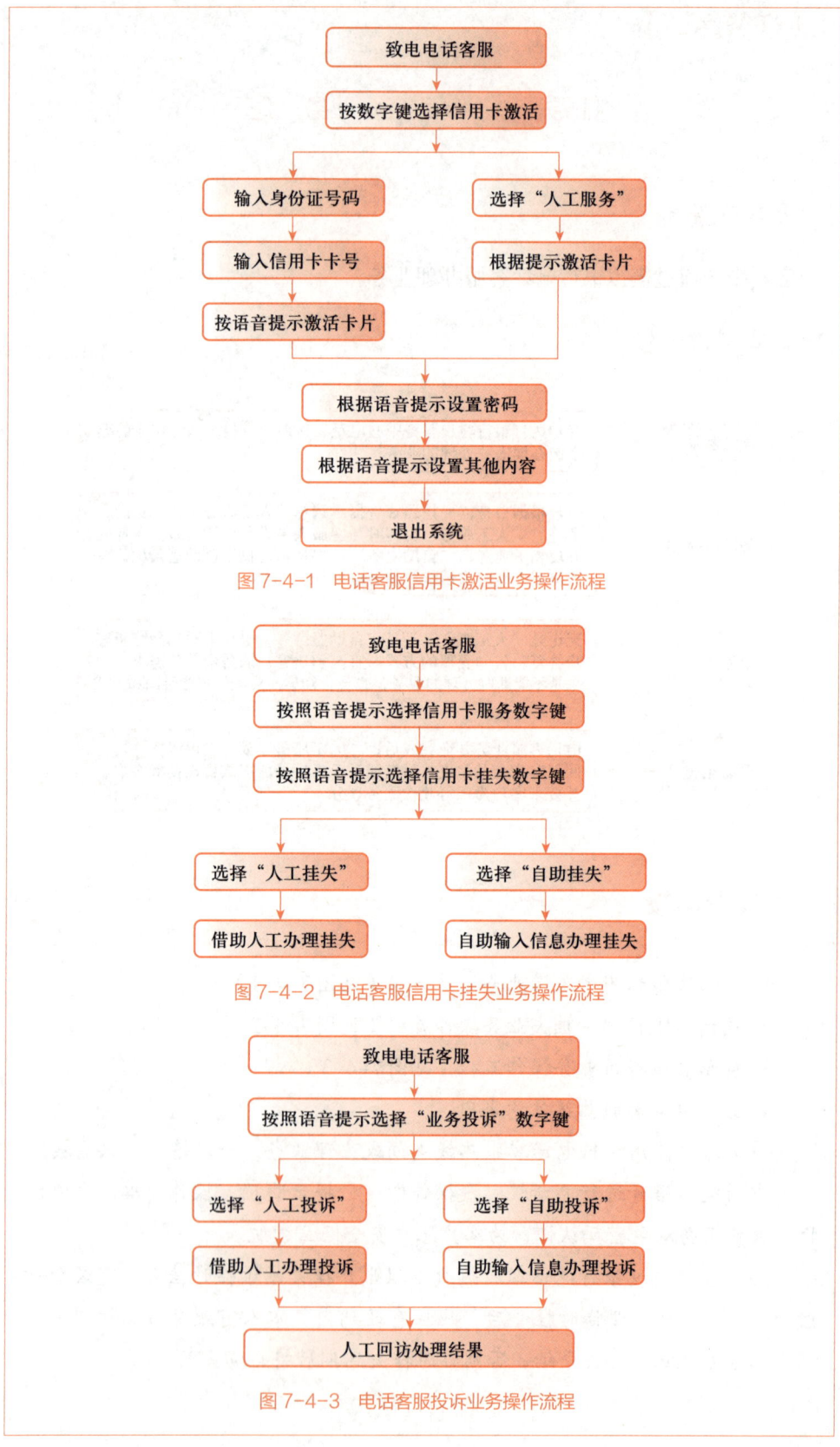

图 7-4-1　电话客服信用卡激活业务操作流程

图 7-4-2　电话客服信用卡挂失业务操作流程

图 7-4-3　电话客服投诉业务操作流程

（3）客户使用电话客服热线时要确保周围环境的私密性，不要使用公共电话或他人手机进行电话客服交易。

 动动脑与动动手

1. 电话客户服务主要包含哪些业务？
2. 电话客服投诉业务操作流程是什么？
3. 客户是否可以致电电话客服办理挂失业务？
4. 以银行柜员的身份指导客户通过电话客服完成下列业务。
（1）客户王威通过电话客服办理活期存折账户明细查询业务。
（2）客户郑凌通过电话客服办理借记卡密码修改业务。

德技并修与工匠精神　至臻服务　全能大堂

刘金燕，2008届浙江金融职业学院投资理财专业校友，入职中国农业银行丽水分行营业部工作，3年的柜台经验，7年的大堂经理，为20多万客户提供了优质服务，成长为农行丽水分行营业部的服务标兵。一路走来，凭着对工作的热忱，对梦想的执着，对服务的追求，刘金燕以娴熟的业务、优质的服务、饱满的热情、甜美的微笑迎来送往每一位客户，在大堂经理这个平凡的岗位上默默地奉献着自己的光和热，绽放出绚烂的芳华。

随着科技的进步，现代化的自助终端得到了越来越广泛的应用。与此同时，自助终端普及后带来的维护压力也一度让网点感到力不从心。面对银行发展中出现的新问题，刘金燕主动学起了新技术。在技术员的指导下，一遍又一遍的拆装机器、调试设备，她终于掌握了这门技术，可以修理80%的自助取款机故障，成为响当当的"维修工"。

为了提升自己的综合能力，刘金燕虚心向前辈请教。每天营业终了，她总是留下20分钟的时间去思考、去总结，去想想哪些环节可以改进，哪些经验可以推广，哪些失误可以弥补。日积月累，艰辛的付出，良好的学习精神、科学的学习方法，使她快速成为营业部的"百事通"，无论是贷款、开户还是网银办理，各种操作流程她都了如指掌，每次都能让客户享受"一站式服务"，满意而归。

　　环境在变，但是梦想没变。在这个平凡而又不平常的岗位上，刘金燕用自己的笑容感染客户，用自己的专业维系客户、用自己的真心服务客户，赢得了客户的一致好评，谱写了一曲"爱岗敬业、服务奉献"的青春之歌。

银行网点突发事件应急处理

【学习目标】

素养目标

- 通过银行网点突发事件应急处理规范的学习，注重培育学生严格遵循银行岗位职责划分和风险隔离原则的意识
- 通过对各类抢劫事件、诈骗事件的风险认识，培育学生重民本、崇正义，维护银行信誉的金融职业素养，强化法治意识、风险防范意识与公共安全意识

知识目标

- 了解金融突发事件的特征和分类；熟悉营业期间安全规范和自卫武器使用管理制度内容
- 了解金融抢劫案的特点与应急处理原则，了解金融诈骗的类型、特征和应急处理原则
- 了解基本的消防常识与火灾分类，熟悉常见扑救办法、灭火的基本原理、灭火器的使用方法
- 了解群体性突发事件和客户投诉的处理预案，了解媒体采访及自然灾害的处理预案

能力目标

- 能够根据具体情况进行银行抢劫事件和诈骗事件的基本应急处理
- 能够及时提醒客户防范抢劫事件的发生，能够及时预警并在一定程度上阻止金融诈骗案件的发生
- 能够使用灭火器，并依据消防常识进行火灾事件的基本应急处理
- 能够有效化解客户矛盾，妥善处理客户投诉和群体性突发事件，能够应急处理自然灾害事件

【内容导航】

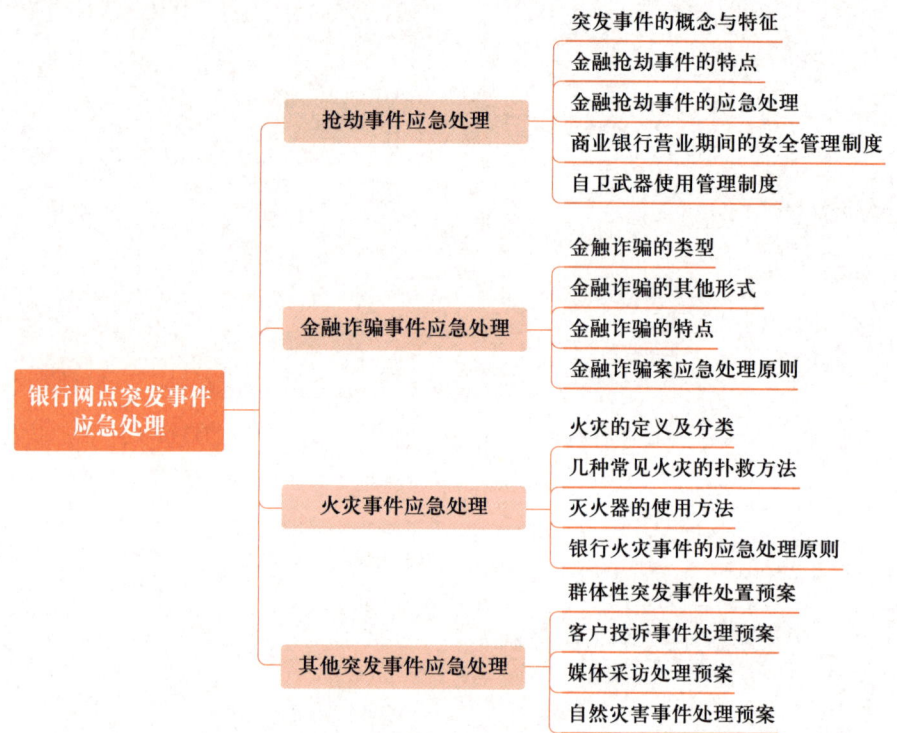

任务一　抢劫事件应急处理

一、突发事件的概念与特征

突发事件是指那些事前难以预测、带有异常性质，会严重危及社会秩序，在人们缺乏思想准备的情况下猝然发生的灾害性事件。它是一种作用范围广泛，且对社会造成严重危害，具有强烈冲击力和影响力的事件。

突发事件的基本特征是偶然性和必然性。偶然性是指突发事件发生的可能性及由于各种因素的影响导致事件发生过程中的偏离性、高度不确定性及危害的不确定性。必然性是指突发事件是各种内外因素发展的必然结果，体现了事物发展的必然规律。

突发事件的具体特征包括：信息不完全；突发性，高度不确定；后果的严重性、广泛性、连锁性和持久性。

商业银行网点突发事件是指在商业银行日常经营过程中发生的事前难以预测、危及银行信誉和资产安全，甚至危及银行客户和员工生命安全的各种事件，如抢劫、诈骗、火灾等，其中最典型的是金融抢劫事件。

二、金融抢劫事件的特点

（1）案犯在抢劫前，基本上都要进行"踩点"。

（2）案犯多在午间休息、刚上班或快下班等人少时作案。

（3）案犯多使用偷来的或假牌照汽车，在抢劫时将发动着的汽车停放在作案现场附近，车内留有司机，开着车门以备抢劫后立即逃跑。

（4）案犯作案时多戴墨镜或蒙面，使人难以辨认。

（5）案犯进入银行后，首先会设法破坏电话报警设备及自动报警系统，使职工无法向公安机关报警。

（6）抢劫银行的案犯都带有凶器，不少情况下带有真枪，必要时甚至可能杀害职工或捆绑职工，以便顺利作案。

（7）抢劫银行几乎都是团伙作案，有预谋、有计划、有组织地实施犯罪。

三、金融抢劫事件的应急处理

（1）基本原则。营业期间遇到抢劫事件时，应区别情况，沉着应对。如果危

及员工生命安全，应贯彻先藏身、后报警、再反击的原则。

（2）发生持枪抢劫情况时，首先应选择位置迅速隐蔽，立即报警，力争外援，沉着机智，记住犯罪分子的体貌特征及交通工具特征，并保护好现场。

（3）发生持刀（械）抢劫情况时，在及时报警的同时，出纳人员应及时护卫现金及印章，会计人员应及时护卫好印章、密押等，向出纳人员靠拢，其余人员控制住二道门。如犯罪分子闯入柜台内抢劫的，在报警的同时，全体人员应携带自卫武器或办公用具及消防器材等进行应急自卫，酌情呼叫群众压制犯罪分子。

（4）犯罪分子逃跑时，要坚守阵地，不要冒险追击，应及时向救援人员提供犯罪分子体貌特征和逃跑方向，力争尽快抓获犯罪分子。

四、商业银行营业期间的安全管理制度

（1）营业场内不得放置易燃、易爆、有毒、有害的物品。

（2）必须坚持双人临柜，随手关锁营业场边门和后门，严禁无关人员进入营业室，营业人员不准擅离工作岗位。

（3）营业人员必须按时到岗，营业前应检查自卫武器是否到位，报警器是否开启且是否正常。

（4）营业期间营业人员收取大宗现金后，要及时入箱、入库保管，不得置于桌面上。营业人员临时离岗，须按要求对所保管的物品入箱加锁保管，并退出业务操作系统。

（5）做好大额取款人员的警示教育工作，对1万元以上的客户，都要进行安全提示。

（6）营业期间营业人员不准接受他人分送的药物、香烟、食品、饮料、茶水等物品，不准外人寄放用途不明的物品，以防不测。

（7）如果上级有关部门需要进入营业室检查，或其他单位、个人需要进入营业室作业，应按要求出示证件，由有关人员陪同方可进入，还要及时进行登记。

（8）营业期间营业人员进出边门或后门时，应注意观察有无可疑人员或异常情况，严防外人尾随进入营业室。

（9）中午关门的营业网点，必须把所有现金、有价单证、重要空白凭证、印章、账册等全部入库保管，并由双人值班。营业终了，营业人员必须把所有现金、有价单证、重要空白凭证、印章、账册、传票、专用机具等入库保管，并切

断营业室电源，关好门窗。

五、自卫武器使用管理制度

（1）各单位配置的自卫武器专为临柜、守库、押运时作防范之用，任何单位和个人无权调用、借用和移作他用，除执行押运任务外，不准带出网点。

（2）对自卫武器的使用严格管理，要有专人负责，实行"谁使用、谁管理"的原则，落实责任，还必须办理领用、交接手续。

（3）寄库的网点，下班后必须妥善保管好自卫武器，防止丢失、被盗。

（4）临柜、守库、押运人员在遇到下列情况之一时，可以使用自卫武器：遇到犯罪分子袭击，非使用自卫武器不能制止时；国家和集体财产遭到暴力威胁，非使用自卫武器不能制止时；为保护国家和集体财产与犯罪分子搏斗时；依法协助公安机关抓捕或制服犯罪分子时。

（5）在使用自卫武器制止犯罪行为时，应当以制服对方为限度，当对方的犯罪行为得到制止时，应当立即停止使用。

（6）对非法和私自使用自卫武器，造成严重后果的，要给予从重处理，情节严重的要依法追究刑事责任。

（7）加强对自卫武器的管理。单位领导要经常性地对自卫武器的使用、管理情况进行检查，发现问题及时处理。

 动动脑与动动手

1. 思考金融抢劫事件的应急处理。
2. 银行营业期间安全管理制度的主要内容是什么？
3. 收集银行抢劫案的案例资料，分析其发生的原因及特点。

任务二　金融诈骗事件应急处理

一、金融诈骗的类型

金融诈骗，是指以非法占有为目的，采用虚构事实或者隐瞒事实真相的方法，骗取公私财物或者金融机构信用，破坏金融管理秩序的行为。

如今，社会上的一些不法分子盯住银行结算中的漏洞，利用银行结算票据"隐蔽性强、金额大"等特点诈骗银行资金。在存款及支付结算领域，利用假票据、假存单、假证明、假文件、假币等工具诈骗银行资金的案件也比较多。

其中，假票据诈骗主要包括：① 伪造变造汇票委托书；② 假冒银行查询；③ 调换真假银行汇票；④ 伪造支票；⑤ 伪造进账单。

此外，银行卡（包括借记卡、信用卡等）欺诈主要有以下形式：

① 不法分子通过各种手段，如互联网、App、手机短信等方式骗取持卡人的账号和密码，造成持卡人、发卡人的资金损失。主要手段有：a. 开设假银行网站或假购物网站；b. 利用计算机病毒进行诈骗；c. 利用短信群发器向不特定的社会群体发送虚假信息；d. 直接在ATM上安装微型摄像装置，或利用高倍望远镜在距ATM不远处窥视；e. 通过虚假电话银行，诱使客户输入个人信息，窃取客户的银行卡账号和密码。

② 伪卡欺诈。伪卡欺诈也称克隆卡欺诈，是指不法分子利用偷窥、录像、测录磁卡信息、安装假刷卡设备等各种手段窃取卡号和密码，然后仿制出伪卡，再利用伪卡消费或取现。

③ 以办理银行透支信用卡为名实施诈骗。不法分子在媒体上刊登广告，宣称可以为个人、团体办理银行信用卡，或进行无抵押信用贷款或无息贷款，从而收取手续费用，诈骗成功后携款逃匿。

④ 在ATM上骗卡。不法分子在ATM上做手脚，设法使取款人的银行卡插入机器后被"吞卡"，然后利用各种手段骗取密码。当客户离开后，犯罪嫌疑人迅速上前将被"吞"的银行卡从ATM机中拉出，盗取资金。

近年来，一些不法分子将目光盯向个人网上银行客户，窃取个人资料，欺诈客户资金。目前，网上银行客户被欺诈主要原因包括使用弱密码、密码泄露、"网络钓鱼"、木马套密等。

① 使用弱密码：部分客户设置的卡密码为弱密码，由于密码过于简单而容

易被破解，没有真正起到保护的作用，容易被不法分子试出并盗用。

② 密码泄露：部分客户网银密码设置不安全。例如，一些客户将自己网银密码设为与其他网站的用户密码相同的密码，而其他网站由于缺乏严密的安全控制机制，密码数据库容易被攻破或泄露并殃及网银密码。

③ "网络钓鱼"：不法分子通过假网站、假电子商务支付页面等 "网络钓鱼" 形式，利用部分客户安全意识薄弱骗取客户网银密码。

④ 木马套密：不法分子利用电子邮件群发木马病毒，客户在计算机中毒的情况下登录网上银行，其账号和网银密码大多会被不法分子获取。

二、金融诈骗的其他形式

（1）电信诈骗。电信诈骗是指不法分子通过电话、网络和短信的方式，编造虚假信息，设置骗局，对受害人实施远程、非接触式诈骗，诱使受害人给不法分子打款或转账的犯罪行为。随着科技的发展及一系列技术工具的开发、出现和应用，虚假信息诈骗犯罪迅速在中国发展蔓延，借助于手机、固定电话、网络等通信工具和现代技术实施的非接触式的诈骗犯罪给人民群众造成了很大的损失。

（2）互联网金融诈骗。随着网络化的发展，计算机、手机、平板电脑等载体为广大的金融消费者带来了便利和高效率，同时也产生了互联网金融诈骗。诈骗分子会想尽一切办法得到受害人的身份信息、银行卡号、网银密码等，并且利用这些私密信息进行诈骗或者其他钱财的骗取。不法分子设计的资金盘骗局、慈善互助骗局、山寨数字货币、虚拟币、证券理财集资骗局、股权众筹骗局、套路贷款骗局等违法犯罪活动层出不穷；并与互联网结合，打着 "互联网金融" "双创" "金融互助" "共赢" "惠民" 的名义行骗，群众难以分辨，更具迷惑性。相关大案要案严重扰乱了金融管理秩序，给群众带来了巨大的经济损失。

三、金融诈骗的特点

（1）诈骗数量金额大、涉及领域广。

（2）犯罪形态团伙化。从近几年破获的金融诈骗案件可以看出，参与犯罪的人员越来越多，团伙作案占据主体。由于金融行业所具有的专业性、复杂性的特点，作案多需团伙配合，很多重大案件内外勾结，有行业内部人员参与其中。

（3）作案手段多变、智能化、高科技化。随着现代科技的发展，金融诈骗由线下转换为线上，由原始的伪造转变为利用高科技技术手段犯罪，手机、计算机都是作案工具。

四、金融诈骗案应急处理原则

（1）当发现有人持伪造银行票据、国债凭证、存单、存折办理业务或假冒他人冒领存单、存折时，接待此业务的综合柜员应按照以下方法进行处置：① 采用各种方式和恰当理由稳住嫌疑人，并立即将信息传递出去。当班人员坚决不能将嫌疑人的票据、证件退回；② 报告营业网点负责人，由网点负责人或有关人员迅速查询辨别真假并立即向上一级领导报告；③ 甄别确为诈骗，由上级领导或网点负责人、保卫干部向县局相关部门和当地公安机关报警；④ 如果犯罪分子犯罪未遂后逃跑，应记住犯罪分子的体貌特征和交通工具特征，寻求支援，力争尽快抓获犯罪分子。

（2）对于私自冒领涂改存折、票据者，除扣留其他有关凭证外，还应尽量不动声色地将其留住，并立即向保卫部门报告。

（3）协助堵查诈骗、冒领嫌疑人时，要有专人负责指挥，必要时派保卫人员持警具做好布防围捕工作。

（4）接到堵查信号或指示后，应迅速确认嫌疑人员并严密控制和监视，经手人应及时记下其面貌特征、口音、服装样式及颜色等。

（5）堵截人员要定人、定位、抢占有利位置，把好出入通道，防止嫌疑人逃跑、行凶顽抗。

（6）当完成围堵工作后，安保人员应迅速靠近抓获嫌疑人，当人身受到威胁时，可采用必要手段将其制服，并将嫌疑人交有关部门审查处理。

（7）如发现有内部人员参与作案，应报告纪检监察有关部门并协助查办。

相关知识链接

一、身份证真伪鉴别

1. 居民身份证识别范围

客户持存折开户、修改实名证件业务及存取款（转账）交易金额在规定金额以上的，要求出示有效身份证件，有效身份证件为居民身份证的，须联网核查身份信息，并同时使用身份证鉴别仪器进行真伪识别；客户办理其他需要出示有效身份证件的业务，有效身份证件为居民身份证的，必须使用身份证鉴别仪器进行真伪识别，并可根据实际情况，进行身份信息联网核查。

2. 居民身份证识别的基本依据

（1）居民身份证照片与持证人是否一致。

（2）居民身份证规格、式样、标识、类别、编号与法定要求是否相符。

（3）登记项目与实际情况是否相符（不含住址项）。

（4）签发机关的印鉴与签发机关的印章是否相符。

（5）是否存在一人持有两个以上内容不同的居民身份证的情况。

（6）是否具有防伪标记或防伪标记是否相符。

（7）是否存在居民身份证制作工艺明显粗糙或字迹不清难以辨认的情况。

3. 人像对比

靠肉眼比对证载照片与持证人本人相貌是否一致，可以按照"认人点为先，初看分布局，五官辨细微"的原则进行。"认人点为先"即从最吸引人的点开始，比如胖瘦、年龄等整体印象，以及发际线、肤色、伤疤、痣等突出特点。"初看分布局"即从脸型及五官布局这类可以第一眼就确认的大概印象入手，如脸的形状、五官的比例位置等。"五官辨细微"即辨认五官时，要从细微处入手观察，如耳朵可以从厚薄、大小等方面观察，眉毛可以从形状、浓淡、走向、长短等方面观察，眼睛可以从大小、上/下眼睑等方面观察，嘴巴可以从大小、嘴角走向、嘴唇厚薄等方面观察。

4. 第二代身份证识别方法

第二代身份证是IC非接触式智能身份证，使用最新的防伪技术。第二代身份证的防伪主要由视读和机读两部分组成。视读就是用肉眼可以辨别出身份证的真伪；机读则需要用机器来识别。

第二代身份证采用防伪膜和多项印刷防伪技术。防伪膜采用具有自主知识产权的定向光变色膜等技术，印刷防伪技术包括底纹精细、缩微、彩虹印刷、荧光印刷等。对于以上各项的防伪措施，直接用肉眼或借助专用仪器即可观察到，具体防伪特征如下：

（1）在性别项目的位置，查看定向光变色的"长城"图案，在正常位置观察，图案反射光颜色为橘红色；当图案绕法线方向顺时针或逆时针旋转30°至50°时，图案反射光颜色为绿色；当旋转70°至90°时，图案反射光颜色为紫色。

（2）在相片下可观测到光变光存储的"中国CHINA"字样，字符串周围有渐变花纹，外沿呈椭圆形。

二、识别假票据的基本方法

1. 看形状、看格式

发货票等印制现成的票据，其样式和格式都是有标准的，真票据具有从装订成册的多联票中撕下的明显特点，而有的假票从外形看则完整无损。

2. 看字迹、看字体

这里所说的字迹，专指复写纸套写的痕迹。正常发票、收据等是多联以复写纸套写的，发票、收据背面应透出以复写纸套写的痕迹，否则就值得怀疑；另外复写纸套写的字迹颜色的深浅，也有助于识别假票据。一般来说，在空白发票上自行以复写纸套写的字迹大多颜色较深，往往给人以不自然的感觉。

3. 看编号、看日期

看编号和日期的自然顺序号是否相符。"假发票"中有一部分是用空白发票填写的，也有的是后补开的或者预先开的，因此往往二者不吻合。看日期可以了解发案单位的经济活动、人事变动等情况，也有助于识别假票据。另外，根据发票或收据的编号，可以查到其存根或记账联，以便于进一步核对。

4. 看公章、看签名

看公章是否是事先盖好，一般空白发票大多是先盖好公章的。看签名不但要注意字体，也要注意其位置，以便于比较；看经济业务内容是否符合实际。

在查阅后，要把有疑点的票据与有关会计资料对照核实，必要时应与票据签名、盖章的经手人、批准人、开票人、收款人等有可能知情的人当面核对，以分辨真假。

 动动脑与动动手

1. 金融诈骗案应急处理原则具体包括哪些内容？
2. 识别假票据的方法有哪几种？
3. 收集近几年金融诈骗案例并分析其类型和特点。

任务三 火灾事件应急处理

一、火灾的定义及分类

火灾是指在时间或空间上失去控制的燃烧所造成的灾害。在各种灾害中，火灾是最经常、最普遍地威胁公众安全和社会发展的主要灾害之一。

火灾分为A、B、C、D、E、F六类，具体如下：

A类火灾，指固体物质火灾。这种物质往往具有有机物性质，一般在燃烧时能产生灼热的余烬，如木材、棉、毛、麻、纸张火灾等。

B类火灾，指液体火灾和可熔化的固体火灾，如汽油、煤油、原油、甲醇、乙醇、沥青、石蜡火灾等。

C类火灾，指气体火灾，如煤气、天然气、甲烷、乙烷、丙烷、氢气火灾等。

D类火灾，指金属火灾，如钾、钠、镁、钛、锆、锂、铝镁合金火灾等。

E类火灾，指带电火灾，如物体带电燃烧的火灾。

F类火灾，指烹饪器具内的烹饪物火灾，如动植物油脂火灾。

二、几种常见火灾的扑救方法

（1）家具、被褥等起火。一般用水灭火。用身边可盛水的物品如脸盆等向火焰上泼水，也可把水管接到水龙头上喷水灭火，同时把燃烧点附近的可燃物泼湿降温。但油类、电器着火不能用水灭火。

（2）电器起火。家用电器或线路着火，要先切断电源，再用干粉或气体灭火器灭火，不可直接泼水灭火，以防触电或电器爆炸伤人。如电视机起火，可以在切断电源后，用棉被将其盖灭。若使用灭火器灭火，不应直接射向电视屏幕，以免其受热后突然遇冷而爆炸。

（3）油锅起火。油锅起火时应迅速关闭炉灶燃气阀门，直接盖上锅盖或用湿抹布覆盖，还可向锅内放入切好的蔬菜冷却灭火，将锅平稳端离炉火，冷却后才能打开锅盖，切勿向油锅倒水灭火。

（4）燃气罐着火。要用浸湿的被褥、衣物等快速捂盖，并迅速关闭阀门。

（5）身上起火。不要乱跑，可就地打滚或用厚重衣物压灭火苗。穿过浓烟逃生时，用湿毛巾、手帕等捂住口鼻，尽量使身体贴近地面，弯腰或匍匐前进。

三、灭火器的使用方法

（1）手提式灭火器。这类灭火器包括清水灭火器、空气泡沫灭火器、二氧化碳灭火器和干粉灭火器。使用这类灭火器灭火时，可手提灭火器的提把或提圈，迅速奔至距燃烧处5米左右（清水灭火器10米左右），放下灭火器，拔出保险销，一手握住灭火器的开启压把，另一只手握住喷射软管前端的喷嘴处或灭火器底圈（二氧化碳灭火器应握住手柄），对准火焰根部，用力压下开启压把并紧压不松开，这时灭火剂即喷出，操作者由近及远，左右扫射，直至将火焰全部扑灭。清水灭火器的开启有所不同，要先用手掌拍击开启杆顶端，刺破二氧化碳贮气瓶的密封片，灭火器才会随之开启。

（2）推车式灭火器。推车式灭火器一般需要两个人配合操作，发生火灾时，快速将灭火器推至距燃烧处10米左右。一人迅速展开软管并握紧喷枪对准燃烧物作好喷射准备；另一人开启灭火器，并将手轮开至最大部位。灭火方式也是由近及远，左右扫射，首先对准燃烧最猛烈处，并根据火情调整位置，确保将火焰彻底扑灭，使其不能复燃。

（3）背负式干粉灭火器。使用背负式干粉灭火器时，首先要撕去铅封，拉保险销；然后背起灭火器，手持喷枪，迅速奔到燃烧现场；最后在距燃烧处5米左右喷粉灭火。当第一组灭火器筒体内干粉喷完后，应快速将喷枪扳机左侧的凸出轴向右推动8毫米左右极限位，再钩动扳机，第二组灭火器即可喷粉。

（4）注意事项。在操作灭火器时，应注意以下几点：

① 在携带灭火器奔跑时，化学泡沫灭火器不能横置，要保持其竖直以免提前混合发生化学反应。

② 有些灭火器在灭火操作时，要保持竖直不能横置，否则驱动气体短路泄漏，不能将灭火剂喷出。这类灭火器有干粉灭火器、二氧化碳灭火器、空气泡沫灭火器、清水灭火器等。

③ 扑救容器内的可燃液体火灾时，要注意不能直接对着液面喷射，以防止可燃液体飞溅，造成火势扩大的不利局面，增加扑救难度。

④ 扑救室外火灾时，应站在上风方向。

⑤ 使用清水灭火器、酸碱灭火器和泡沫灭火器时，不能直接灭带电设备火灾，应先断电再灭火，以防止触电。

⑥ 扑灭A类火灾时，随着火势减小，操作者可走到近处灭火，此时可不采

用密集射流而改用喷洒，将手指放在喷嘴的端部就可实现。若为深位火灾，应将阴燃或炽热燃烧部分彻底浇湿，必要时将燃烧物踢散或拨开，使水流入其内部。

⑦ 使用二氧化碳灭火器时，操作者要注意避免发生冻伤的情况，不得直接用手握灭火器的金属部位。

四、银行火灾事件的应急处理原则

（1）营业期间发生火灾，应及时切断电源，拨119报火警。在确保人身安全的前提下，营业网点柜员要全力保护和转移现金、账册、重要空白凭证等资料，其他人员应及时使用消防器材进行扑救，如有外来人员进入柜台进行扑救的，应安排工作人员加强现场警戒，防止外来人员趁火打劫。火情消除后，要立即封锁现场，协助公安、消防、保险和上级主管部门勘察现场，查找失火原因，检查和整理可能遗漏在现场的物品，清点损失。

（2）营业场周边发生火灾，应及时拨119报警。如可能危及营业场所或情况比较紧急的，按营业期间发生火灾情况处理。

（3）办公楼发生火灾，应及时切断电源并报警，利用消防栓和灭火器进行自救，同时做好工作人员的疏散和逃生工作，做好重要资料和设备的转移工作，确保人员安全，减少财产损失。

相关知识链接

1. 灭火器的构造

灭火器由筒体、器头、喷嘴等部件组成。它借助驱动压力将所充装的灭火剂喷出，达到灭火的目的。灭火器由于结构简单，操作方便，轻便灵活，使用面广，是扑灭初期火灾的重要消防器材。

2. 灭火器的分类

（1）灭火器按充装的灭火剂可分为五类，分别为：① 干粉灭火器（见图8-3-1）。它充装的灭火剂主要有两种，即碳酸氢钠灭火剂和磷酸铵盐灭火剂。碳酸氢钠干粉灭火器适用于易燃、可燃液体、气体及带电设备的初起火灾；磷酸铵盐干粉灭火器除可用于扑灭上述几类火灾外，还可扑救固体类物质的初起火灾。但它们都不能扑救金属燃烧火灾。

② 二氧化碳灭火器（见图8-3-2），适用于扑救易燃液体及气体的初起火灾，也可扑救带电设备的火灾；常应用于实验室、计算机房、变配电所，以及对精密电子仪器、贵重设备或物品维护要求较高的场所。

图 8-3-1　干粉灭火器

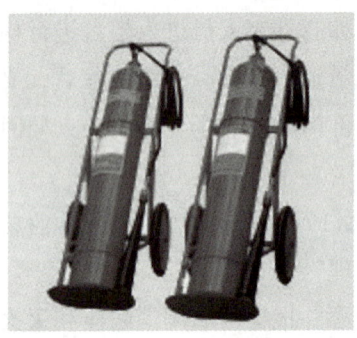

图 8-3-2　二氧化碳灭火器

③泡沫型灭火器，适用于扑救一般 B 类火灾，如油制品、油脂等火灾，也可适用于 A 类火灾，但不能扑救 B 类火灾中的水溶性可燃、易燃液体的火灾，如醇、酯、醚、酮等物质火灾；也不能扑救带电设备及 C 类和 D 类火灾。

④清水型灭火器，它的筒体中充装的是清洁的水，主要用于扑救固体物质火灾，如木材、棉麻、纺织品等的初起火灾。

⑤酸碱灭火器，它用器内两种灭火剂混合后喷出的水溶液扑灭火灾，适用于扑救竹、木、棉、毛、草、纸等一般可燃物质的初起火灾，但不宜用于扑救油类、忌水和忌酸物质及带电设备的火灾。

（2）灭火器按驱动灭火器的压力形式可分为三类。

①贮气瓶式灭火器。即灭火剂由灭火器上的贮气瓶释放的压缩气体的或液化气体的压力驱动的灭火器。

②贮压式灭火器。即灭火剂由灭火器同一容器内的压缩气体或灭火蒸气的压力驱动的灭火器。

③化学反应式灭火器。即灭火剂由灭火器内化学反应产生的气体压力驱动的灭火器。

3. 手持干粉灭火器的使用方法如图 8-3-3 所示

4. 消火栓的使用方法如图 8-3-4 所示

1. 使用前上下晃动灭火器。　2. 打开保险销。　3. 将喷嘴握紧并对准火焰根部。　4. 捏动手柄，干粉即可喷出。

图 8-3-3　手持干粉灭火器的使用方法

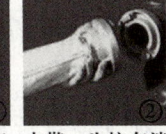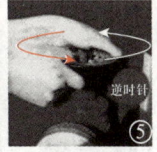

① 打开或击碎箱门，取出消防水带　② 水带一头接在消火栓接口上　③ 另一头接上消防水枪　④ 按下箱内消火栓启泵按钮　⑤ 打开消防栓的水阀开关　⑥ 对准火源上方，进行灭火

图 8-3-4　消火栓的使用方法

动动脑与动动手

1. 思考银行火灾事件的应急处理原则。
2. 说明几种常用灭火器的使用方法。
3. 收集相关消防知识，学习火灾自救办法。
4. 观察营业场所的消防设施及其使用方法。
5. 收集银行火灾事件的案例资料，分析其发生的原因及特点。

任务四　其他突发事件应急处理

一、群体性突发事件处置预案

群体性突发事件是指聚众恶意挤兑、聚众围堵营业场所等扰乱社会秩序，危害公共安全的行为事件。其应急处理原则包括以下几点：

（1）网点负责人应立即向上级行报告情况，并根据实际情况及时向地方政府、公安机关及银行监管部门报告情况。发生重大群体性事件时，一级分行应在24小时内向总行报告。重大紧急情况可以先电话报告，随后再补送书面报告。

（2）群体性突发事件发生后，要指定专人担任处置工作的负责人，统一指挥、协调处置工作。特殊情况下，也可由上级行指定负责人。发生重大群体性事件时，上级行委必须派人迅速赶赴事件现场，组织开展各项处置工作。相关部门、人员要服从统一指挥，及时到达指定位置开展工作。

（3）经上级行主管部门同意，网点负责人应立即组织员工采取保护或疏散现金、业务档案、重要凭证、设备及其他必要的防范措施，做好现场录像和资料的保管工作，确保设备、设施的正常运行。

（4）处置群体性突发事件的过程中，网点员工要在加强自身安全防范的前提下坚持对外营业；确实无法正常营业的，必须报请当地银行监管部门同意，并上报至总行备案。上级主管部门要密切关注事态发展，加强监督、管理和指导工作。

（5）事件处置完毕后，网点负责人应及时组织人员清理现场，如果发现有价单证、重要空白凭证、印章、密押器等重要物品丢失应立即上报；如果发生营业设备损毁、丢失等问题，也应立即上报，申请维修和补充，确保正常营业的基本条件。

二、客户投诉事件处理预案

（1）一般投诉。当营业网点发生服务纠纷，客户出现不满情绪时，柜员应立即向客户道歉，进行安抚。如果客户仍不满意，或提出其他要求的，柜员应立即将客户转交给大堂经理或当班负责人，将客户带至理财室或其他安静场所，平静客户情绪，耐心解释，并协助办理客户业务。如仍然无效，则请客户留下联系方式，即刻向有关负责人报告，并复制保留监控录像备查。

银行接到网点报告或客户服务中心转来的电话投诉后，应立即委派专人到现场调查处理，并将事件调查经过和处理结果形成文字材料存档备案。同时银行应与客户联系，进一步做出解释和安抚，直至客户无异议。

（2）升级诉求及二次投诉。如客户对银行的投诉处理结果有异议，应在有效控制事态的同时，立即向上级行客户服务主管部门报告并留存相关资料。上级行客户服务主管部门应迅速安排专人进行调查处理，将事件调查经过和处理结果形成文字材料存档备案。同时上级行客户服务主管部门应与客户联系，进一步做出解释和安抚，直至客户无异议。

（3）重大投诉。如客户对投诉处理结果仍有异议或无法控制事态发展，客户服务主管部门应尽量稳定客户情绪，避免其向社会媒体或政府机关投诉，并迅速向总行联系人报告。总行各相关部门应协同研究解决措施，尽快解决客户反映的问题。

三、媒体采访处理预案

1. 基本规定

（1）营业网点不得擅自接受媒体采访，要将相关情况上报行相关部门，经过请示相关管理部门后决定是否接受采访。上级部门同意和确定采访内容后，营业网点才能接受采访。

（2）对媒体突击式或未取得上级同意的采访，应婉言拒绝和制止，但应特别注意保持平和态度，言谈举止要自然从容，不能与记者产生语言和肢体上的冲突。必要时，在上报上级行相关部门同意后，引导记者到上级行采访。

（3）被媒体直接点名曝光的恶性事件，银行客户服务主管部门应在第一时间与当事人协调处理，同时向总行报告情况。

2. 网点人员接受新闻媒体采访的具体要求

（1）不应涉及尚未公布的盈利资料、预测性资料、未落实的投资项目。

（2）事前应做好充分准备。了解记者的兴趣点、报道角度、采访及写作风格、对银行的态度，以及采访媒体的读者群、背景等。请记者事先提供采访提纲，并据以准备资料、草拟答复内容和口径。

（3）掌控宣传导向。根据银行的宣传重点或媒体提出的采访提纲，挑选3至4个问题，可利用图表、事实来支持和引导宣传方向，丰富采访资料。

3. 接受采访时应掌握的技巧

（1）不要仅仅回答问题，应利用每个发言机会表达主要信息和观点，回答应简明扼要。

（2）首先表述发言重点，特别是在接受电视、广播、网络媒体采访的时候，要在问题和回答之间"搭桥"，主动带出重点。

（3）注意应付可能面对的尖锐问题和采访陷阱。事先准备好应对答案。回应时尽可能将尖锐问题与主要信息联系，不要重复负面表述。防备采访陷阱，如记者以不同方式打乱自己的应答思路等，避免偏离自己的发言重点。不要在不友好的记者面前失态。切记所有发言均有可能被记录。

（4）对不知如何回答的问题，不要猜测或主观判断，可答复"我稍后再回答您的问题"或"我会请有关方面的人士与您联络"等。

（5）避免使用生涩的行业专用词。若确有需要，应就行业专用词作简单解释。

（6）运用能够强化发言效果与感染力的说话方式和手势。

4. 突发事件新闻媒体应对处理规范

（1）采取合作态度，仔细倾听媒体提问。

（2）登记媒体询问的内容或题目、提问者的身份和联络方式。

（3）如果不方便不作任何评论或解释，可使用话术回答，如："非常感谢您的提问，我们会尽快回复。""我不是回答这个问题的最合适人选，我会尽快让其他人与您取得联系。""很抱歉，我手头上没有最新的资料，我们会尽快给您回复。"

（4）应立即向有关机构和部门报告。

四、自然灾害事件处理预案

如果当地发布自然灾害的紧急通告，网点负责人应立即安排人员对网点环境及各项防备设施进行检查，对于检查发现的隐患要立即处理，同时向上级行报告相关情况。

如存在自然灾害无法抗拒的可能，经上级行主管部门同意，网点负责人应立即组织员工将档案、凭证等转移至临时保管区，并确保安全措施到位。主管部门应密切关注自然灾害的动态和网点的实际情况，并告知相关部门，随时准备采取应急措施。

 动动脑与动动手

1. 思考银行网点其他突发事件的处理对策。

2. 收集银行营业网点发生的其他突发事件的案例资料，分析其发生的原因及特点。

德技并修与工匠精神

柜员机智应对，劫匪束手就擒

　　某日，某农商银行发生银行抢劫案件，劫匪从该银行营业网点高柜区柜台处击碎玻璃进入，两名女员工在劫匪砸玻璃的瞬间，把装有约50万元的钱箱拖到里间，锁进保险柜，并把门关上。随后，她们躲在卫生间里报警。

　　劫匪进入柜台后，砸开一个钱箱却发现里面没有钱。这时，其他用户与附近居民已反应过来，手持铁锹把住门。劫匪见机想逃走，拿起消防灭火器砸后门玻璃，但没有砸破。此时，派出所民警仅用几分钟就迅速赶来。民警赶到后，劫匪未再有过激行为，随被擒获。

　　在本抢劫事件中，银行两名女员工面对歹徒抢劫的突发事件，具有很高的风险防范意识与公共安全意识，临危不乱、冷静机智，充分展现从容应对的心理素质、处事条理的应急反应，既保护了国家和群众的财产安全，又很好地保护了自身的生命安全。

参考文献

［1］董瑞丽. 商业银行综合柜台业务（工作手册式）［M］. 4版. 北京：中国金融出版社，2021.

［2］方秀丽，董瑞丽. 商业银行柜面操作技能［M］. 5版. 杭州：浙江大学出版社，2023.

［3］《现代支付结算与清算》编写组. 现代支付结算与清算［M］. 北京：中国金融出版社，2022.

［4］方秀丽，孙淑萍，牟君清. 银行货币真伪鉴别［M］. 北京：中国人民大学出版社，2021.

［5］张驰，张博凯，涂祥策. 商业银行柜员基础实物［M］. 北京：经济科学出版社，2021.

［6］雷玉华. 银行柜员基本技能［M］. 3版. 北京：人民邮电出版社，2021.

主编简介

董瑞丽，二级教授，浙江金融职业学院科研处处长，浙江省"万人计划"教学名师、浙江省高校优秀教师，教育部双高校金融管理高水平专业群建设项目负责人，国家职业教育金融专业教学资源库升级改进项目建设执行负责人，首批职业教育国家在线精品课、首批国家级精品资源共享课、浙江省首批课程思政示范课"商业银行综合柜台业务"负责人，"十二五""十三五""十四五"职业教育国家规划教材主编，浙江省"十二五""十三五"示范性实训基地项目建设负责人。担任教育部高等职业院校金融服务与管理专业教学标准修订专家组组长、教育部1+X证书标准修订评审专家、全国职业院校技能大赛赛项规程评审专家。长期从事金融专业教学与金融行业职业培训工作，获国家级教学成果二等奖、浙江省教学成果一等奖各两项。

郑重声明

高等教育出版社依法对本书享有专有出版权。任何未经许可的复制、销售行为均违反《中华人民共和国著作权法》，其行为人将承担相应的民事责任和行政责任；构成犯罪的，将被依法追究刑事责任。为了维护市场秩序，保护读者的合法权益，避免读者误用盗版书造成不良后果，我社将配合行政执法部门和司法机关对违法犯罪的单位和个人进行严厉打击。社会各界人士如发现上述侵权行为，希望及时举报，我社将奖励举报有功人员。

反盗版举报电话　（010）58581999　58582371

反盗版举报邮箱　dd@hep.com.cn

通信地址　北京市西城区德外大街 4 号
　　　　　高等教育出版社知识产权与法律事务部

邮政编码　100120

读者意见反馈

为收集对教材的意见建议，进一步完善教材编写并做好服务工作，读者可将对本教材的意见建议通过如下渠道反馈至我社。

咨询电话　400-810-0598

反馈邮箱　gjdzfwb@pub.hep.cn

通信地址　北京市朝阳区惠新东街 4 号富盛大厦 1 座
　　　　　高等教育出版社总编辑办公室

邮政编码　100029

防伪查询说明

用户购书后刮开封底防伪涂层，使用手机微信等软件扫描二维码，会跳转至防伪查询网页，获得所购图书详细信息。

防伪客服电话　（010）58582300

资源服务提示

欢迎访问智慧职教 MOOC 学院（mooc.icve.com.cn），以前未在本网站注册的用户，请先注册。用户登录后，可以搜索本书配套课程"商业银行综合柜台业务"，进行在线学习。

授课教师如需获取本书配套教辅资源，请登录"高等教育出版社产品信息检索系统"（xuanshu.hep.com.cn），搜索下载。首次使用本系统的用户，请先注册并完成教师资格认证。

高教社高职金融教师交流及资源服务 QQ 群：424666478